Couverture inférieure manquante

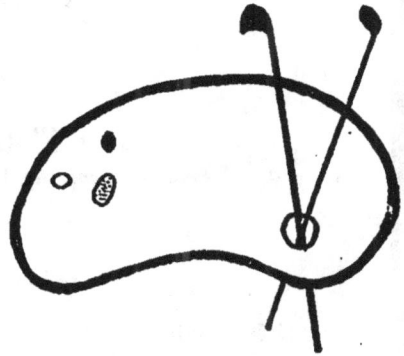

DEBUT D'UNE SERIE DE DOCUMENTS
EN COULEUR

TRAITÉ

DES

VOIES RURALES

PUBLIQUES ET PRIVÉES

ET

SERVITUDES RURALES DE PASSAGE

ENCLAVES

PAR

L.-J.-D. FÉRAUD-GIRAUD

Président honoraire à la Cour de Cassation

4ᵉ ÉDITION

Complétée et mise au courant de la Législation, de la Doctrine
et de la Jurisprudence.

TOME SECOND

PARIS

IMPRIMERIE ET LIBRAIRIE GÉNÉRALE DE JURISPRUDENCE

MARCHAL ET BILLARD

IMPRIMEURS-ÉDITEURS, LIBRAIRES DE LA COUR DE CASSATION

Maison principale : Place Dauphine, 27
Succursale: Rue Soufflot, 7

1896

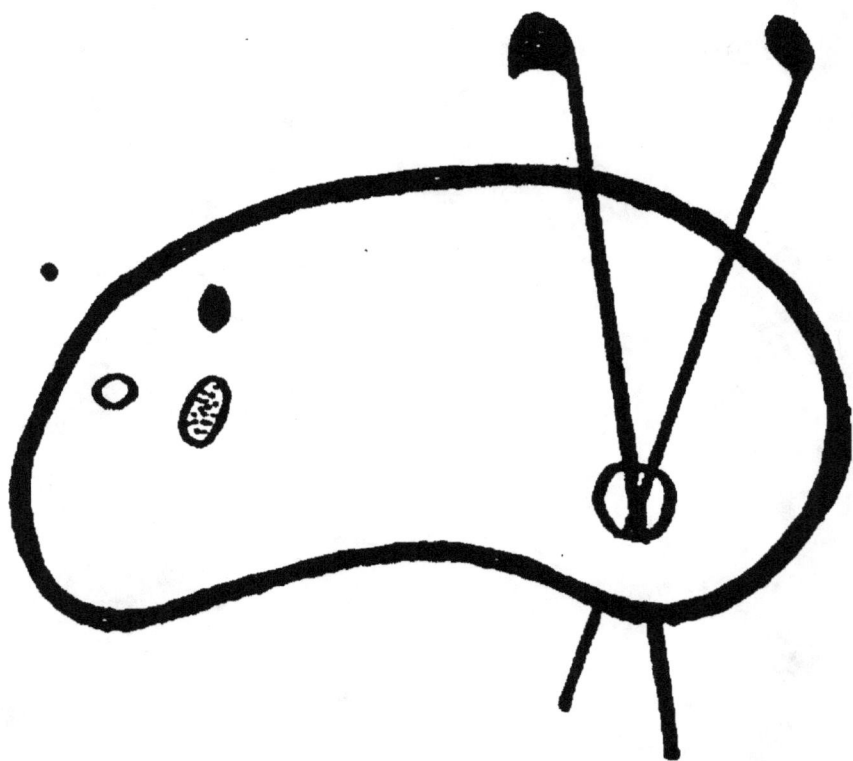

FIN D'UNE SERIE DE DOCUMENTS
EN COULEUR

TRAITÉ

DES

VOIES RURALES

PUBLICATIONS DU MÊME AUTEUR

CONCERNANT SPÉCIALEMENT DES MATIÈRES RURALES.

———————

Etudes sur la législation et la jurisprudence concernant les fouilles et extractions de matériaux et autres dommages causés à la propriété privée à l'occasion des travaux publics, 2e édit., 1845, 1 vol. in-8 (*épuisé*).

Servitude de voirie ; voies de terre, 1850, 2 vol. in-8.

Législation des chemins de fer par rapport aux propriétés riveraines, 1853, in-8.

Police des bois ; défrichements et reboisements. *Commentaire sur les lois de 1859 et 1881*, in-8.

Des voies publiques et privées, modifiées, détruites ou créées par suite de l'exécution des chemins de fer, 1878, in-8.

Notes sur la Durance et spécialement sur son régime administratif entre le Verdon et le Rhône, ce qu'il est, ce qu'il devrait être, 1893, in-8.

Divers articles sur le droit rural ou les matières agricoles, dans *la Revue de législation et de jurisprudence* de WOLOWSKI; *Le Moniteur des comices*, publié par LAHURE sous la direction de G. HEUZÉ; *l'a revue agricole et forestière de Provence*; *L'encyclopédie pratique de l'agriculture*, publiée par F. DIDOT sous la direction de MOLL et GAYOT; *Les Annales du régime des eaux* sous la direction de M. de LALANDE; etc.

———————

TRAITÉ

DES

VOIES RURALES

PUBLIQUES ET PRIVÉES

ET

SERVITUDES RURALES DE PASSAGE

ENCLAVES

PAR

L.-J.-D. FÉRAUD-GIRAUD

Président honoraire à la Cour de Cassation

——————

4ᵉ ÉDITION

complétée et mise au courant de la Législation, de la Doctrine
et de la Jurisprudence.

——————

TOME SECOND

——————

PARIS

IMPRIMERIE ET LIBRAIRIE GÉNÉRALE DE JURISPRUDENCE

MARCHAL et BILLARD

IMPRIMEURS-ÉDITEURS, LIBRAIRES DE LA COUR DE CASSATION

Maison principale : Place Dauphine, 27
Succursale: Rue Soufflot, 7

——

1896

PREMIÈRE PARTIE

VOIES RURALES PUBLIQUES

TITRE Iᵉʳ

VOIES RURALES PUBLIQUES RECONNUES

SECTION Iʳᵉ

Chemins entretenus par les communes.

(Suite).

ART. 11. — *Subventions spéciales pour dégradations extraordinaires.*

Toutes les fois qu'un chemin rural reconnu, entretenu à l'état de viabilité, sera habituellement ou temporairement dégradé par des exploitations de mines, de carrières, de forêts ou de toute autre entreprise industrielle appartenant à des particuliers, à des établissements publics ou à l'État, il pourra y avoir lieu à imposer aux entrepreneurs ou propriétaires, suivant que l'exploitation ou les transports auront lieu pour les uns ou les autres, des subventions spéciales, dont la quotité sera proportionnée à la dégradation extraordinaire qui devra être attribuée aux exploitations.

Ces subventions pourront, au choix des subventionnaires, être acquittées en argent ou en prestations en
nature, et seront exclusivement affectées à ceux des chemins qui y auront donné lieu.

Elles seront réglées annuellement, sur la demande
des communes, ou, à leur défaut, à la demande des syndicats, par les Conseils de préfecture, après des expertises contradictoires, et recouvrées comme en matière
de contributions directes.

Les experts seront nommés d'après l'art. 17 de la loi
du 21 mai 1836.

Ces subventions pourront aussi être déterminées par
abonnement; les traités devront être approuvés par la
Commission départementale.

§ 3

Par qui est due la subvention.

§ 4

Règlement de la subvention.

§ 5

Formalités en justice, expertise, exceptions, recours.

§ 6

Mode d'acquittement de la subvention.

§ 1. — Observations générales.

376. *Système admis par l'article* 11 *de la loi.* — On a admis, en ce qui concerne les subventions pour dégradations extraordinaires, le système déjà adopté pour la voirie vicinale dans l'article 14 de la loi du 21 mai 1836, sauf les modifications suivantes :

1° On n'a pas reproduit les mots entretenus *par une commune* pour conserver le droit de demander une subvention, dans le cas prévu, en faveur du syndicat qui se substituerait à la commune.

2° On a autorisé les syndicats à former comme les communes des actions pour dégradations extraordinaires.

3° Enfin on a appliqué aux chemins ruraux l'article 86 de la loi du 10 août 1871, qui attribue aux commissions départementales l'approbation des traités pour abonnement à raison des dégradations, par suite de fréquentation extraordinaire du chemin. Rapport de M. Labiche au Sénat ; *Officiel* du 21 mars 1877, p. 2222, col. 3.

377. *Justification de la disposition.* — Si une pareille obligation imposée dans l'intérêt des chemins vicinaux n'existait pas également en faveur des chemins ruraux reconnus, tous les transports susceptibles d'occasionner des dégradations extraordinaires s'effectueraient de préférence sur ces chemins, ils les rendraient souvent impraticables, sans qu'on pût les réparer faute de ressources, après les avoir construits ou réparés dans des conditions suffisantes pour la circulation habituelle. Les sacrifices qui auraient pesé sur la généralité des habitants, pour les dépenses de cette nature, ne profiteraient ainsi qu'à un petit nombre de personnes. Circ. int. 27 août 1881.

378. *Référence à l'article 14 de la loi du 21 mai 1836.* — Sur tous les points qui ne sont pas réglés par la loi de 1881, ou des instructions, et qui concernent les subventions spéciales dues pour dégradations habituelles ou temporaires, l'article 11 doit être appliqué comme l'article 14 de la loi du 21 mai 1836. Circ. min. int., 27 août 1881.

379. *Droit pour les syndicats de réclamer la subvention.* — Dans le premier paragraphe qui prescrit la condition d'entretien à l'état de viabilité, notre article n'a pas reproduit les mots par une commune, qui se trouvent dans la loi sur les chemins vicinaux, parce qu'on n'a pas voulu priver du droit de réclamer une subvention industrielle, les syndicats organisés par les articles 20 et suivants et appelés à se substituer en tout ou en partie aux communes pour l'entretien des chemins ruraux. La substitution à la commune étant admise pour les charges, on ne pouvait se refuser à l'admettre également pour les droits. Rapport de M. Labiche au Sénat.

Ce droit non seulement est consacré implicitement en faveur des syndicats par la non reproduction du mot commune et la limitation qu'il aurait impliquée, mais il a été reconnu expressément et nominativement par notre article.

380. *Chemins non reconnus.* — La disposition de l'article 11 n'est applicable qu'aux chemins ruraux reconnus. Ceux qui n'ont pas été l'objet d'une reconnaissance restent sous l'empire du droit antérieur. Circ. min. int., 27 août 1881 ; E. Guillaume, *Voirie rurale*, nº 31, p. 31 ; Naudier, nº 157 ; et pour eux je redirai ce que j'écrivais dans l'édition précédente.

Une décision du Conseil d'Etat du 14 janvier 1824, a décidé, à l'occasion des chemins ruraux sis dans la banlieue de Marseille, que l'entrepreneur de travaux publics, qui, à cause d'une exploitation exceptionnelle, endommagerait ces chemins, ne pourrait être tenu, à raison de cet usage excessif, de contribuer à leur réparation. Cette décision est bien rigoureuse. S'il est vrai que les chemins ruraux, comme les autres, sont établis pour être fréquentés et qu'on ne puisse reprocher à qui que ce soit d'en user ; lorsque cet usage est excessif, et qu'il est si exceptionnel qu'il entraîne la dégradation complète d'une voie qui, jusque-là, suffisait au but qui l'avait fait établir, il faut bien reconnaître que l'exploitation industrielle qui naît et se développe et qui peut se servir de cette voie publique, sans que l'usage excessif qu'elle en fait puisse être défendu, et puisse donner lieu à des poursuites devant le juge de répression pour dégradations, sera, au point de vue des réparations civiles,

sous le coup d'une action si équitable, que je n'ose pas
la considérer comme illégale ; certainement la disposition spéciale de la loi de 1836, sur les chemins vicinaux,
ni celle de 1881 sur les chemins reconnus, ne seront pas
applicables, comme je viens de l'indiquer, aux chemins
non reconnus, mais le principe sur lequel repose cette
disposition est une règle de justice dont on pourra, ce
me semble, se prévaloir avec raison, même en faveur de
ces derniers chemins par voie d'action ordinaire. L'exploitation industrielle qui aura le plus grand intérêt à
ce que la viabilité soit maintenue, sera la plus directement intéressée à contribuer à son entretien, et en cas
de refus de sa part, si l'autorité municipale ne pouvait
empêcher le parcours du chemin rural, elle pourrait,
dans l'intérêt de la conservation de la voie, prendre des
mesures qui pourraient gêner l'exploitation en apportant
des limites au poids des chargements, au nombre des
colliers, etc.

381. *Abus des demandes de subvention.* — D'un autre côté, on s'est plaint bien des fois, et non pas sans
raison, des abus qu'ont fait certaines communes des
demandes de subvention contre des industries auxquelles elles devaient leur aisance, sinon leur richesse, et
aux caisses desquelles elles faisaient souvent un appel
injuste. Le devoir des communes est de mettre leurs
chemins, surtout lorsqu'ils sont fréquentés, en bon état
d'entretien, et de n'exiger des contributions spéciales
de la part de ceux qui les fréquentent, que tout autant

qu'il y a excès de jouissance et en quelque sorte abus, s'il est permis de considérer comme un abus l'usage d'un chemin pour la circulation quelque active qu'elle soit. Le plus souvent ce sont des industries privées qui ont créé et mis en état d'entretien les chemins plus tard classés par les communes, les entreprises industrielles ont trop d'intérêt à se servir de ces chemins pour ne pas veiller elles-mêmes à leur viabilité, et c'est à leurs soins que la plupart de ces voies ont dû leur rectification et leur état de circulation facile, quand un peu de retard ou de négligence est apporté de leur part aux travaux d'entretien, trop souvent des demandes de subvention interviennent, les experts, qui ne voient qu'un chemin dégradé, admettent avec une facilité assez grande le bon état de viabilité ancien, qui est le plus souvent plus ou moins incertain, et des sommes assez importantes sont parfois obtenues, sans que sous divers prétextes le chemin qui en est la source en profite entièrement et exclusivement, comme cela devrait avoir lieu ; de sorte que, dans certaines communes, les usines entretiennent les chemins qui les desservent, et versent dans la caisse municipale les fonds nécessaires pour aider à l'entretien des autres. Et si l'usine ou le puits d'extraction de la mine se ferment, le chemin qui y conduisait, et sur l'entretien duquel la sollicitude communale se portait avec tant d'intérêt, est complètement abandonné et la commune doit se procurer ailleurs des ressources pour pourvoir aux besoins de sa voirie. Je ne dis pas que cela se passe ainsi toujours et partout ;

mais cela n'est que trop souvent vrai. J'ajoute que la
nomination comme expert des agents-voyers du canton, auteurs du travail qui motive la demande de subvention, et plus ou moins placés dans la nécessité de
ne pas contrarier les prétentions des autorités municipales, présente parfois des garanties insuffisantes. En
résumé, le principe posé dans la loi est juste, équitable
et fort raisonnable ; mais il ne faut pas qu'il serve de
prétexte à des demandes détournées de subsides, qui ne
seraient que des exactions couvertes par la forme, ou à
des tracasseries aussi préjudiciables aux industriels.
qu'aux populations au milieu desquelles ils apportent
le travail et l'aisance.

Que de fois des entreprises industrielles, obligées,
pour éviter tous ces ennuis et se soustraire aux dépenses qu'ils leur occasionnaient annuellement en frais,
pertes de temps et paiement de subventions, ont dû,
pour s'y soustraire, établir à grands frais des voies
directes entre l'usine et les grandes routes. Immédiatement la commune cessait de faire aucune réparation
sur le chemin que l'usine abandonnait et sur lequel
cette usine avait seule assuré la viabilité pendant qu'elle
en usait.

§ 2. — Conditions à remplir pour qu'une subvention puisse être réclamée.

342. *Conditions à remplir pour qu'une commune
puisse réclamer une subvention à cause de la dégrada-*

tion de ses chemins ruraux. — Aux termes de l'article 11 de la loi de 1881, il faut :

1° Que le chemin rural ait été reconnu ;

2° Qu'il soit entretenu à l'état de viabilité;

3° Qu'il soit habituellement ou temporairement dégradé.

4° Que ces dégradations proviennent des exploitations de mines, carrières, de forêts ou de toute autre entreprise industrielle appartenant à des particuliers, à des établissements publics ou à l'État.

Comme l'article 11 de la loi de 1881 n'est à peu près que la reproduction de l'article 14 de la loi de 1836 sur les chemins vicinaux, il trouve son commentaire dans les décisions rendues sur la loi de 1836, je crois utile d'en signaler un certain nombre.

383. *Situation financière des communes.* — Elle est indifférente à consulter pour l'application de notre article. Ce n'est pas comme subvention à un budget en déficit qu'elle est réclamée, mais comme réparation d'un dommage causé ; elle est dès lors due dans la mesure du préjudice, quelle que soit la situation financière de la commune. C. d'État, 25 août 1835, Wautier.

384. *Nécessité d'une reconnaissance préalable du chemin.* — L'article 11 n'est applicable qu'aux chemins ruraux reconnus, puisque le texte le dit formellement. Il faut donc, pour qu'on puisse l'invoquer, que cette reconnaissance soit avant tout établie. Comme pour

l'application de l'article 14 de la loi de 1836, il faut que
la déclaration de vicinalité soit justifiée pour donner
lieu à une demande de subvention. J'ai déjà indiqué
dans quelle mesure le principe posé dans notre article 11, sinon l'article lui-même, peut être revendiqué
au profit des chemins ruraux non reconnus.

385. *État de viabilité du chemin.* — Une subvention ne peut être réclamée utilement, que si le chemin
sur lequel les dégradations ont eu lieu était entretenu
à l'état de viabilité. L. de 1881, art. 11, § 1 ; C. d'État,
29 juillet 1881, Mahien ; 9 juin 1893, Thomas ; même
jour, Antoine, et les arrêts cités plus bas.

Pour constater d'une manière générale et administrativement l'état de viabilité des chemins, sans qu'il soit
nécessaire d'y recourir par des enquêtes judiciaires, si
des procès viennent à naître, l'instruction générale sur
les chemins vicinaux, art. 106, indique que chaque année, au commencement de janvier, il sera publié et affiché dans les communes, où il y aura lieu à appliquer
l'article 14 de la loi du 21 mai 1836, un tableau des chemins vicinaux entretenus à l'état de viabilité ; les articles
suivants indiquent comment ces tableaux sont arrêtés
et les voies de recours ouvertes aux intéressés. Ce sont
des dispositions à consulter et à suivre au besoin ; cependant elles ne sont nullement obligatoires pour les
chemins ruraux, tout au moins tant qu'elles ne sont
pas prescrites par les règlements spéciaux des préfets.
Et en fait, elles ne sont pas pratiquées pour les chemins
ruraux.

Au surplus, il n'est pas nécessaire que la constatation de viabilité du chemin ait précédé les dégradations, et surtout qu'elle ait été faite au commencement de l'année ; il suffit que la commune qui réclame une subvention prouve que lorsque ces dégradations se sont produites, le chemin qui en a souffert était en état de viabilité. C. d'État, 17 juin 1848, Deguerre ; 23 juin 1848, Parquin ; 12 février 1849, de la Pouzaire ; 19 avril 1855, houillères de l'Aveyron ; 9 juillet 1859, Bourdon ; 4 avril 1872, Renard ; 24 janvier 1874, Sueur ; 9 avril 1875, Simon Lemuth ; 11 février 1876, Daniel ; 23 mars 1877, Gilbert ; 14 décembre 1877, Aubineau ; 14 juin 1878, Bureau ; 8 février 1878, Larue ; 5 août 1881, Pouguet ; 5 août 1881, préfet de la Marne ; 22 décembre 1882, Civet.

Réciproquement, celui qui n'a présenté aucune réclamation au moment où le tableau des chemins vicinaux déclarés à l'état de viabilité a été affiché au commencement de l'année, alors qu'il pouvait ne pas prévoir qu'une subvention lui serait réclamée, peut, au moment où cette demande lui est adressée, soutenir que le chemin à raison duquel elle lui est présentée, n'était pas entretenu à l'état de viabilité. C. d'État, 14 juillet 1876, com. de Vire ; 14 décembre 1877, Aubineau.

Seulement, pour les chemins vicinaux, à défaut de réclamation et de preuve contraire, la publication dénonçant l'état de viabilité peut être considérée comme une constatation suffisante de cet état. C. d'État, 12 avril 1860, Pieron ; 16 janvier 1874, Stiévenart ; 24 avril 1874,

Hénique ; 6 décembre 1878, Labruyère ; 23 mai 1879, Guillotin.

Dans tous les cas, un industriel ne peut se prévaloir de ce que un chemin habituellement entretenu à l'état de viabilité, n'était qu'imparfaitement viable au commencement de l'année, alors que cet état était dû aux dégradations dont il était lui-même l'auteur, et qui s'étaient produites dans les derniers mois de l'année précédente. C. d'État, 5 août 1881, Pouguet ; 30 juin 1882, préfet de la Marne.

386. *Nature des dégradations.* — L'article 11 se borne à dire : toutes les fois qu'un chemin rural reconnu sera habituellement ou temporairement dégradé. Faut-il conclure que toute dégradation par suite d'usage d'un chemin pour les transports, doit entraîner l'obligation de payer une subvention ? On arriverait à ce résultat que tous ceux qui y circuleraient seraient atteints par la loi, car tous dégradent plus ou moins le chemin qu'ils fréquentent. Aussi n'est-ce pas dans ce sens que la loi doit être comprise, c'est l'importance de la dégradation qui peut seule motiver l'obligation de fournir une subvention exceptionnelle. Et l'on est généralement dans l'habitude de faire suivre le mot dégradation, de la qualification de extraordinaire, pour expliquer la portée de la loi. C. d'État, 12 février 1849, de la Pouzaire ; 9 février 1850, Vuillet ; 14 janvier 1865, Dory ; 13 mars 1874, Bouchaud ; 2 février 1877, Labruyère ; 7 décembre 1877, Ricot ; 12 août 1879, Lemaire ; 5 décembre 1879, Le Tilly ; 25 mars 1881, préfet de l'Aisne ; 29 juillet 1881, Mahien.

D'ailleurs notre article porte lui-même que la subvention doit être proportionnée à la dégradation extraordinaire attribuée aux exploitations. Donc, si la dégradation n'est pas extraordinaire, il n'est pas dû de subvention.

A ce sujet, qu'on me permette de reproduire les observations si justes que M. Hallays Dabot présentait dans le *Recueil des arrêts du Conseil d'État*, à la suite de l'arrêt du Conseil du 19 janvier 1877, Leguillon, 1877, p. 76 : « Pour être équitable, il ne faut pas oublier que plus une industrie s'exerce sur une vaste échelle et plus elle emploie de moyens de production, plus aussi elle sent peser sur elle le fardeau des impôts directs ou indirects dont une partie est attribuée à la commune et au département. Ces impôts correspondent à l'étendue de l'exploitation et à ses bénéfices présumés. Il semblerait donc naturel que leur paiement procurât à l'industriel certains avantages, entr'autres celui de faire circuler son matériel et ses marchandises sur les chemins vicinaux. Une part très large devrait du moins être faite à cette considération lorsqu'il s'agit de fixer la limite où commence la dégradation dite extraordinaire. Nous craignons que dans plusieurs départements il n'en soit pas ainsi. Ce qui devrait être l'exception est devenu la règle. Pour les agents de l'administration, toute industrie qui donne lieu à des transports est de prime abord imposable ; il ne leur reste plus qu'à justifier tant bien que mal la répartition de la somme qu'ils ont fixée d'avance. C'est ce qui fait l'objet de ces calculs de colliers, de matériaux et de kilomètres qu'on retrouve dans presque toutes les expertises et qui reposent sur des données trop générales pour être exactes ».

387. *Dégradations prévues mais non encore réalisées.* — On ne peut, en prévision de dégradations probables par suite d'une exploitation annoncée, être soumis à des subventions ou à une quote-part d'entretien d'un chemin, il faut des dégradations effectives, et la subvention doit être proportionnée à leur importance. C. d'État, 25 août 1835, Wautier ; 18 novembre 1837, com. de Fontenay.

388. *Contribution à des améliorations.* — La subvention ne peut être réclamée pour apporter des améliorations au chemin, comme tracé, rectification, élargissement, établissement de chaussée ; mais seulement pour réparation des détériorations commises. C. d'État, 27 avril, Albert.

§ 3. — Par qui est due la subvention.

389. *Désignation faite par l'article 11.* — Aux termes formels et limitatifs de l'article 11, la subvention est due à raison des exploitations de mines, carrières, de forêts ou de toute autre entreprise industrielle appartenant à des particuliers, à des établissements publics ou à l'État.

Donc, en dehors des exploitations autres que celles qui sont ainsi désignées, il ne peut être réclamé de subvention, en vertu du moins de notre article.

D'un autre côté, il n'est fait aucune distinction pour son application entre les particuliers, les établissements publics et l'Etat. C. d'Etat, 9 janvier 1843, Aubelle ; 18 juin 1852, Hebert ; 6 août 1857, com. de Beauvernois.

390. *Exploitations de mines et carrières.* — Doivent la subvention s'il y a lieu de la réclamer. C. d'Etat, 9 février 1850, Gautier ; 30 novembre 1877, Escoffier.

Elles la doivent même à raison des dégradations commises par les personnes qui s'alimentent dans ces exploitations, et dégradent les voies à raison des transports de matières achetées à la carrière ou à la mine. C. d'Etat, 8 décembre 1853, mines de Moutrelais ; 7 mai 1857, mines de Vicoigne ; 22 janvier 1857, Merlet. Cependant on a apporté bien des fois des restrictions à cette règle, à l'occasion de transports effectués dans un intérêt commercial, agricole, ou de consommation personnelle réalisés à la suite d'achats sur les lieux de l'exploitation.

La subvention étant due à raison de l'exploitation, on ne peut la réclamer au propriétaire d'une carrière exploitée par un entrepreneur, qui lui paie une redevance par mètre cube extrait. Elle est en pareil cas à la charge de l'entrepreneur, et non du propriétaire. C. d'Etat, 17 mai 1855, Elleaume.

On a mis à la charge de l'exploitant d'une filature, les dégradations commises par les voituriers transportant des houilles à cette fabrique, alors même que ce fabricant avait traité à forfait avec les voituriers, et qu'il soutenait qu'ils auraient pu se dispenser d'emprunter le chemin vicinal dégradé. C. d'Etat, 18 janvier 1862, Davillers.

Celui qui se borne à des opérations d'achat et de revente sans transformation des objets ne fait qu'un acte de commerce, et les transports auxquels cet acte peut donner lieu ne le soumettent pas au paiement d'une subvention, alors même que l'objet de ce commerce porte sur des charbons. 23 juin 1882, Jaboulay.

391. *Les entreprises de travaux publics y sont soumises.* — L'article 11 de la loi de 1881, comme l'article 14 de la loi de 1836 sur les chemins vicinaux, ne fait aucune distinction, que l'exploitation ait lieu pour compte des particuliers, des établissements publics ou de l'Etat ; si on avait jugé le contraire pour les travaux publics. c'est que l'article 7 de la loi de 1824 n'autorisait à demander des subventions qu'aux propriétaires des établissements particuliers. C. d'Etat, 24 avril 1837, min. des travaux publics. La nouvelle rédaction des lois de 1836 et 1881 ne permet plus cette restriction. C. d'Etat. 9 janvier 1843, Aubelle ; 18 juin 1852, Hébert.

Les entrepreneurs de travaux de construction de chemins de fer sont placés sous la même règle. C. d'Etat, 5 juin 1874, Parent.

La subvention peut, en pareil cas, être exigée de la compagnie, même en cas de sous-traité, sauf son recours, si cet acte lui en donne le droit, contre son entrepreneur. C. d'Etat, 28 juillet 1849, ch. de fer de Rouen au Havre ; 8 mars 1860, ch. d'Orléans.

On est allé jusqu'à décider que la caisse communale devrait elle-même une subvention à raison des dégradations causées à un chemin vicinal de grande communication, par suite de transports de matériaux nécessaires à l'entretien des chemins communaux et effectués, non par un entrepreneur, mais par des prestataires. C. d'Etat, 6 août 1857, com. de Beauvernois.

Elle est due par l'entrepreneur de pavage d'une route départementale. C. d'Etat, 18 juin 1852, Hébert.

La subvention à raison de transports de matériaux pour l'entretien des routes, est due non par l'entrepreneur de l'entretien auquel ils ont été délivrés, mais par celui qui les a fournis, et devait en faire opérer le transport. C. d'Etat, 7 janvier 1857, Pelletier.

399. *Exploitations de forêts.* — Peuvent donner lieu à une demande de subventions pour dégradations extraordinaires. L. 1881, art. 11, § 1. C. d'Etat, 28 juin 1878, Mora ; 23 juin 1882, Nivard, etc. Fuzier-Hermann, *Rép.*, V° *Chem. ruraux*, n° 59.

Les subventions, en pareil cas, doivent être mises à la charge des propriétaires ou des entrepreneurs et adjudicataires, suivant que l'exploitation et les transports ont lieu pour compte des uns ou des autres, car c'est l'exploitation qui doit la subvention.

On a cependant jugé que la subvention pouvait être réclamée au propriétaire de la forêt qui a vendu son bois à des adjudicataires, sauf à ce propriétaire à exercer son recours contre ceux-ci, si l'adjudication lui en donne le droit. C. d'Etat, 8 janvier 1836, Duval ; 11 mai 1850, com. de Savigny.

Il y serait tenu s'il morcelait l'exploitation de sa forêt en lots très nombreux et peu importants, pour arriver à un défrichement, car en pareil cas il peut être considéré comme dirigeant l'exploitation. C. d'Etat, 10 septembre 1856, Lemareschal.

Il devrait y être soumis, au moins pour une part proportionnelle malgré l'adjudication, si les dégradations étaient causées par des transports faits pour son compte par suite de réserves ou autres circonstances. C. d'Etat, 12 mai 1853, d'Uzès.

Mais généralement, c'est l'adjudicataire ou entrepreneur de la coupe qui, exploitant la forêt, doit la subvention à raison de cette exploitation, à l'exclusion du propriétaire. C. d'Etat, 9 février 1850, Gautier ; 12 mai 1853, d'Uzès ; 20 juillet 1854, de Chimay ; 15 avril 1857, de Luynes ; 21 décembre 1877 et 14 juin 1878, Bureau.

Alors même que les transports seraient opérés par des tiers ou sous-traitants. C. d'Etat, 29 juillet 1868, Barrier ; 12 mars 1880, Lemaire.

Cependant elle a été mise à la charge d'un industriel qui avait acheté des bois dans une coupe pour les besoins de son industrie, bien que ses achats eussent été faits dans une forêt domaniale et que l'adjudicataire, d'après son cahier des charges, fût tenu de supporter les subventions dues pour dégradations des chemins par suite de la vidange de la forêt. C. d'État, 14 novembre 1879, Rohr Voitier.

L'exploitation de hautes futaies dépendant d'un parc constitue une exploitation de forêts, dans le sens de notre article. C. d'État, 7 juin 1859, Robineau.

Aucune subvention n'est due par un négociant qui, ayant acheté des bois pour les revendre, n'opère aucune transformation de ces bois, et se livre exclusivement à un acte de commerce consistant en l'achat et la revente. C. d'État, 23 juin 1882, Jaboulay.

393. *Exploitation de toute entreprise industrielle.* — L'exploitation de toute entreprise industrielle, donnant lieu pour ses approvisionnements ou ses débouchés à des transports qui dégraderaient les chemins d'une manière extraordinaire, soumettrait les exploitants au paiement d'une subvention. L. de 1881, art. 11, § 1.

Dans la classe de ces établissements, il faut placer notamment les sucreries. C. d'État, 9 janvier 1874, Dallot ; 16 janvier 1874, Stiévenart ; 9 avril et 10 décembre 1875, fabrique de sucre de Meaux ; 12 janvier 1877, fabrique de sucre de Ponthierry ; 26 janvier 1877, Dureez ; 2 février 1877, Labruyère, et le grand nombre des arrêts cités sous le paragraphe suivant, *Approvisionnement des fabriques.*

Les distilleries. C. d'État, 12 février 1875, Bourdon.

Les verreries ; bien qu'elles ne causent des dégradations que par suite du transport des produits naturels
du sol. C. d'Etat, 9 mai 1855, Van Lempoel de Colnet.

Les féculeries. C. d'Etat, 12 avril 1878, Delamarre.

L'exploitation des étangs salés. C. d'Etat, 15 mars
1849, Agard.

394. *Approvisionnement des fabriques.* — La subvention est due par le propriétaire de la fabrique dont
l'exploitation donne lieu aux approvisionnements ; que
les transports soient opérés par lui directement ou par
les divers fournisseurs de matières premières, agriculteurs ou autres, apportant des produits à l'usine. C. d'E-
tat, 12 février 1849, Monnot Leroy ; 8 mars 1851, Roger
Hutin ; 28 janvier 1858, Robert de Massy ; 24 février
1859, Dericq ; 24 mars 1859, Poulin ; 9 juillet 1859,
Lunel ; 27 juillet 1859, Champon ; 5 janvier 1860, Blon-
del ; 10 janvier 1862, Davillers ; 15 juillet 1868, Marnat
Solenne ; 7 août et 11 décembre 1874, Arrachart ; 12 février 1875, Bourdon ; 1er décembre 1876, préfet du Pas-
de-Calais ; 1er décembre 1876, Labarre ; en 1877, les
12 janvier, fabrique de Ponthierry et fabrique de Meaux ;
26 janvier, Duriez ; 2 février, Labruyère ; 2 mars, Daniel,
Desmarest et Labruyère ; 9 mars, Hallette ; 23 mars,
Gilbert ; 3 août, Druelle ; 21 décembre, Pennelier ; en
1878, les 11 janvier, Leroy et Hallette ; 25 janvier, Legru
et d'Osmoy ; 8 février. Larue ; 12 avril, Delamarre ;
2 août, Bazin ; 6 décembre, Labruyère ; 13 février 1879,
préfet du Pas-de-Calais ; 19 mars 1880, Massignon ;

18 novembre 1881, Arrachart ; 8 décembre 1882, La-
louette.

En ce qui concerne spécialement le transport des bet-
teraves destinées à des fabriques de sucre, il a été jugé
parfois, qu'on ne devait pas faire entrer dans le calcul
de la subvention les dégradations qui pouvaient être la
conséquence des transports des produits des agriculteurs
opérés par eux-mêmes, surtout lorsque ces produits
avaient été récoltés dans la commune même où est si-
tuée la fabrique. C. d'Etat, 21 juillet 1869. Ternynck ;
7 août et 11 décembre 1874, Arrachart ; 9 avril 1875, fabrique de Meaux ; 3 décembre 1875, Larue ; 28 janvier
1876, Laurent. Mais aujourd'hui si l'on prend, parfois
encore, en considération cette circonstance que si les
transports sont opérés par l'agriculteur producteur avant
ou après la vente à l'industriel, il importe peu que la'
récolte ait été faite dans la commune où est établie la
fabrique. C. d'Etat, 1er décembre 1876, Labarre ; 1er décembre 1876, Mention ; 9 mai 1879, Massignon ; 16 mai
1879, Cheilus ; 13 juin 1879, com. de Rivière ; 13 juin
1879, préfet du Pas-de-Calais.

Il a été toutefois jugé, qu'un usinier ne devait pas de
subvention pour dégradations causées par le transport
de matières premières portées par les vendeurs du lieu
de production, au lieu de mise en vente, où elles ont été
acquises par l'usine. C. d'Etat, 17 décembre 1875, Forges d'Audincourt.

393. *Transports des objets provenant des fabriques.*
— S'ils causent des détériorations obligent les exploi-

tants, d'après l'application littérale de la loi ; et leur responsabilité est engagée même à raison des transports opérés par ceux qui s'approvisionnent à leurs fabriques. C. d'Etat, 3 juillet 1852, de Grimaldi ; 8 décembre 1853, mines de Montrelais ; 22 janvier 1857, Morlet ; 7 mai 1857, mines de Vicoigne.

Mais il n'est dû aucune subvention par les industriels, ni par les agriculteurs, à raison des dégradations commises par ces derniers pour transporter dans un intérêt agricole les pulpes provenant des usines, et notamment des fabriques de sucre. C. d'Etat, 7 août et 11 décembre 1874, Arrachart ; en 1877, les 12 janvier, fabrique de Ponthierry et fabrique de Meaux ; 2 février et 2 mars, Labruyère ; 2 mars, Desmarets ; 23 mars, Gilbert ; 21 décembre, Pennelier ; en 1878, les 11 janvier, Leroy ; 25 janvier, d'Olmoy ; 12 avril, Delamarre ; en 1879, les 16 mai, Villers ; 13 juin, préfet du Pas-de-Calais.

396. *Exploitations ne motivant des subventions que suivant leur fonctionnement. Moulins ; fours à chaux.* — Il est des exploitations qui ont des caractères divers, et qui ne peuvent motiver des subventions que suivant la nature de leur fonctionnement.

Ainsi les moulins.

Le moulin qui produit des farines pour le commerce constitue un établissement industriel qui peut être frappé d'une subvention. C. d'Etat, 8 mars 1851, Roger Hutin ; 22 mars 1872, Gay ; 10 janvier 1873, Damay Denizart ; 10 janvier 1873, Millot ; 6 août 1880, veuve Barbeau.

Mais celui qui se borne à moudre le grain apporté par les consommateurs, ne constitue pas, à notre point de vue, un établissement industriel. C. d'Etat, 29 janvier 1872 ; 10 janvier 1873 ; 9 janvier et 26 juin 1874, Beaufrère ; 6 août 1880, veuve Barbeau ; 24 novembre 1882, Bazin.

S'il fait à la fois de la minoterie et de la mouture pour les particuliers, il ne doit pas être mis à sa charge les dégradations commises par ces derniers. C. d'Etat, 15 juillet 1868, Marnat Solenne ; 22 mai 1872, Gay.

Disons à cette occasion, que ceux qui font un simple commerce de blé, sans transformation, par achat et revente, sont exempts de subventions. C. d'Etat, 28 juillet 1849, Clery Derniane ; 26 mai 1869, Morlet.

Les fours à chaux.

Leur exploitation peut motiver la demande d'une subvention. C. d'Etat, 13 mars 1874, Bouchaud ; 5 janvier 1877, Davost ; 15 juillet 1881, Clément.

Cette subvention peut être due à raison des transports des houilles nécessaires pour leur fonctionnement. C. d'Etat, 8 novembre 1872, mines de Sarthe et Mayenne ; 13 mars 1874.

A moins que ces dégradations soient insignifiantes. 7 février 1873, Drouelle ; 16 janvier 1874, Davost.

Mais il n'est pas dû de subvention pour dégradations commises par les agriculteurs qui s'y approvisionnent pour opérer des amendements. C. d'Etat, 8 novembre 1872, mines de Sarthe et Mayenne ; 7 février 1873.

Drouelle ; 9 janvier 1874, mines de Sarthe et Mayenne ; 16 janvier 1874, Davost ; 13 mars 1874, Thomas.

La subvention est due par le fabricant, s'il livre ses produits, non seulement à l'agriculture, mais à toutes les industries qui les emploient. C. d'Etat, 4 juillet 1873, Robin.

397. *Exploitations commerciales.* — Les dégradations résultant de transports pour des négociants qui se bornent à acheter et vendre des marchandises sans manipulation, ne peuvent donner lieu à des allocations de subventions.

Ainsi jugé en faveur de négociants en charbons. C. d'Etat, 4 avril 1873, Dantrevcaux.

Pour un marchand de vins. C. d'Etat, 5 janvier 1877, Brézilliat.

Pour un marchand de graines. C. d'Etat, 28 juillet 1849, Cléry Derniane ; 5 février 1867, Veret ; 26 mai 1869, Morlet.

Ou de farines. C. d'Etat, 30 mai 1879, Tellier Coquerel.

Pour un marchand de fers. C. d'Etat, 11 janvier 1870, Trochu.

En un mot, pour transport quelconque des objets de son commerce. C. d'Etat, 14 décembre 1854, Leconte Dufour ; 14 décembre 1854, Capon Coupez ; 26 mai 1869, Morlet.

Les compagnies de chemins de fer, ni les négociants, ne doivent des subventions à raison des transports des gares chez eux et réciproquement. C. d'Etat, 14 décembre 1854, Leconte Dufour et Capon Coupez ; 15 février 1866, ch. de fer Paris-Lyon-Médit. ; 23 mars 1877, ch. de fer du Midi.

Il n'en serait autrement que pour dégradations commises pendant la construction. C. d'Etat, 28 juillet 1849, ch. de fer Paris au Havre ; 28 décembre 1849, ch. de fer Rouen au Havre.

Décidé que les entrepreneurs de messageries et voitures publiques ne doivent pas de subventions. C. d'État, 6 août 1857, Bouché ; 18 février 1858, Peltier ; 18 avril 1861, Taveau ; 23 juin 1882, Breuil.

398. *Exploitations agricoles.* — Sont placées en dehors des industries qui peuvent motiver le paiement d'une subvention. C. d'Etat, 12 janvier 1850, Martiné ; 12 février 1875, Bourdon ; 30 juin 1876, Bourdon ; Naudier, n° 159 ; Fuzier-Hermann, *Rép.*, V° *Chem. ruraux*, n° 298.

Ainsi les agriculteurs qui achètent de la chaux pour amendements, ne doivent pas de subventions pour les dégradations causées par les transports, et les fabricants ne peuvent être recherchés quant à ce. Voyez ci-dessus, *Fours à chaux.*

Ceux qui achètent des pulpes dans les sucreries. Voyez ci-dessus, *Transports des objets provenant des fabriques.*

Qui transportent leur blé au moulin pour le faire convertir en monture pour leurs besoins. Voyez ci-dessus, *Moulins.*

399. *Transports de matériaux pour constructions.*
— L'entrepreneur de travaux qui se sert des chemins
ruraux et les détériore, est tenu des subventions spéciales prévues pour dégradations extraordinaires. C.
d'État, 28 juillet et 28 décembre 1849, ch. de fer de
Rouen au Havre; 18 juin 1852, Hébert; 20 mai 1853,
Debain.

Mais il n'en est pas de même du propriétaire qui,
faisant des constructions pour son compte, fait faire
des transports; alors même qu'un tiers est chargé de
ces constructions comme entrepreneur, si ce propriétaire
s'est obligé à fournir les matériaux. C. d'État, 28 juin
1878, Souteyrand. Le même principe est appliqué par
les arrêts du Conseil du 29 novembre 1854, Choumont.

Ni de celui qui s'est engagé vis-à-vis du propriétaire
d'un immeuble à faire des transports de matériaux pour
le réparer ou l'agrandir. C. d'État, 27 décembre 1865,
Brizard.

400. *La subvention n'est point restreinte aux établissements situés dans la commune.* — Elle atteint les
établissements ayant leur siège d'opérations au dehors
et empruntant les chemins des communes voisines, si
ces chemins sont dégradés d'une manière extraordinaire.
C. d'État, 4 juillet 1837, Puton; 10 juin 1848, Parquin;
10 avril 1855, houillères de l'Aveyron; Naudier, n° 159.

401. *Syndicat des industriels; action de la commune.* — Alors même que les industriels soumis aux

subventions auraient formé un syndicat en vue de faire exécuter, en cours d'exercice, les travaux nécessaires à la réparation des dégradations extraordinaires causées aux chemins, cette circonstance ne pourrait avoir pour effet de modifier les obligations de l'un d'eux vis-à-vis la commune; ni le droit qui appartient à celle-ci de réclamer à un industriel des subventions spéciales à raison des dégradations extraordinaires causées par ses transports. C. d'État, 6 août 1880, préfet de la Haute-Marne.

§ 4. — Règlement de la subvention

409. *Règlement annuel.* — L'article dit que la subvention sera réglée annuellement.

Par suite elle ne peut être réclamée que pour l'année expirée au moment de la demande. C. d'État, 18 décem-1840, Maudet.

Et le Conseil de préfecture ne peut en opérer la fixation avant l'expiration de l'année. C. d'État, 28 novembre 1878, Duriez.

Par annuité, on entend un exercice complet du commencement de janvier à fin décembre, et non un espace de douze mois à compter de tout autre mois de l'année que le 1er janvier. C. d'État, 8 mars 1851, Royer Hutin; 26 avril 1851, Rémy; 18 juin 1852, Hébert.

Cependant des demandes peuvent porter sur divers exercices distincts, et le Conseil de préfecture peut statuer par une seule décision sur ces diverses demandes en maintenant une distinction entre elles. C. d'État, 3 juillet 1852, de Grimaldi.

Il est permis de procéder de même dans les expertises. C. d'État, 28 novembre 1879, Duriez.

On ne peut régler d'une manière unique et en les confondant, les dégradations commises dans des mois appartenant à différentes années. C. d'État, 18 juin 1852, Hébert ; 14 décembre 1877, Aubineau.

On peut convenir que, à raison de travaux accidentels, comme la construction d'un chemin de fer, l'entrepreneur fera les réparations nécessaires pendant les travaux, et qu'il ne sera procédé à un règlement de la subvention qui pourra être due qu'à la fin de ces travaux, et en prenant en considération l'état du chemin à cette époque. C. d'État, 5 juin 1874, Parent.

On ne peut y comprendre des dépenses d'élargissement et de consolidation d'un chemin. C. d'État, 4 juin 1875, Desgranges.

Dans le règlement, on ne peut comprendre des dépenses d'entretien effectuées par l'industriel sur le chemin dégradé, dans les années antérieures à celle où la subvention est réclamée. C. d'État, 28 janvier 1876, Laurent.

Ce règlement devant être fait annuellement, et d'après les dégradations, est dès lors fort variable, et l'industriel ne peut se prévaloir, comme ne pouvant être dépassé, du chiffre fixé pendant diverses années. C. d'État, 5 juillet 1878, Aubineau.

403. *Fixation.* — La fixation de la subvention se fait en tenant compte de la nature des voitures employées, de l'usure du chemin résultant de la circulation ordinaire, de l'étendue du parcours, de la nature et du poids des chargements, du nombre des transports, de la saison et des autres circonstances dans lesquelles ils ont été effectués, des feuilles de comptage de la circulation industrielle, des relevés faits sur les livres des industriels, des renseignements fournis par le service, des réparations faites par l'industriel, des transports opérés par d'autres industriels, ou tous autres transports tels que celui des troupes nationales ou ennemies.

Lorsqu'il s'agit de la prestation en nature de la subvention, la loi ne prescrit pas de compter les matériaux à fournir au même prix que lorsqu'il s'agit d'évaluer en argent le montant des dégradations causées au chemin. C. d'État, 19 mars 1880, Messignon.

Si le Conseil de préfecture, pour apprécier l'importance des dégradations donnant lieu à subvention, s'est borné à déduire de la somme totale dépensée pour l'entretien du chemin, une somme qui représenterait la dépense nécessitée par l'entretien ordinaire du chemin et à attribuer le surplus de la somme dépensée à la réparation des dégradations extraordinaires causées par les transports de la carrière, il n'a pas suffisamment établi l'importance des dégradations donnant lieu à la subvention. C. d'État, 14 novembre 1879, Hanon.

On ne doit pas mettre à la charge de ceux qui se ser-

vent des chemins, en dehors des dégradations extraordinaires, une quote-part de redevance qui ne serait applicable qu'aux transports effectués dans des conditions
normales. C. d'État, 14 janvier 1865, Doré.

La subvention est irrégulièrement fixée par les experts
qui, après avoir constaté que les transports avaient dû
causer des dégradations extraordinaires, se bornent à
prendre pour base de l'évaluation de ces dégradations
la dépense faite pour l'entretien de ce chemin pendant
la même année, et qui après en avoir déduit les dépenses
supposées ordinaires, ont déterminé la quotité de la
subvention à imposer aux industriels, en prenant pour
base le nombre de colliers chargés que ces derniers ont
fait circuler sur ce chemin, sans tenir compte de l'ensemble des circonstances dans lesquelles ces transports
ont eu lieu. Cette expertise n'ayant pas eu pour objet
d'évaluer directement les dégradations extraordinaires
réellement causées par les transports. C. d'Etat, 8 août
1872, Potheau.

Les experts procèdent encore irrégulièrement lorsqu'ils se bornent à calculer à quelle somme avaient dû
s'élever les frais d'entretien des chemins, à évaluer
quelle part dans ces frais devait être considérée comme
extraordinaire et à mettre à la charge de l'industriel
dans cette part des dépenses, une somme proportionnelle à l'importance de ses transports par rapport à
l'ensemble de ceux qui ont été opérés. C. d'Etat, 8 novembre 1872, Legrand.

Pour régler la subvention, on ne peut se borner à

déduire de la somme totale employée pour l'entretien la dépense ordinairement nécessitée pour l'entretien du chemin, et mettre le surplus à la charge de l'industriel. C. d'Etat, 10 décembre, fabrique de sucre de Meaux.

En résumé, les experts doivent déterminer la subvention, en proportionnant la quotité à la dégradation extraordinaire qui devra être attribuée aux exploitations. L. de 1881, art. 11, § 1 *in fine*.

104. *Règlement par abonnement.* — Les subventions peuvent être déterminées par abonnement ; les traités consentis par le maire avec l'approbation du conseil municipal ou par le syndicat, doivent être approuvés par la commission départementale. Art. 11, § 5, loi de 1881. Circ. Int., 27 août 1881. C'est un moyen de prévenir bien des difficultés, des longueurs et des incidents.

La fixation toutefois, en pareil cas, ne peut être faite d'office par la commission départementale, ou à la requête de la commune seule, il faut que le consentement des deux parties soit soumis à l'approbation de cette commission. C. d'Etat, 28 février 1843, com. de Torcy-le-Grand.

L'abonnement consenti pour certaines parties d'un chemin, ne libère pas des subventions encourues pour dégradations faites sur d'autres parties de ce chemin. C. d'Etat, 24 avril 1874, Hénique.

105. *Par qui est consenti l'abonnement.* — L'abon-

nement ayant pour objet de régler amiablément les subventions qui sont dues au moment où l'abonnement
intervient, ou qui pourront être dues ultérieurement
pour un certain laps de temps, sera, en règle générale,
consenti par le maire avec l'autorisation du conseil municipal. Le syndicat aura également la faculté de consentir l'abonnement dans le cas où il aurait le droit de
réclamer la subvention. Dans l'une et l'autre hypothèse,
comme cela vient d'être dit, l'abonnement devra être
soumis à l'approbation de la commission départementale. Circ. min. int., 27 août 1881.

106. *Règlement en justice.* — A défaut d'entente,
le règlement ne peut avoir lieu qu'au contentieux par
les tribunaux administratifs. C. d'Etat, 10 décembre
1840, Coston. Soit par le conseil de préfecture, art. 11,
loi de 1881 ; avec recours au Conseil d'Etat.

§ 5. — Formalités en justice ; expertise ; exceptions ; recours.

107. *Demandes de subventions.* — Les subventions
sont réglées annuellement sur la demande des communes ou, à leur défaut, à la demande des syndicats, par
les conseils de préfecture, après des expertises contradictoires. Loi de 1881, art. 11, § 3.

108. *Action des maires et syndicats.* — Il a été
jugé, en ce qui concerne les chemins vicinaux, que

c'était aux maires des communes intéressées, et non aux préfets, qu'il appartenait de réclamer des subventions pour dégradations de chemins vicinaux ordinaires. C. d'Etat, 18 février 1864, Watel ; 25 janvier 1865, Pointelet. Et même de chemins d'intérêt commun. C. d'Etat, 17 mars 1857, Vinas ; 1er décembre 1876, préfet du Pas-de-Calais ; 14 juillet 1876, préfet du Calvados ; et que les conclusions prises par un maire devant le Conseil d'Etat pour la première fois pour en demander le maintien, ne pourraient régulariser une demande portée sans droit par le préfet devant le conseil de préfecture. C. d'Etat, 1er décembre 1876, Lemoine. Cette jurisprudence, non applicable aux chemins de grande communication, a été abandonnée, il est vrai, en ce qui concerne les chemins d'intérêt commun. C. d'Etat en 1877, les 12 janvier, préfet de l'Aude ; 19 janvier, Léguillon ; 9 mars, Hallette, et 25 mars 1881, préfet de la Nièvre ; 5 août 1881, Pouguet. Mais, pour la voirie rurale, elle devrait nécessairement être conservée sans distinctions ; la loi dit que le règlement a lieu sur la demande des communes, et, à défaut, des syndicats. Circ. Int., 27 août 1881.

L'action appartient aux maires, ou syndicats, à l'exclusion des simples agents du service. C. d'Etat, 20 février 1880, Monfourny-Ancelin.

Une commune est sans qualité pour réclamer une subvention à raison de dégradations commises sur un chemin emplacé sur une autre commune, alors même que, par suite de circonstances spéciales, elle en aurait pris l'entretien à sa charge. C. d'Etat, 25 mai 1877, Bazin.

Mais cette dernière commune peut, malgré le traité qui l'exonère de cet entretien, réclamer la subvention. 2 août 1878, Bazin.

409. *Notification de la demande de subvention.* — Lorsque le maire a approuvé l'état des propositions de subvention, la circonstance que la notification en aurait été faite aux intéressés par l'agent-voyer, et non par le maire, ne saurait rendre irrecevable la demande de subvention adressée par la commune aux industriels figurant dans cet état. C. d'Etat, 18 novembre 1881, Arrachart.

410. *Expertise.* — L'expertise est obligatoire ; C. d'Etat, 2 mars 1877, Daniel. Pourquoi, lorsque les parties sont d'accord sur tous les faits et qu'il ne s'agit de statuer que sur des exceptions de droit ?

Elle ne peut être remplacée par une enquête administrative. C. d'Etat, 21 avril 1830, Michel.

Ou par des expertises antérieures à l'instance introduite devant le conseil de préfecture. C. d'Etat, 22 février 1833, de Venduel ; 28 juillet 1849, Fayard.

411. *Nomination des experts.* — Notre article porte que les experts seront nommés d'après l'article 17 de la loi du 21 mai 1836. Cet article indique que les experts sont nommés l'un par le sous-préfet, et l'autre par le propriétaire, et qu'en cas de désaccord le tiers expert sera nommé par le conseil de préfecture.

L'expert de la commune doit être désigné par le sous-préfet et non par le maire. L. de 1881, art. 11, § 4. L. du 21 mai 1836, art. 17. C. d'Etat, 23 mars 1877, d'Osmoy ; 10 février 1882, Leclerc ; 24 novembre 1882, com. de Billy-sur-Aisne.

La désignation faite par le préfet n'entraînerait pas la nullité des opérations. C. d'Etat, 9 mars 1877, Hallette.

Si celui auquel la subvention est réclamée ne désigne pas son expert, il est nommé d'office par le conseil de préfecture. C. d'Etat, 26 novembre 1836, Agombart ; 17 juin 1848, Collomb.

A défaut de cette désignation d'office, les opérations seraient nulles. C. d'Etat, 28 juin 1855, forges de la Chaussade.

Il devrait être pourvu également à une désignation d'office, si l'expert désigné par le redevable ne se présentait pas au moment des opérations. C. d'Etat, 23 novembre 1877, Quarrez.

La partie qui n'a pas désigné son expert dans les délais voulus, ne peut se plaindre de ce qu'il en a été désigné un d'office, alors qu'elle a été régulièrement avertie de l'époque où commenceraient les opérations, et a été sommée d'y assister. C. d'Etat, 6 août 1880, veuve Barbeau.

En cas d'opposition à un jugement rendu par défaut, le droit de choisir son expert est ouvert au profit du redevable, et il ne peut en être nommé un d'office par le conseil, que s'il refuse ou néglige d'user de ce droit. C. d'Etat, 17 juin 1848, Deguerre.

L'administration doit dénoncer l'expert qu'elle a choisi. C. d'Etat, 3 juillet 1852, de Grimaldi.

Mais rien n'exige que cette mention se trouve dans la mise en demeure faite au redevable pour désigner le sien. C. d'Etat, 5 août 1881, Leclerc. Rien n'oblige également l'administration à désigner son expert avant que la désignation de l'autre expert ait eu lieu, même d'office, par le conseil. C. d'Etat, 10 février 1882, Leclerc.

Les désignations d'office de l'expert du redevable, ne doivent avoir lieu qu'après mise en demeure régulière et un délai moral pour y déférer. Toutefois ce délai ne doit pas être porté obligatoirement à dix jours avant les opérations. C. d'Etat, 27 juin 1855, Min. des finances.

De ce qu'un expert aurait été nommé d'office irrégulièrement par le préfet à la place du propriétaire, il n'en résulterait pas que le conseil de préfecture pût procéder à une désignation nouvelle pour couvrir cette irrégularité, sans mise en demeure préalable de ce propriétaire. C. d'Etat, 3 juillet 1852, de Grimaldi.

Si l'expert désigné pour la commune est décédé et n'est pas remplacé, il peut en être désigné un nouveau d'office, sans que le contribuable soit mis en demeure lui-même d'en désigner un autre, dans le cas où il le jugerait convenable. C. d'Etat, 5 août 1881, Leclerc.

La désignation d'un expert par une partie ne la rend pas non recevable à contester le principe de la subvention et à soutenir qu'il n'en est dû aucune. C. d'Etat, 17 mai 1855, Elleaume.

412. *Choix des experts.* — Les experts choisis pour la commune par le conseil de préfecture, en cas de désignation d'office, peuvent être des agents de l'administration, tels que des conducteurs des ponts et chaussées et des agents du service, par exemple des agents-voyers. C. d'État, 14 janvier 1865, Doré, et les conclusions de M. Aucoc dans cette affaire; 7 septembre 1869, de Veauce ; 24 avril 1874, Fenaille ; 1er décembre 1876, Labarre ; en 1877, les 9 mars, Hallette ; 22 juin, Legru ; 21 décembre, Lemaire, Pouillard, Penellier, Lalande et Massignon ; 28 décembre, Ducharron ; en 1878, les 11 janvier, Hallette ; 5 juillet, Aubineau ; 28 novembre 1879, Duriez ; 27 février 1881, Martignon ; 18 mars 1881, Tauveron.

Alors même que l'agent choisi aurait préparé les états des subventions {réclamées. C. d'État, 14 janvier 1865, Doré ; 14 décembre 1877, Aubineau.

Mais il ne serait pas possible de désigner le maire de l'une des communes intéressées comme traversées par le chemin. C. d'État, 23 mars 1877, Brunehaut ; 13 décembre 1878, Legras.

413. *Prestation de serment.* — Les experts doivent, à peine de nullité de leurs opérations, prêter préalablement serment. C. d'État, 17 juin 1848, Deguerre ; 18 juin 1848, Parquin ; 22 février 1849, adm. des forêts.

Mais il suffit que ce serment ait été prêté avant les opérations, sans qu'un moment précis de la procédure soit fixé quant à ce. C. d'État, 14 juillet 1876, com. de Vère.

Et si les opérations ont eu lieu sans que le serment ait été prêté, mais que le redevable y ait assisté sans protestation ni réserve, il ne peut relever ultérieurement cette irrégularité. C. d'État, 12 mars 1880, Bureau.

Les experts peuvent prêter serment devant un juge de paix délégué. C. d'État, 5 août 1881, Leclerc.

Entre les mains d'un maire. C. d'État, 12 mars 1880, Lemaire.

Et en absence ou empêchement du maire de la commune désignée, entre les mains de l'adjoint de ce maire. C. d'État, 11 janvier 1878, Hallette ; 12 mars 1880, Lemaire.

Bien que le conseil de préfecture ait délégué un fonctionnaire pour recevoir le serment, il peut encore valablement le recevoir lui-même. C. d'État, 12 avril 1878, Delamarre.

114. *Mission des experts.* — Les experts doivent régler la subvention en faisant connaître les motifs sur lesquels ils se fondent. Dans ce règlement ils doivent déterminer la subvention en proportionnant la quotité à la dégradation extraordinaire qui devra être attribuée aux exploitations. Ce sont les termes dont se sert l'article 11, § 1er *in fine.*

Pour apprécier les dégradations qui ont été causées à un chemin, les experts ne peuvent se borner à évaluer la somme nécessaire à sa réparation, et à diviser arbitrairement cette somme entre le débiteur de la subvention, d'autres industriels et la commune. En procédant ainsi ils n'établissent pas suffisamment l'existence des dégradations extraordinaires qui proviendraient des transports effectués par la personne actionnée en justice. C. d'État, 9 juin 1893, Thomas ; même jour, Antoine, Voyez encore n° 416.

415. *Notification du commencement des opérations.* — L'administration qui poursuit l'expertise doit dénoncer à la partie adverse le lieu et le moment où commenceront les opérations. C. d'État, 3 juillet 1852, de Grimaldi ; 27 juin 1855, min. des finances.

A moins que le contribuable ait fait choix d'un expert qui a pour mandat de le représenter, et doit lui donner lui-même tous les avis qu'il juge utiles et convenables. C. d'État, 21 décembre 1877, Massignon.

Dans ce cas, il ne saurait se plaindre que l'expertise ait eu lieu en son absence, surtout s'il avait été averti par lettre recommandée. C. d'État, 3 juin 1881, Presson-Mangin.

On a jugé que, à défaut de désignation par la partie de son expert, elle est régulièrement représentée dans l'expertise par l'expert nommé d'office par le conseil. C. d'État, 24 avril 1874, Fenaille.

416. *Opérations des experts.* — L'expertise peut porter sur des portions différentes de l'année et être faite séparément et successivement par des opérations distinctes. C. d'État, 28 novembre 1878, Duriez.

Il peut être procédé par les mêmes experts et par une expertise unique à raison de détériorations relatives à deux annuités, pourvu que les dégradations concernant chaque annuité aient été appréciées d'une manière distincte. C. d'État, 26 juillet 1851, min. des finances.

Souvent les experts, malgré la visite des lieux, ne peuvent se rendre un compte bien exact des détériorations, en l'état des réparations qui peuvent être effectuées pendant les transports. Dans ces circonstances, les tribunaux administratifs n'en valident pas moins leurs opérations, si leurs conclusions sont suffisamment justifiées par l'ensemble des documents et explications qui leur ont été fournis. C. d'Etat, 9 mai 1879, Massignon.

Les experts, d'ailleurs, en visitant les lieux, ne sont pas tenus de constater formellement et matériellement les dégradations ; ils peuvent, en dehors de ce qu'il leur a été permis de voir, se renseigner par toutes voies et moyens. C. d'Etat, 2 mai 1879, Brunehaut.

Mais, à défaut de suffisance de l'expertise, il doit être accordé décharge de la subvention. C. d'Etat, 13 avril 1881, Sauvage.

Voyez encore *suprà* n° 415.

417. *Opérations tardives.* — L'expertise n'est pas tardive, bien qu'elle porte sur des faits assez éloignés toutes les fois que les experts peuvent trouver les documents et faire les vérifications nécessaires pour remplir sûrement leur mission. C. d'Etat, 10 janvier 1873,

Damay-Denizart et Millot ; 12 février 1875, Bourdon ;
en 1877, les 15 juin, Potheau ; 21 décembre, Pouillard ;
2 août 1878, Bazin ; en 1879, les 16 mai, Chéilus et Villers ; 23 mai, Guillotin ; en 1880, les 12 mars, Lemaire ;
2 juillet, Perraudin ; 6 août, veuve Barbeau ; 5 août 1881,
Leclerc ; en 1882, les 10 février, Leclerc ; 24 novembre,
Paymal Picard ; 22 décembre, Civet.

Mais si le temps écoulé ne permet pas aux experts
de faire les constatations nécessaires, il doit être accordé décharge de la subvention. C. d'Etat, 8 novembre
1872, Legrand ; 14 mars 1873, Pochet ; 20 novembre
1874, Lemaire ; 4 juin 1875, Rives ; 27 avril 1877,
Lemaire ; 13 décembre 1878, Legras ; 4 juillet 1879,
Adol ; en 1880, les 20 février, Raynal Picard ; 19 mars,
Vazon Barret ; 2 juillet, Perraudin ; 30 juillet, Tapon-
nier ; 17 novembre 1882, Dubourg.

418. *Tierce expertise.* — En cas de discord des
experts, il est nommé un tiers expert par le conseil de
préfecture. L. de 1836, art. 17, § final ; de 1881, art. 11.
La tierce expertise, en pareil cas, est prescrite à peine
de nullité. C. d'Etat, 4 juillet 1879, Adol.

Le conseil peut désigner comme tiers expert un conducteur des ponts et chaussées. C. d'Etat, 9 janvier
1874, et 20 mars 1875, Dollot.

Ou un agent-voyer. C. d'Etat, 27 avril 1877, Richard ;
27 février 1880, Massignon.

Mais non le maire d'une commune intéressée . C.
d'Etat, 31 décembre 1878, Painvin et Royer ; 6 juin 1879,
Girandier-Bootz.

Ce tiers expert n'est pas tenu de voir les lieux, si la difficulté qui lui est soumise porte uniquement sur la question de savoir à qui incombe le paiement des dégradations dont le montant n'est point contesté. C. d'Etat, 27 avril 1877, Richard.

Le tiers expert est tenu de se ranger à l'avis de l'un des premiers experts. C. d'État, 6 janvier 1882, comm. de Saint-Ouen de Thouberville.

Il n'est pas nécessaire de convoquer les parties pour assister aux opérations de la tierce expertise. C. d'État, 27 février 1880, Massignon.

419. *Frais d'expertise.* — Ils sont à la charge du redevable dont la réclamation est rejetée. C. d'État, 5 avril 1878, Daniel ; 5 juillet 1878, Aubineau. Alors même que, dans sa défense, il n'aurait nullement contesté le chiffre des dégradations et le montant de la subvention, mais seulement le droit de la commune pour l'exiger. C. d'État, 2 mars 1877, Daniel.

Ces frais doivent être à la charge de la commune, si la subvention est refusée. C. d'État, 14 mars 1873, Pochet ; 11 décembre 1874, Arrachart ; 17 mars 1876, Drouelle ; 9 juin 1876, Bernigaud ; 27 août 1877, Labriet et Lemaire ; 25 mai 1877, Bazin ; 18 janvier 1878, hauts-fourneaux de la Franche-Comté.

Ou si la subvention est accordée, mais que les opérations de l'expertise aient été annulées comme irrégulières. C. d'État, 5 juillet 1878, Giraudier Bootz ; 3 décembre 1878, Painvain ; 31 décembre 1878, Roger.

Ils peuvent être répartis entre la commune et l'industriel, en cas d'admission partielle de la demande. C. d'État, 8 novembre 1872, mines de Sarthe et Mayenne ; 4 juillet 1873, Robin ; en 1876, les 3 mars, Goujeon ; 30 juin, Bourdon ; 22 décembre, Marbouly ; 27 avril 1877, Albert et Pochiet ; 28 juin 1878, Mercier ; 13 décembre 1878, Desjardins ; 6 janvier 1882, com. de Saint-Ouen de Thouberville.

L'article 18 de l'arrêté du 24 floréal an VIII, qui ne met les frais à la charge du réclamant, que si la demande de celui-ci est entièrement rejetée, n'est pas applicable ici. C. d'État, 13 mars 1874, Thomas.

Toutefois, en cas de succombance partielle de chacune des parties, les frais d'expertise peuvent être mis à la charge de la commune en entier. C. d'État, 7 janvier 1857, Pelletier.

Lorsqu'il y a d'un côté une commune, et de l'autre divers redevables avec des intérêts distincts et séparés, les frais d'expertise mis à la charge de ces derniers, doivent être répartis entr'eux par les décisions qui statuent sur la demande. C. d'État, 13 décembre 1878, Desjardins.

Lorsque le conseil de préfecture a déclaré sans existence légale un syndicat formé pour la création et l'entretien d'un chemin rural, et a rejeté la demande de ce prétendu syndicat tendant au payement d'une subvention spéciale par des industriels, il ne peut mettre à la charge de ceux-ci les frais d'expertise exposés par eux. C. d'État, 7 novembre 1891, Bapsole.

480. *Taxe des experts.* — Est faite par le conseil de préfecture. Si les experts n'appartiennent pas à l'administration, cette taxe peut être plus élevée que la taxe restreinte applicable à des agents dans le service desquels rentrent les opérations de cette nature. C. d'État. 5 décembre 1879, Tesson.

481. *L'expertise ne lie pas le juge.* — Si le conseil de préfecture ne doit statuer qu'après expertise contradictoire, les conclusions de cette expertise ne lient pas le juge. C. d'État, 15 mai 1874, Ducharon.

Qui peut même ordonner après l'expertise un supplément d'instruction, et charger un ingénieur d'y procéder. C. d'État, 14 juillet 1876, com. de Vire.

482. *Supplément d'instruction.* — Le conseil de préfecture qui peut, après l'expertise, ordonner un supplément d'instruction, n'est pas tenu de le faire lorsque cela est demandé, s'il considère l'instruction comme complète. C. d'Etat, 21 décembre 1877, Lalande.

483. *Productions de pièces.* — Les industriels ne peuvent exiger qu'on donne aux experts communication des pièces concernant l'entretien du chemin ; mais ils peuvent toujours discuter les documents nécessaires pour établir la dépense, et contester les bases de la demande de l'administration. C. d'Etat, 21 juin 1855, Beuret.

494. *Défaut d'avis du jour des débats oraux.* — Le contribuable qui, lors de la transmission de sa défense, n'a pas manifesté l'intention de présenter des observations orales à l'audience, ne peut se plaindre qu'il n'ait pas été avisé du jour où son affaire serait appelée. C. d'Etat, 24 novembre 1882, com. de Billy-sur-Aisne.

Il en serait autrement s'il avait manifesté son intention de produire des défenses orales. D. 12 juillet 1865, art. 12 ; C. d'Etat, 14 mars 1873, Gay ; 13 décembre 1871, Peronnel Cassard.

495. *Dispenses tirées de traités spéciaux.* — Si des subventionnaires prétendent trouver, dans des traités spéciaux passés avec les communes, une dispense d'acquitter ces subventions, l'autorité administrative a compétence pour apprécier le mérite de cette exception et la portée de cet acte. C. d'Etat, 19 décembre 1873, Leclercq.

496. *Prescription.* — La subvention non réclamée dans l'année qui suit celle où les dégradations se sont produites, est prescrite. C. d'Etat, 26 juillet 1861, min. des finances.

L'Etat peut opposer en pareil cas la prescription dont bénéficient les autres contribuables, sans qu'on puisse le limiter à n'opposer que la prescription édictée par l'article 9 de la loi du 21 janvier 1831. C. d'Etat, 22 décembre 1852, min. des finances.

Mais il ne peut se prévaloir des articles 90 et 91 de

l'ordonnance du 31 mai 1838, pour repousser des con-
damnations à raison d'un exercice expiré. C. d'Etat,
26 juillet 1851, min. des finances.

427. *Nature de la décision.* — Doit être considérée
comme contradictoire la décision qui est intervenue
alors que les contribuables avaient désigné leur expert.
C. d'Etat, 17 novembre 1882, Dubourg.

Ou qu'ils avaient fait parvenir des observations par
lettres contenant leurs motifs de refus. C. d'Etat, 6 juin
1879, Leclerc d'Osmonville.

Il en est de même si l'industriel a assisté à l'expertise et présenté des observations orales, bien qu'il soit
décédé depuis, et avant que la décision du conseil de
préfecture n'eût été rendue. C. d'Etat, 6 juin 1879,
Leclerc d'Osmonville.

428. *Opposition ; dossier égaré.* — Le conseil de
préfecture peut statuer sur une opposition dans une
affaire de subvention, si les pièces sur lesquelles se fon-
dait la décision ont été égarées, alors que la décision
attaquée en contenait une analyse suffisante et non contestée. C. d'Etat, 10 janvier 1873, Damay Denizart.

429. *Modification du règlement sur opposition de
l'une des parties.* — Le conseil de préfecture, qui a réglé
le chiffre dû par un subventionnaire, dans une répartition faite entre les divers industriels qui avaient usé du
chemin, ne peut modifier ce chiffre en l'élevant, lorsque

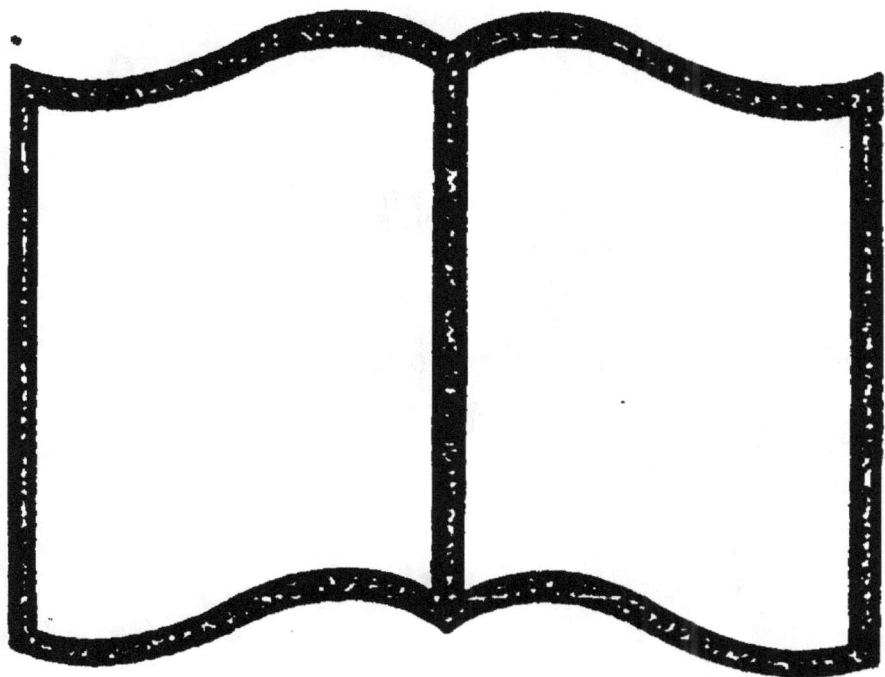

PAGES VIERGES
TEXTE MANQUANT

formes prévues par notre article, n'est applicable qu'aux chemins reconnus. E. Guillaume, *Voirie rurale*, n° 31, p. 31.

Un propriétaire n'est plus recevable à déférer au Conseil d'Etat pour excès de pouvoir une décision par laquelle une commission départementale a reconnu un chemin comme rural et a déclaré d'utilité publique sa construction, alors qu'un jugement qui a acquis l'autorité de la chose jugée a prononcé l'expropriation des terrains nécessaires pour l'établissement de ce chemin. C. d'Etat, 16 décembre 1892, Grados.

445. *Consentement des propriétaires dont les terrains doivent être occupés par les travaux.* — Avant de recourir aux moyens que la loi donne aux communes pour se mettre en possession des terrains au moyen d'une expropriation pour cause d'utilité publique, les maires doivent s'efforcer d'obtenir le consentement des propriétaires et de rapporter des cessions amiables ; ce n'est qu'à défaut de consentement qu'on doit recourir à une dépossession forcée.

Le règlement général de 1883, en précisant les justifications qui doivent accompagner les acquisitions d'immeubles en cas de cession amiable, indique avec des détails pratiques les formalités à remplir. On n'a qu'à consulter ce règlement que j'ai reproduit sous l'article 8 ci-dessus, en se reportant aux dispositions contenues sous son article 71, § 4, section 1re, où sont prévus les cas d'une convention portant à la fois sur la cession et sur le prix ; d'une convention portant accord sur la cession, mais réservant au jury la fixation du prix ; d'une convention sur le prix seulement, postérieure à la translation de la propriété par voie d'expropriation.

Ces actes de cession alors même qu'ils emprunteraient la forme administrative sont des actes de la vie civile, soumis pour les difficultés que présente leur exécution à la compétence de l'autorité judiciaire civile. Trib. des conflits, 12 mai 1883, Rivès, S. 85, 3, 28 ; Cass., 6 avril 1886, S. 87, 1, 37; 21 juillet 1886, S. 87, 1, 135, et autres arrêts rendus quelques-uns à mon rapport.

Ainsi en cas de cession de terrains avec engagement par l'administration d'établir un chemin d'exploitation, l'autorité judiciaire est compétente pour constater la validité de cette convention, en déterminer le sens et la portée, pour décider si l'administration s'est engagée à créer et à entretenir en état de viabilité ce chemin, et pour statuer sur les conséquences de l'inexécution de cet engagement. Cass., 30 juillet 1890, S. 92, 1, 527; voir encore Cass., 22 décembre 1884, S. 85, 1, 490, à mon rapport.

116. *Incapables.* — Il est à regretter que notre loi n'indique pas les conditions auxquelles les représentants des incapables pourraient être autorisés à consentir à une cession volontaire des terrains nécessaires pour les travaux. Mais, à défaut de déclaration expresse quant à ce, il faut tenir comme en vigueur les dispositions que contient, à ce sujet, la loi générale sur l'expropriation pour cause d'utilité publique du 3 mai 1841.

117. *Expropriation pour cause d'utilité publique.*
— Avant la loi de 1881, on se demandait si la création
d'un chemin rural pouvait faire l'objet d'une déclaration
d'utilité publique, et si un maire pouvait être autorisé
à acquérir par expropriation un terrain nécessaire à l'é-
tablissement d'une de ces voies rurales ? Il y a un avis
formel du Conseil d'Etat, à la date du 8 février 1855,
où on lit « Qu'en admettant que les besoins de la circulation réclament l'ouverture de chemins nouveaux sur
le territoire d'une commune, c'est comme chemins vicinaux et en vertu des articles 15 et 16 de la loi du 21 mai
1836 qu'ils doivent être établis. Lorsque cette nécessité
n'est pas démontrée, l'article 682 du Code civil permet
aux propriétaires dont les fonds sont enclavés de réclamer un passage sur les propriétés voisines pour l'exploitation de leur héritage ».

On cite dans le même sens une décision ministérielle
de 31 août 1861 ; c'est l'opinion de M. Foucart, t. 3,
n° 1347 ; Bost, *Des chemins ruraux*, n° 25 ; Garnier,
Législation et jurisprudence nouvelles sur les chemins,
p. 115 ; Dalloz, *Répertoire*, V° *Voirie par terre*,
n° 1324. M. Ad. Chauveau, qui dans le tome 3, p. 517
du *Journal de droit administratif*, avait cité sans observations l'avis du Conseil de 1855, dit au volume XI,
p. 183, qu'il ne voit pas pourquoi une commune ne
pourrait pas obtenir l'application de la loi du 3 mai
1841 pour l'agrandissement ou le redressement d'un

chemin rural ; c'est l'avis indiqué par Cotelle, tome 4,
p. 365, n° 779. M. Herman paraît adopter implicitement
ce dernier avis dans son *Traité pratique de la voirie
vicinale*, n° 915. J'ai déjà dit, au premier abord il paraît difficile d'attribuer le caractère d'utilité publique
à une voie qui ne présente pas même une importance
suffisante pour être classée au nombre des chemins vicinaux, et cependant les chemins ruraux sont des propriétés dépendant du domaine public communal, leur
utilité relative n'en est pas moins une utilité publique,
et s'il peut être rare qu'il soit nécessaire d'en établir de
nouveaux sans les classer comme vicinaux, il peut être
quelquefois indispensable de modifier des parties de
leurs parcours, et pourquoi si l'utilité publique est
alors constatée, ne la déclarerait-on pas avec ses conséquences juridiques ? Dans une dissertation sur les chemins ruraux, insérée au tome 3 des *Annales des chemins
vicinaux*, année 1849-50, p. 144, on indique qu'il est
sans exemple que l'administration ait eu recours à l'expropriation pour l'établissement de chemins nouveaux ;
mais on ajoute que dans certains cas l'administration
aurait eu recours à cette voie pour faire opérer le redressement et l'élargissement de certains chemins ruraux.
Au surplus je reconnaissais que, s'agissant d'une décision laissée à l'appréciation de l'administration pure,
et qui n'a rien de contentieux, les instructions données
par l'administration devaient être suivies, et que lorsqu'il y aurait lieu d'ouvrir ou de rectifier des chemins
ruraux, et qu'on aurait à vaincre l'opposition d'un ri-

verain, on devrait préalablement recourir au classement comme chemin vicinal, et suivre les règles posées à l'égard de ces chemins pour vaincre légalement cette opposition.

L'article 13 de la loi de 1881 a mis fin à la difficulté, en indiquant comment il devrait être procédé vis-à-vis des propriétaires qui ne voudraient pas céder des parcelles nécessaires à l'exécution des travaux. La décision de la commission départementale prononçant l'ouverture, le redressement ou l'élargissement des chemins ruraux, équivaudra en principe à une déclaration d'utilité.

Pour exécuter les travaux, il est souvent nécessaire d'exproprier des petites parcelles de terre. Il eût été bien rigoureux, à raison des opérations de si peu d'importance, d'exiger l'accomplissement de toutes les formalités prescrites par la loi du 3 mai 1841. L'amélioration de la voie communale en deviendrait impossible. La loi de 1836 a établi un mode d'expropriation plus simple en faveur des chemins vicinaux. La loi de 1881 applique aux chemins ruraux les formalités simples et suffisamment protectrices édictées par l'article 16 de la loi de 1836.

Mais afin d'empêcher que les communes n'entreprennent des améliorations qui seraient au-dessus de leurs forces, en se laissant aller à provoquer des expropriations dont elles ne pourraient acquitter le prix, une disposition finale déclare expressément que les communes ne seront autorisées à prendre possession des terrains expropriés qu'après le paiement de l'indemnité. Exposé des motifs, *Officiel* du 31 octobre 1876, p. 7804, 3ᵉ col.

448. *L'indemnité devra être préalable à la dépossession.* — Notre article reproduit un principe invariablement admis en matière d'expropriation pour cause d'utilité publique, à savoir que la prise de possession des terrains expropriés ne peut avoir lieu avant le paiement de l'indemnité. L. de 1881, art. 13, § dernier, ou la consignation, ce qui est un mode de paiement. Circ. min. int., 27 août 1881. C'est d'ailleurs, comme nous l'indiquions tantôt, un moyen d'empêcher que les communes ne se laissent aller à entreprendre des travaux dont elles ne pourraient supporter les charges.

Toutefois l'obligation du paiement préalable des terrains expropriés n'est qu'une simple application du droit commun, et la rédaction du dernier paragraphe de l'article 13 n'a pas pour but, comme on pourrait le supposer d'après quelques mots de l'exposé des motifs, d'établir une prescription absolue à laquelle les expropriés n'auraient pas le droit de renoncer dans l'intérêt de la prompte exécution des travaux. Rapport de M. Labiche au Sénat.

449. *Dispositions relatives aux terrains morcelés par les emprises.* — Il arrive fort souvent que, par suite des ouvertures des chemins ou par leur rectification, des terrains sont morcelés, et lorsque l'opération s'effectue sur des propriétés de peu d'étendue et déjà divisées à l'infini, il reste çà et là des parcelles de terrain dont la culture par l'ancien propriétaire devient impossible, alors qu'elle serait facile en les annexant à des terres limitrophes. La loi d'Argovie, du 24 décembre 1875, sur les territoires ruraux, art. 54, oblige en pareil cas l'un des riverains à s'en charger moyennant indemnité. En principe, cela est sage, bien que cela puisse parfois donner lieu à des difficultés dans la pratique ; mais en France rien dans la loi n'autorise à contraindre le voisin à se charger de pareilles parcelles. En nos matières rien n'autorise même le propriétaire à obliger l'administration à s'en charger, comme cela aurait lieu si la loi du 3 mai 1841 était applicable, mais la commune sera habituellement obligée d'en payer le prix, à titre d'indemnité, aux propriétaires dépossédés, et le plus souvent elle devrait les acquérir, car elle ne paierait pas une indemnité supérieure ; sauf à les céder à des riverains ou à les employer pour dépôts de matériaux ou lieux de garage.

450. *Prise de possession d'urgence.* — Le règlement général de 1883 admet qu'une prise de possession d'urgence peut avoir lieu en ces matières, puisqu'il indique, art. 71, section III, les pièces à produire en pareil cas à l'appui des opérations et des dépenses qu'elle aura nécessitées. Il y a lieu alors de produire un décret déclarant l'urgence, les jugements prononçant l'expropriation et fixant la somme à consigner, l'arrêté du maire prescrivant la consignation de cette somme augmentée de deux années d'intérêts, conformément à l'article 69 de la loi du 3 mai 1841.

451. *Travaux dans les zones de servitudes militaires.* — Les formalités à remplir avant d'exécuter les travaux, s'ils doivent être emplacés dans des localités sises dans les zones de servitudes des places de guerre et des postes militaires, soit dans la zone frontière, sont déterminées par des lois spéciales dont l'examen ferait partie d'un travail sur les travaux publics en général ; nous n'avons pas dès lors à entrer ici dans leur détail, il nous suffit d'indiquer qu'il faut procéder en nos matières, comme dans les autres cas d'exécution de travaux publics, dans ces conditions spéciales.

452. *Du rétablissement partiel des chemins ruraux détruits sur un ou plusieurs points de leurs parcours.* — Qu'en serait-il si, au lieu de l'établissement d'un chemin, il s'agissait d'un simple rétablissement partiel de la voie rurale ? Sous le droit romain les propriétaires des terres voisines étaient tenus de fournir un nouveau chemin, lorsque celui qui longeait leurs propriétés était détruit. Cette règle, fondée sur des considérations d'utilité publique faciles à comprendre, était écrite dans diverses lois ; il suffit de citer notamment la loi 14 au Digeste, *Quemadmodum servitutes amittuntur*, dont le dernier paragraphe porte : *Cum via publica, vel fluminis impetu, vel ruina, amissa est, vicinus proximus viam præstare debet.* Cette règle était passée dans notre ancien droit français, où elle était admise par presque tous les auteurs (1).

(1) Poquet de Livonnière, règle 17 au titre des *Servitudes* ; Dupont, sur la

De nos jours la même question s'étant présentée, elle a reçu la même solution. Nous lisons dans un arrêt de la Cour de cassation du 11 août 1835, rejetant le pourvoi de la dame Delpy, contre un arrêt de la Cour de Toulouse, intervenu dans une espèce où il s'agissait d'un chemin rural conduisant à un moulin fréquenté par les habitants de la commune, chemin qui avait été emporté par un débordement du Tarn : « Attendu qu'il est constaté par l'arrêt attaqué que le chemin confrontant aux propriétés de la femme Delpy est un chemin public appartenant à la commune de Confolens, et que ce chemin a été envahi en partie par le débordement de la rivière du Tarn ; attendu que suivant les principes consacrés par l'ancienne jurisprudence auxquels il n'a pas été dérogé par la nouvelle législation, lorsqu'un chemin public est détruit par l'impétuosité d'un fleuve ou par tout autre événement de force majeure, le nouveau chemin peut être pris sur les héritages voisins. »

Il peut y avoir lieu, en pareil cas, à une prise de possession immédiate, non en vertu des lois sur l'expropriation pour cause d'utilité publique, mais du même principe qui autorise à passer sur le sol du riverain d'une voie publique devenue impraticable. Le passage s'opèrera immédiatement à titre de charge de voisinage de la voie publique, et la commune devra se mettre le

Coutume de Blois, t. 3, art. 17, § *Viis publicis* ; Godefroy, Bérault, Basnage, Flaust, sur l'art. 622 de la *Coutume de Normandie* ; Domat, tit. 2, sect. 13, n° 8, etc., cités par Devilleneuve, *Recueil des lois et arrêts*, 1835, 1re partie, p. 578, notes.

plus promptement possible en mesure d'acquérir amiablement et, à défaut, par expropriation, le terrain nécessaire pour le rétablissement de la voie, à charge d'indemniser, non seulement pour le prix du terrain cédé, mais encore pour le dommage causé par le passage avant la cession volontaire ou forcée.

On s'était demandé s'il y avait lieu d'indemniser le riverain sur les terres duquel serait pris le nouveau chemin. Les anciens auteurs étaient partagés; Ferrière, *Dictionnaire de droit et de pratique*, V° *Chemin*, n° 3; Legrand sur l'article 130 de la coutume de Troyes; Basnage; Delalande, sur l'article 251 de la coutume d'Orléans, etc., soutenaient qu'il était dû indemnité; dans l'autre camp, Domat entr'autres, titre 2, section 13, n° 8, était d'avis qu'il n'en était point dû. De nos jours on a essayé de soulever de nouveau la question qui était restée entière, disait-on, parce qu'elle n'avait pas été vidée par un texte de loi. Si, au lieu de rechercher péniblement dans notre ancien Code rural et dans des dispositions de lois surannées la solution de la difficulté, on s'était attaché aux principes généraux reconnus et consacrés par notre droit moderne, on y aurait vu que si, par exception à la règle de l'inviolabilité de la propriété privée, il est permis d'exiger et d'obtenir dans un intérêt public le sacrifice d'une propriété, ce ne peut être dans tous les cas qu'à charge d'indemnité.

453. *Personnel du service.* — En terminant ce que j'avais à dire relativement à l'ouverture et au redressement des chemins ruraux, je ne puis m'empêcher de remarquer qu'il n'y a rien de prévu dans la loi, en ce qui concerne le personnel chargé de préparer tous ces travaux et de les diriger ; en laissant ainsi dans chaque commune aux maires le soin d'y pourvoir en dehors d'un corps présentant des garanties nécessaires, on pourra peut-être regretter bien souvent que le législateur n'ait pas usé d'une sage prévoyance.

Le ministre de l'intérieur, consulté, a répondu par sa circulaire du 23 novembre 1881, que les maires pouvaient choisir les agents administratifs de ce service. Mais il leur fait justement remarquer que les agents-voyers, par leur expérience et leurs connaissances techniques, leur prêteraient un concours d'une utilité incontestable dans l'application du nouveau régime des chemins ruraux, et qu'il est à croire qu'ils accepteront avec empressement une pareille tâche ; et déjà en ce qui nous concerne, nous avons admis dans diverses circonstances que les maires se rendraient à ces conseils.

Malheureusement, à ce point de vue, dans certains départements le service vicinal a été placé sous la direction des ponts-et-chaussées, et quelque sympathique et profonde considération que j'aie pour les membres de ce corps, je ne voudrais pas lui voir confier la direction du service rural. On peut dire sans injure à tel professeur de Faculté qu'il serait un mauvais instituteur communal, et il ne devrait pas en être blessé. Or, de même qu'on divise les professeurs de l'instruction publique en professeurs d'instruction supérieure, d'instruction secondaire et d'instruction primaire, je ne vois aucun inconvénient à ce qu'on fasse des catégories différentes entre le service des grands travaux publics sur nos côtes, le long de nos fleuves et sur l'ensemble de notre territoire, et le service vicinal ou le service rural ; réunissez ces derniers, soit, mais ne les placez pas dans le premier cadre, ils n'ont de commun que le mot de travaux publics.

ART. 14. — *Extraction de matériaux, dépôts, et occupations temporaires.*

Lorsque des extractions de matériaux, des dépôts ou enlèvements de terres, ou des occupations temporaires de terrains sont nécessaires pour les travaux de réparation ou d'entretien des chemins ruraux, effectués par les communes, il est procédé à la désignation et à la délimitation des lieux et à la fixation de l'indemnité, conformément à l'article 17 de la loi du 21 mai 1836.

SOMMAIRE.

454. *Le droit de fouiller les terres et d'en extraire des matériaux pour l'entretien des routes existait-il pour les chemins ruraux avant la loi de 1881 ?* — Je disais avant la loi de 1881 ; les anciens arrêts du Conseil des 2 octobre 1667, 3 décembre 1672, 22 juin 1706 et 7 septembre 1755, autorisent les entrepreneurs des chemins, à prendre la pierre, le grès, le sable et les autres matériaux nécessaires à la construction et à l'entretien de ces chemins dans les lieux qui leur seraient indiqués par les actes administratifs. Le Code rural de 1791, titre 1, sect. 6, article 1, et les articles 55 et suiv. de la loi du 16 septembre 1806, ont sanctionné le droit au profit des grandes routes ; la loi du 21 mai 1836, art. 17, l'a reconnu en faveur des chemins vicinaux.

Existe-t-il pour les chemins ruraux ?

M. Ad. Chauveau m'avait fait l'honneur de me consulter, dans le temps, sur cette question ; j'avais cru devoir y répondre négativement ; M. A. Godoffre, chef de division à la préfecture de la Haute-Garonne, avait fait une réponse dans le même sens. Mais M. Albert Christofle, dans son ouvrage sur les travaux publics, avait été d'un avis contraire, et c'est à ce dernier avis

que s'était rangé M. Ad. Chauveau lui-même ; on pourra
trouver le développement des opinions que nous venons
de signaler dans le *Journal de droit administratif*, t. 11,
p. 174 à 183, art. 13, n°ˢ 132 à 136.

Je regrette vivement de ne pas être de l'avis de
MM. A. Christofle et Ad. Chauveau, et que M. Guillaume
avait partagé, *Voirie rurale*, n° 76; mais je persiste dans
l'opinion que j'avais en 1863. Ce qui d'ailleurs n'a plus
qu'un intérêt rétrospectif.

Faut-il bien, quelles que soient des tendances et des
appréciations personnelles, être de l'avis de la grande
majorité quand la doctrine et la jurisprudence s'accordent
à considérer sous un même point de vue une situation
juridique. Les auteurs et la Cour de cassation se refusaient
d'une manière formelle à placer les chemins ruraux sous
le même régime que les autres voies publiques classées
comme grandes routes, rues ou chemins vicinaux ; il y a
dans les motifs de cette appréciation des considérations
fort graves et qui ne manquent pas de bases dans les
textes mêmes de la loi; l'administration, avec des nuan-
ces, était en principe du même avis. Mais d'un autre côté,
il était alors difficile de ne voir dans les chemins ruraux
que des propriétés communales privées, devant être soumises au régime exclusif de la propriété privée. Cette
situation avait fait créer pour eux, en doctrine et en jurisprudence civile et administrative, une sorte de régime mixte, d'après lequel les chemins ruraux étaient
privés de la plupart des moyens exceptionnels dont peuvent bénéficier les grandes routes et les chemins vicinaux

pour leur établissement, leur élargissement, et leur entretien ; mais, d'un autre côté, on leur avait conservé la surveillance et la protection spéciale, non seulement du maire comme administrateur de la commune, mais encore comme représentant de l'autorité publique, et en se fondant sur la loi des 16-24 août 1790 et sur diverses dispositions du Code pénal, au titre des contraventions, on avait reconnu à l'autorité administrative une action préventive qui lui donnait le droit et lui imposait même le devoir de défendre ces chemins contre les anticipations et les dégradations, et de faire disparaître les obstacles qui seraient de nature à gêner la sûreté et la commodité du passage sur ces voies ; non point seulement par des actions privées et civiles, mais par mesure administrative et par des arrêtés généraux trouvant leur sanction dans les peines encourues par les contrevenants que l'on pouvait amener devant les tribunaux de répression.

Or le droit d'extraction de matériaux ne rentrant nullement dans cette partie du régime exceptionnel, ne pouvait être reconnu en faveur des chemins ruraux.

Ce droit ne me paraissait d'ailleurs fondé ni sur l'ensemble des lois qui déterminent le régime des chemins ruraux, ni même sur les textes qui autorisent spécialement les fouilles et extractions de matériaux pour l'entretien des routes. Il est évident, en effet, que les anciens arrêts du Conseil rendus à ce sujet, n'étaient applicables qu'aux chemins dont les mêmes arrêts donnaient la classification, et parmi lesquels ne se trouvaient pas les chemins, que nous plaçons aujourd'hui dans la classe des chemins ruraux. Le Conseil d'État, avant la loi de 1836, refusait de les appliquer aux chemins vicinaux, comme le prouvent ses décisions des 18 juillet 1820, 16 janvier 1822, 31 juillet 1822 ; et les lois rendues depuis 1790 ne parlent de cette servitude qu'au point de vue des grandes routes. Cela résulte implicitement de la loi du 16 septembre 1807, et de celle de l'an VIII sur la compétence des conseils de préfecture, et formellement de l'art. 1, sect. 6, tit. 1 du Code rural de 1791.

Nous sommes d'autant plus fondé à soutenir que la servitude de fouiller et extraire des matériaux sur les terres riveraines désignées par l'administration n'existe pas pour les chemins ruraux, que depuis que nous avons émis cet avis, nous l'avons vu partagé dans le répertoire de MM. Dalloz, *Rép.*, v° *Voirie par terre*, n° 1385, dans le dernier travail du savant auteur de cet article.

Je persiste à croire que c'était alors la seule solution légale ; mais de nos jours la question ne peut plus se présenter, puisque l'article 14 de la loi de 1881 l'a résolue et a placé, au point de vue des extractions de matériaux et des occupations temporaires, les chemins vicinaux et les chemins ruraux sous le même régime.

455. *Motifs des dispositions contenues en l'article* 14. — Les travaux publics ne peuvent souvent être exécutés sans l'occupation temporaire des terrains pour l'extraction ou le dépôt des matériaux nécessaires, le passage des voitures employées à les transporter, et celui des ouvriers chargés de les mettre en œuvre. De nombreux actes de la législation française ont formellement ou implicitement accordé à l'administration le droit de recourir à cette occupation. Ils ont ainsi grevé la propriété d'une servitude spéciale. Elle est établie ou consacrée dans l'intérêt des travaux publics en général, par les arrêts du Conseil du Roi en date des 7 septembre 1755 et 20 mars 1780 ; par la loi des 23 septembre-6 octobre 1791 (titre 1, sect. 6, art. 1), par celle du 28 pluviôse an VIII, art. 4 ; par le Code civil, art. 650, et par la loi du 16 septembre 1807, art. 55 et 56. Le législateur l'a admise spécialement en faveur des chemins ruraux, comme il l'avait déjà admise par des dispositions particulières en faveur des chemins vicinaux (loi du 21 mai 1836, art. 17), et des chemins de fer (loi du 15 juillet 1845, art. 3) ; il a voulu faire disparaître tout doute sur le point de savoir si elle pouvait s'appliquer aux travaux concernant les trois catégories de voies de communication. Circ. min. int., 27 août 1881.

456. *Règles d'application de cette faculté.* -- Elle devra s'exercer en matière de voirie rurale, dans les mêmes formes et avec les mêmes restrictions ou obligations qu'en matière de voirie vicinale. Par suite les administrateurs ont dû dès lors, longtemps, se conformer à cet égard, aux prescriptions de l'instruction générale du 6 décembre 1870 sur les chemins vicinaux. Circ. min. int., 27 août 1881. C'est en effet la législation des chemins vicinaux qui a servi de base aux dispositions de notre article 14. Rapport de M. Maunoury à la Chambre des députés. Le texte de l'article 14 justifie d'ailleurs complètement par lui-même ces observations.

157. *Loi du* 21 *mai* 1836, *art.*17.— Aux termes de la loi vicinale modifiée en 1892 les extractions de matériaux, les dépôts ou enlèvements de terre, les occupations temporaires de terrains seront autorisés par arrêté du préfet, lequel désignera les lieux. Cet arrêté sera notifié aux parties intéressées au moins dix jours avant que son exécution puisse être commencée.

Si l'indemnité ne peut être fixée à l'amiable, elle sera réglée par le conseil de préfecture sur le rapport d'experts nommés l'un par le sous-préfet, et l'autre par le propriétaire. En cas de discord, le tiers expert sera nommé par le conseil de préfecture.

Je ne donnerai pas ici un exposé des décisions qui ont fait l'application de ces dispositions, cet exposé serait trop long, et de nature à constituer un traité spécial. Et c'est en effet une étude sur les fouilles, extractions de matériaux et occupations temporaires qui fit autrefois, il y a plus de cinquante ans de cela, l'objet de ma première publication sur la voirie et les travaux publics; mais si je ne fais pas ici un traité sur cette partie de la législation des travaux publics, je crois devoir reproduire les instructions spéciales contenues dans la circulaire de l'intérieur du 15 mars 1893, concernant l'exécution de la loi du 29 décembre 1892 sur les dommages causés à la propriété privée par l'exécution des travaux publics, au cas d'occupation des propriétés privées. Loi qui vient d'être si utilement commentée par un maître habile, M. G. Bourcart, professeur à la faculté de droit de Nancy.

458. *Loi du 29 décembre 1892 ; circulaire de l'intérieur du 15 mars 1893.* — La législation sur les fouilles, extractions et occupations temporaires à l'occasion de l'exécution des travaux publics a été souvent l'objet de vives critiques. Plusieurs projets ont été présentés aux Chambres pour la modifier. En 1884 le gouvernement déposa dans ce but un projet qui, n'ayant pas abouti, fut ultérieurement repris par l'initiative parlementaire et adopté par les Chambres, d'accord avec le gouvernement. C'est la loi du 29 décembre 1892 applicable à tous les travaux publics, nationaux, départementaux et communaux. Cette loi abroge désormais les dispositions législatives antérieures. Ce serait peut-être le cas de la reproduire ici dans son texte intégral ; mais le texte des lois est facile à trouver par ceux qu'elles intéressent, et il est loin d'en être de même des instructions qui en les rappelant en précisent l'application ; c'est pourquoi je crois plus utile de rapporter ici le texte de la circulaire du ministre de l'intérieur adressée aux préfets le 15 mars 1893, précisant à la fois successivement chacune des dispositions de la loi, leur sens et leur portée. Après un exposé historique cet acte porte :

ART. 1er. — La préparation d'un projet nécessite des études préliminaires sur le terrain. Pour les opérer il est indispensable que les agents de l'administration puissent pénétrer dans les propriétés particulières et au besoin pratiquer des fouilles ou sondages, pour reconnaître la configuration du terrain et la constitution géologique du sous-sol, abattre des arbres, arracher des haies. L'article 1er de la nouvelle loi ne donne à l'administration, à cet égard, aucun droit qui ne lui fût déjà reconnu, mais il détermine avec une précision que la législation antérieure ne comportait pas, les conditions à remplir et les règles à observer en pareille matière.

Il énonce d'abord une réserve, les habitations sont formellement soustraites à l'exercice de la servitude.

Pour les autres propriétés, l'action de l'administration est entourée de formalités au sujet desquelles une distinction est à faire. S'agit-il de terrains non clos le législateur n'exige d'autre condition que l'affichage, dix jours d'avance, à chaque mairie, de l'arrêté indiquant les communes sur le territoire desquelles seront opérées les études. Si les terrains sont clos, les propriétaires ou leurs représentants doivent, de plus, recevoir à domicile une notification du même arrêté, cinq jours avant l'arrivée des agents. Si la notification ne les atteint pas, il faut, pour pénétrer chez eux, l'assistance du juge de paix.

D'autre part, il est interdit d'abattre aucun arbre forestier, d'ornement ou de haute futaie, avant l'évaluation amiable de sa valeur, ou un examen contradictoire qui fournisse les bases du dommage résultant de sa destruction.

La faculté d'entrer chez les particuliers reste ouverte,

comme par le passé, aux personnes, entrepreneurs ou concessionnaires, autorisés à cet effet, comme aux agents de l'administration.

La réparation des dégâts sera poursuivie dans les formes indiquées par la loi du 22 juillet 1889, sur la procédure devant les conseils de préfecture. Le même principe étant posé pour les occupations temporaires, je renvoie à l'article 10 mes observations sur le dernier paragraphe de l'article 1er.

Tout ce qui concerne les études ainsi réglé, la loi passe à la matière des occupations temporaires proprement dites, dont elle traite exclusivement à partir de l'article 2.

ART. 2. — Aux termes des arrêts du conseil du roi des 7 septembre 1755 et 20 mars 1780, tels que les entendait le Conseil d'État statuant au contentieux, les lieux entourés de murs ou de clôtures équivalentes, suivant les usages du pays, et attenant à des habitations, ne pouvaient être occupés temporairement.

L'article 2 se borne à consacrer législativement cette jurisprudence qui avait motivé l'article 50 de l'instruction générale. Il laisse subsister les difficultés d'interprétation sur le point de savoir quelles clôtures équivalent à un mur, quelles dépendances sont les annexes de l'habitation. Il vous appartiendra d'apprécier la question suivant les circonstances particulières à chaque espèce, et de les résoudre en tenant compte, le plus largement possible, conformément au vœu du législateur, des égards dus à la propriété.

Art. 3. — Les articles 47 et 48 de l'instruction générale n'obligeaient à mentionner dans les arrêtés d'autorisation, que les terrains ou carrières à occuper. La loi du 29 décembre 1892, dans son article 3, impose des prescriptions plus étendues.

Il faudra maintenant indiquer, outre le nom de la commune :

1° Les numéros des parcelles sur le plan cadastral et leurs propriétaires d'après la matière des rôles ;

2° Les travaux à raison desquels l'occupation a lieu ;

3° Les surfaces sur lesquelles elle portera ;

4° La nature et la durée de l'occupation ;

5° La voie d'accès ;

Enfin lorsque l'occupation n'aura pas pour objet unique le ramassage des matériaux, votre arrêté sera accompagné d'un plan faisant connaître par une teinte conventionnelle la parcelle à occuper. Toutes les prescriptions qui tendent à déterminer avec autant de précision que possible l'emplacement objet de l'arrêté, ont une importance qui ne vous échappera pas, elles doivent être strictement suivies ; leur inobservation pourrait être considérée comme entachant d'irrégularité l'arrêté préfectoral.

Vous continuerez d'ailleurs à choisir les propriétés communales toutes les fois que ce sera possible. Vous épargnerez ainsi aux particuliers une servitude souvent assez lourde, et à l'Administration des frais inutiles.

Art. 4. — Le propriétaire dont le terrain sera désigné peut : ou accepter l'occupation sans indemnité, parce qu'il attache un certain prix aux travaux qui l'ont motivé ; ou arrêter d'avance et d'un commun accord avec l'Administration le montant de la somme représentative du dommage qu'il subira ; ou recourir au tribunal compétent pour la détermination de cette somme.

Mais, pour qu'il puisse se prononcer, il faut qu'il soit préalablement averti. L'art. 4 fixe les conditions dans lesquelles il devra l'être.

Ampliation de votre arrêté et du plan annexé sera transmise à l'agent voyer en chef et au maire de la commune où les terrains sont situés.

L'agent voyer en chef conservera, pour les besoins du service, ces deux documents. Si le droit d'occupation est délégué à un entrepreneur, il lui remettra une copie certifiée de l'acte d'autorisation.

D'après les explications fournies au Sénat dans la séance du 10 juin 1892 par le rapporteur, d'accord avec le gouvernement, l'envoi fait au maire comprendra, en outre du plan qui lui est destiné et qui sera conservé à la mairie, autant d'exemplaires ou d'extraits de ce plan qu'il y aura de propriétaires intéressés. Ces plans seront, avec l'arrêté préfectoral, notifiés administrativement aux propriétaires. Il sera tiré reçu de cette notification.

Si le propriétaire n'est pas domicilié dans la commune, son fermier, locataire, gardien ou régisseur, reçoit valablement la notification. En l'absence de tout représentant, elle sera faite par lettre chargée adressée à son dernier domicile connu, et les pièces resteront déposées à la mairie pour être communiquées, sans déplacement, aux intéressés, sur leur demande.

Sans préjudice de ces notifications individuelles, et pour mettre l'Administration à l'abri du recours éventuel ouvert par l'art. 12, vous aurez soin, suivant les indications du même article, d'ordonner l'affichage de l'arrêté dans la commune et son insertion dans un journal de l'arrondissement ou, à défaut, du département.

Art. 5. — Si le propriétaire, averti comme il vient d'être dit, s'entend avec l'Administration sur le chiffre de l'indemnité, les conventions intervenues seront arrêtées suivant les règles ordinaires de compétence.

A défaut d'arrangement, le propriétaire devra être mis à même d'assister aux opérations de reconnaissance de l'état des lieux pour faire valoir ses droits. La procédure de l'art. 5 remplacera les dispositions des art. 52, 53 et 54 de l'instruction générale.

La première mesure à prendre est la constatation de l'état des terrains. Ce soin incombe maintenant soit aux agents voyers, soit à l'entrepreneur, selon que le droit d'occupation sera réservé au service vicinal ou confié à l'entrepreneur.

Par lettre recommandée, celui qui aura qualité avertira le propriétaire, s'il est domicilié dans la commune, sinon le fermier ou le locataire, etc., comme il est dit à l'art. 4, §§ 3 et 4, du jour et de l'heure où la personne chargée de la reconnaissance se rendra sur les lieux. Il l'invitera, en outre, à s'y trouver ou à se faire représenter pour que l'opération soit contradictoire. Avis de cette convocation est donné au maire par écrit.

La notification sera toujours transmise dix jours au moins avant la date fixée pour la visite du terrain.

Art. 6. — Vous n'avez pas à poursuivre l'accomplissement intégral des formalités inscrites dans les art. 4 et 5, lorsque l'occupation temporaire visera simplement le ramassage des pierres ou graviers disséminés à la surface du sol.

Le dommage, si même il s'en produit, sera toujours, dans ce cas, de minime importance. Il suffira, dès lors, d'une notification collective de votre arrêté, par voie d'affichage aux endroits habituels, et de publication à son de trompe ou de caisse. Mais le délai de dix jours sera observé entre l'affichage et l'examen des parcelles désignées.

Art. 7. — La loi nouvelle exige formellement que l'occupation soit ajournée jusqu'à ce que l'état des lieux ait été contradictoirement constaté. Il n'est pas admissible, cependant, qu'un propriétaire puisse, en s'abstenant de répondre à la convocation, retarder indéfiniment l'exécution de l'arrêté d'autorisation. Aussi le maire lui désignera d'office, s'il y a lieu, un représentant pour agir avec celui de l'Administration, ou de la personne au profit de laquelle l'occupation a été permise.

Les opérations destinées à fournir plus tard les éléments nécessaires à l'appréciation du dommage seront relevées sur un procès-verbal dressé en triple expédition. L'une est déposée à la mairie, et les autres sont conservées par les intéressés.

Si le procès-verbal constate l'accord des deux parties, l'occupation pourra être immédiatement effectuée.

Mais, lorsque le propriétaire et l'occupant n'arriveront pas à s'entendre, il sera sursis jusqu'à ce que le conseil de préfecture ait prononcé sur le différend, à la requête de la partie la plus diligente.

ART. 8. — Constituant une servitude d'utilité publique, l'occupation temporaire n'est justifiée que si elle répond à des besoins actuels et bien démontrés. Cependant, aucun texte n'avait encore décidé que, faute d'exécution dans un délai donné, l'arrêté d'autorisation deviendrait caduc. Il en est parfois résulté que, l'arrêté rendu, l'entrepreneur n'en faisait pas usage, soit qu'il trouvât ailleurs des matériaux ou un emplacement de chantiers mieux à sa convenance, soit qu'il eût obtenu de modifier les conditions d'exécution du projet. Puis, plus tard et sans prétexte déterminé, il revenait imposer aux propriétaires des terrains désignés, une charge dont ils avaient pu, à bon droit, se croire libérés.

L'art. 8 comble cette lacune: si l'arrêté n'est pas appliqué dans les six mois de sa date, il est de plein droit périmé. Dans la pratique, pour éviter toute difficulté sur ce point, votre arrêté d'autorisation devra mentionner que, faute d'avoir été utilisé dans le délai de six mois, il sera nul et non avenu.

ART. 9. — Le nom même l'indique, les occupations temporaires de terrains ou de carrières nécessaires à l'exécution des travaux publics ne sauraient être indéfiniment prolongées. Cette considération avait amené le

Conseil d'Etat à déclarer que tout arrêté relatif à une occupation devait en fixer le terme. Mais rien dans la loi n'empêchait l'Administration de donner une autorisation de longue durée et même de la renouveler lorsqu'elle venait à expiration.

Cette manière de procéder pouvait engendrer des abus. Ils disparaîtront avec l'art. 9, qui limite à cinq ans la durée extrême des occupations temporaires. Si les circonstances vous contraignaient à maintenir l'occupation pour un plus long délai, l'expropriation dans les formes de la loi du 3 mai 1841 deviendrait indispensable à défaut d'accord, et le droit de la requérir appartiendrait aussi bien au propriétaire qu'à l'Administration.

ART. 10. — Lorsque le chiffre de l'indemnité n'a pu être fixé à l'amiable, la partie la plus diligente, aux termes de l'art. 56 de l'instruction générale, en provoque le règlement devant le conseil de préfecture à la fin de chaque campagne, si les travaux doivent continuer pendant plusieurs années.

L'art. 10 maintient cette pratique, qui procure au propriétaire l'équivalent des revenus de la parcelle dont la jouissance lui est momentanément enlevée. Mais la procédure des art. 13 à 26 de la loi du 22 juillet 1889 est substituée à celle de l'art. 17 de la loi du 21 mai 1836.

L'expertise n'est plus obligatoire. Elle n'est ordonnée que si le tribunal la juge utile, ou si l'une des parties la réclame. Ce mode de vérification est confié, soit à trois experts nommés, deux par les parties et le dernier par le conseil, soit à un seul, désigné par le conseil, à moins que les parties ne s'accordent pour le choisir. Les fonctionnaires qui ont exprimé une opinion dans l'affaire ou qui ont pris part à l'exécution des travaux ne peuvent être experts.

Les juges sont libres, en outre, de se transporter sur les lieux pour y faire personnellement des constatations, s'ils le croient nécessaire.

Je me borne à ces indications générales sur les conditions nouvelles dans lesquelles seront déterminées les indemnités motivées par des occupations temporaires, vous renvoyant, pour les détails de la procédure, à ma circulaire du 31 juillet 1890, pages 14 et suiv.

Les mêmes règles seront observées lorsqu'il y aura lieu d'évaluer, par application de l'art. 1ᵉʳ de la loi, les dommages provenant d'opérations pour l'étude des projets.

ART. 11. — Le droit d'agir en payement de l'indemnité, longtemps attribué d'une façon exclusive au propriétaire des terrains occupés, avait déjà été étendu aux fermiers, locataires ou colons partiaires, aux titulaires de droits d'usufruit ou d'usage, enfin à ceux qui arguaient de servitudes résultant des titres mêmes du propriétaire, ou d'autres actes dans lesquels il serait intervenu.

Mais il importait de leur fournir les moyens d'exercer ce droit par leur mise en cause devant la partie adverse. Tel est l'objet de l'art. 11 qui, à titre de sanction, établit que, si le propriétaire omet de les signaler, il restera seul chargé, envers ces divers intéressés, des indemnités qu'ils viendraient à réclamer.

Art. 12. — Le législateur a prévu le cas où la sanction édictée à l'article précédent tournerait au détriment de ceux qu'il entendait protéger.

Si le propriétaire est insolvable, il serait inadmissible que les tiers, qui n'ont pas été avertis par sa faute, restassent exposés aux effets de sa négligence. Aussi l'art. 12 leur ouvre un recours subsidiaire contre l'Administration, pendant un délai de deux ans à compter du moment où l'occupation a cessé.

Vous avez, du reste, Monsieur le préfet, un moyen légitime de soustraire les communes aux conséquences de ce recours. Il vous suffira de tenir la main à l'accomplissement des formalités faciles à remplir et peu coûteuses que je vous ai déjà signalées à propos de l'art. 4 : le bénéfice de l'art. 12 ne sera plus susceptible d'être utilement invoqué, lorsque votre arrêté d'autorisation aura été affiché dans la commune et inséré dans un journal de l'arrondissement ou, à défaut, du département. Cette publication permet, en effet, à tous les ayants droit de se révéler en temps opportun, et l'on ne saurait prétendre que l'Administration, après avoir averti tous les intéressés d'avoir à se présenter au moment voulu, doive rester encore exposée à leurs tardives revendications.

Art. 13. — J'arrive, avec cet article, à l'objet essentiel de la loi du 29 décembre 1892.

Je vous recommande de le signaler d'une façon spéciale à l'attention des agents voyers, car il aura une répercussion directe, au point de vue financier, sur l'évaluation des travaux.

Comme vous le savez, les bases de l'indemnité due
pour fouilles et extractions de matériaux étaient jusqu'à
présent déterminées par l'art. 55 de la loi du 16 septembre
1807. On distinguait entre les terres, pierres ou graviers
tirés d'une carrière en exploitation et ceux provenant
d'un terrain non encore utilisé comme carrière.

Dans le premier cas, l'Administration ou son représentant payait la valeur des matériaux; dans le second,
il n'était tenu compte que du dommage causé au fonds.

Cette disposition avait toujours été vivement critiquée. On faisait remarquer qu'il paraissait exorbitant
que, par cela seul qu'un propriétaire ne tirait pas parti
des matériaux existant dans sa propriété, l'Etat, un département ou une commune pût s'en saisir sans lui payer
la valeur qu'ils représentaient.

Le projet de loi, délibéré par le Conseil d'Etat et présenté à la Chambre des députés le 16 août 1884, a voulu
parer à ces reproches. Il n'allait pas, jusqu'à donner aux
particuliers le droit d'être indemnisés complètement de
produits dont ils ignorent le plus souvent l'existence et
dont la découverte, due aux recherches de l'Administration ou d'un entrepreneur, deviendra peut-être pour eux
une source de bénéfices. Afin de concilier ces deux termes
il proposait, s'appuyant sur l'art. 716 C. civ. relatif à la
découverte d'un trésor, de comprendre dans l'indemnité,
lors de l'ouverture d'une carrière, outre la réparation des
dégâts à la superficie, la moitié du prix des matériaux,
sous déduction des frais de découverte et d'exploitation.

Le Parlement n'a pas admis ce système. L'argument

d'analogie sur lequel il reposait lui a semblé inexact, car il ne s'agit pas ici d'une chose cachée dont personne ne réclame la propriété et que le hasard seul a révélée : le propriétaire est connu, et la découverte n'est nullement l'effet d'une circonstance fortuite.

Il a pensé que la solution se trouvait plutôt dans l'art. 552 C. civ. : la propriété d'un terrain emporte celle du dessus et du dessous, et, par suite, le dommage résultant de la privation des matières du sous-sol doit être réparé dans son entier aussi bien que les dégradations de la superficie.

L'art. 13 a été rédigé en conséquence. Les matériaux seront donc désormais payés au même titre, qu'ils proviennent d'une carrière ouverte par l'Administration. On leur attribuera le prix courant sur la place, avant les changements qui ont pu se produire dans les cours par l'exécution des travaux projetés. Toutefois, s'il n'y avait pas d'exploitation commencée au moment où l'occupation a été autorisée, les frais de recherche et d'exploitation seront déduits de l'indemnité.

Enfin, une nouvelle exception est formulée au sujet des occupations limitées au ramassage des pierres ou cailloux. En raison de la valeur insignifiante des matériaux, qui serait le plus souvent inférieure à celle de la main-d'œuvre employée à leur enlèvement, l'indemnité ne comprendra que l'estimation du dommage causé à la surface.

ART. 14. — D'après la loi du 3 mai 1841 sur l'expropriation, l'augmentation de valeur immédiate et spéciale

procurée au restant d'une propriété partiellement acquise
pour l'exécution de travaux publics est prise en considération dans l'évaluation du montant de l'indemnité.
C'est la *compensation de plus-value*

L'occupation temporaire, privation momentanée de
jouissance, n'entraîne jamais qu'un dommage inférieur
à celui d'une expropriation qui dépouille entièrement le
particulier d'une portion de son bien. Le principe de la
compensation peut donc être invoqué avec plus de justice
encore dans cette circonstance. Aussi le Conseil d'Etat
l'a-t-il appliqué, malgré l'absence de texte, et même étendu, car il admettait la plus-value en matière d'occupation,
pourvu qu'elle fût immédiate et certaine, sans exiger
qu'elle fût spéciale.

L'art. 14 confirme cette jurisprudence, mais en spé-
cifiant, comme l'art. 51 de la loi du 3 mai 1841, que l'augmentation de valeur doit être spéciale. Le législateur a
entendu par là ne pas faire payer à un propriétaire, par
la réduction de l'indemnité qui lui est due, une quote-
part des avantages généraux procurés par l'exécution des
travaux et dont ses voisins, qui n'ont pas eu à supporter
d'occupation, bénéficieront gratuitement, et peut-être
dans une proportion supérieure.

Art. 15. — Comme le précédent, cet article est emprunté à la loi sur l'expropriation, dont il rappelle l'art. 52.

Sans doute, la brièveté du délai qui s'écoule entre l'arrêté autorisant une occupation temporaire de l'examen
contradictoire des lieux ne permet guère au propriétaire
de chercher à améliorer son immeuble, afin d'obtenir une

indemnité plus élevée. Cependant, c'est une éventualité à prévoir.

Il peut arriver, par exemple, que les agents voyers aient pris possession d'un terrain pour un travail important et d'une longue durée. Le banc de pierre qu'il renferme se prolonge sur la parcelle voisine, et, à raison du cube dont l'extraction est nécessaire il est à peu près certain qu'il faudra prolonger les extractions sur cette parcelle. Si le propriétaire tente de la planter pour y rendre les dégradations plus onéreuses et détourner peut-être l'Administration de l'occuper, il le fera en pure perte et se verra appliquer les dispositions de l'art.15 dont l'utilité est alors manifeste.

ART. 16.— L'arrêt du Conseil du 7 septemdre 1775 interdisait d'employer les matériaux provenant d'occupations temporaires à des travaux autres que ceux en vue desquels l'autorisation avait été donnée.

Mais cette prohibition, dépourvue jusqu'ici de sanction suffisante, était souvent enfreinte. L'observation en est maintenant assurée par l'art. 16, qui étend les mesures répressives édictées par l'art 144 C. for., concernant les extractions dans les forêts domaniales : 1° à l'utilisation des matériaux, soit pour des travaux privés, soit pour des travaux publics autres que ceux indiqués à l'arrêté d'autorisation ; 2° à l'extraction de matériaux qui n'aurait pas été précédée de cet arrêté.

En vertu de cette disposition, le contrevenant, outre le payement des matériaux distraits, sera puni d'une amende correctionnelle, sous réserve, s'il y a lieu, du

bénéfice des circonstances atténuantes qu'admet l'article 463, C. pén.

ART. 17. — Je ne m'arrêterai pas sur cet article. Il étend simplement à tous les autres travaux publics la règle de faveur posée pour les chemins vicinaux dans l'art. 17 de la loi du 21 mai 1836, en réduisant à deux années, depuis le moment où prend fin l'occupation, le délai accordé aux propriétaires des terrains occupés, ou à leurs ayants cause, pour faire valoir leur droit à l'indemnité.

ART. 18. — La loi du 26 pluviôse an II avait créé au profit des ouvriers et fournisseurs d'entreprises effectuées pour le compte de l'État un véritable privilège, pour le payement de leurs salaire ou fournitures, sur les sommes restant dues à l'entrepreneur. Récemment, la loi du 25 juillet 1891 a généralisé ce privilège, qui peut maintenant être invoqué contre les entrepreneurs des départements, des communes et des établissements publics. De plus, d'après la même loi, les ouvriers jouissent, pour le payement de leurs salaires, d'un droit de préférence, non seulement vis-à-vis de tous les autres créanciers, mais aussi vis-à-vis des fournisseurs.

Il a paru juste d'accorder aux propriétaires une garantie analogue, lorsque l'occupation est réalisée par un entrepreneur. Les fonds déposés dans les caisses publiques pour être délivrés à ce dernier sont frappés d'un privilège à leur profit par l'art. 18. Mais cet avantage ne leur est attribué que dans les conditions de la loi du 25 juillet 1891, c'est-à-dire qu'ils ne viendront en rang utile qu'après le complet désintéressement des ouvriers, et concurremment avec les fournisseurs. Les explications échangées devant la Chambre des députés, le 19 décembre 1892, ne laissent aucun doute à cet égard,

D'autre part, puisque l'occupation temporaire constitue une obligation à laquelle les propriétaires ne sont pas maîtres de se soustraire, il est de toute équité d'assurer contre toutes les éventualités le remboursement de leurs créances. C'est pourquoi on leur ouvre un recours subsidiaire contre l'Administration au cas d'insolvabilité de l'entrepreneur ou des autres personnes auxquelles elle aurait remis ses droits.

ART. 19. — L'art. 19, copie textuelle de l'art. 58 de la loi du 3 mai 1841, dispose que tous les actes faits en vertu de la loi nouvelle seront visés pour timbre et enregistrés gratis lorsqu'il y aura lieu à la formalité de l'enregistrement.

C'est un avantage en ce qui concerne la voirie vicinale, puisqu'on ne pouvait se prévaloir jusqu'à présent que de l'art. 20 de la loi de 1836, qui assujettit à un droit fixe de 1 fr. l'enregistrement des diverses pièces relatives à la construction, l'entretien et la réparation des chemins vicinaux.

ART. 20. — Le dernier article est consacré à l'abrogation des lois, anciens arrêts, ordonnances, décrets et règlements, en ce qu'ils ont de contraire aux prescriptions de la loi dont il s'agit. Par exception, la loi du 30 mars 1831 sur l'expropriation et l'occupation temporaire, en cas d'urgence, des propriétés privées nécessaires aux travaux de fortification, continuera à recevoir son application. Mais je n'ai pas à vous entretenir de cette réserve qui intéresse exclusivement mon collègue M. le ministre de la guerre.

Quant aux textes spéciaux de la vicinalité qui ne sont plus susceptibles d'être appliqués, ce sont l'article 17 de la loi du 21 mai 1836, et les articles 47 et 63 de l'instruction générale du 6 décembre 1870.

459. *Extractions de matériaux dans les bois soumis au régime forestier.* — Pour ce qui concerne le règlement des indemnités dues à raison de l'extraction de matériaux destinés aux chemins ruraux dans les bois soumis au régime forestier, on consultera utilement l'instruction du directeur général des forêts du 27 septembre 1866, concernant les extractions de matériaux destinés aux chemins vicinaux ; cet acte servant de complément et de commentaire à l'ordonnance du 8 août 1845, à laquelle renvoie l'instruction générale sur l'application de la loi sur la voirie vicinale. Toutefois il y a lieu d'en combiner les dispositions avec les prescriptions de la loi du 29 décembre 1892.

460. *Décret du 8 février 1868. Formalités. Valeur des matériaux.* — Le décret du 8 février 1868 concernant les formalités à remplir pour l'occupation temporaire et les extractions de matériaux pour l'entretien des grandes routes, n'est pas applicable aux voies vicinales. C. d'État, 3 janvier 1873, Lecouturier, ni par suite aux voies rurales. Le ministre de l'intérieur disait à ce sujet à l'occasion de l'affaire Lecouturier : « Le décret du 8 février 1868, sans aucun doute, n'est pas applicable au service vicinal. En effet, ce décret a été rendu exclusivement sur le rapport du ministre des travaux publics et par conséquent pour les travaux rentrant dans les attributions de ce département. Nos prédécesseurs, consultés sur le point de savoir s'il ne conviendrait pas d'en étendre les dispositions aux travaux communaux et notamment à ceux de la vicinalité, ont pensé, et je partage leur avis, que plusieurs des formalités prescrites par le décret de 1868 auraient l'inconvénient, sans utilité bien réelle pour les propriétaires, d'occasionner aux communes un surcroît de dépenses et d'apporter, contrairement à l'esprit de la loi du 21 mai 1836, des retards trop considérables à la prise de possession des terrains. L'administration de l'Intérieur a reconnu, il est vrai, qu'il y avait lieu d'améliorer la législation qui régit les extractions de matériaux, en faisant cesser la distinction d'après laquelle la valeur des matériaux ne doit être payée aux propriétaires que quand ils sont extraits d'une carrière déjà en exploitation ; mais elle n'a pas adopté la procédure édictée par le décret de 1868, procédure dont les frais en matière de voirie vicinale dépasseraient souvent le montant des indemnités qui, en général, sont peu considérables. »

Ce sont aujourd'hui les divers articles de la loi du 29 décembre 1892 qui régissent la matière.

161. *Étendue du mot réparation.* — L'expression réparation, dans l'article 14, doit s'entendre dans son sens le plus large ; le pavage, le rechargement, l'empierrement sont sans aucun doute des travaux de réparation pour lesquels cet article est applicable. Rapport de M. Maunoury à la Chambre.

162. *Justification des dépenses prévues par l'article 14.* — L'article 71, § 4, sect. VI du règlement général de 1882, en indiquant les pièces à fournir à l'appui des paiements faits en conséquence de l'article 14, indique indirectement les formalités à remplir et pourra être utilement consulté à ce point de vue comme au point de vue de la comptabilité.

ART. 15. — *Prescription des actions en indemnité.*

L'action en indemnité, dans les cas prévus par les deux articles précédents, se prescrit par le laps de deux ans, conformément à l'article 18 de la même loi.

SOMMAIRE.

463. Source de cet article.
464. Point de départ de la prescription.
465. Dommages.

463. *Source de cet article.* — C'est à l'article 18 de la loi du 21 mai 1836, sur les chemins vicinaux, qu'a été emprunté l'article 15 de la loi sur les chemins ruraux, comme le texte l'indique lui-même.

464. *Point de départ de la prescription.* — La prescription de deux ans établie par la loi du 21 mai 1836 à l'égard des actions en indemnité formées par les propriétaires dans les terrains desquels des matériaux ont été extraits, ne commence à courir que du jour de la cessation des travaux d'extraction. C. d'État, 19 juillet 1871, Rigolet.

465. *Dommages.* — Il a été jugé, sous l'empire de la loi du 31 mai 1836, dont la rédaction est en quelque sorte reproduite par notre article, que si aux termes de l'article 18 de la loi du 21 mai 1836, l'action en indemnité des propriétaires pour les terrains qui auront servi à la confection des chemins vicinaux et pour extraction de matériaux, est prescrite par le laps de deux ans, il résulte des termes mêmes de cet article, que cette prescription exceptionnelle ne s'applique pas aux réclamations, qui ont pour objet les autres dommages pouvant résulter, pour les propriétés privées, de l'exécution des travaux relatifs aux chemins vicinaux. C. d'État, 13 mars 1874, com. de Presle.

Des personnes en exploitant des dépôts de pierre à plâtre le long et sous des chemins vicinaux et ruraux appartenant à une commune, avaient diminué la valeur des biens de la commune, et détérioré et en partie effondré les chemins. La commune forma contre eux une instance civile devant les tribunaux en réparation des dommages et dépréciations commis à sa propriété immobilière. Les défendeurs devant les tribunaux excipèrent de ce que le fait qui leur était reproché constituait une contravention à raison de laquelle aucune poursuite ne pouvait être dirigée contre eux devant les tribunaux de répression, à cause de la prescription acquise, et que partant une action civile ne pouvait davantage être recevable. Cette exception a été repoussée sur le motif que l'action de la commune était exercée par elle au seul titre de propriétaire, qu'elle était basée sur le droit civil, indépendante de toutes dispositions des lois pénales. Cass., 11 juillet 1892, S. 93, 1, 39, *Revue de la législation des mines*, 1893, p. 227. Les mêmes principes avaient déjà été sanctionnés par la Cour de cassation les 4 juin 1883, S. 83, 1, 136 ; 8 juillet 1885, S. 85, 1, 494, D. 88, 1, 104 ; 22 octobre 1890, S. 90, 1, 271.

ART. 16. — *Retrait des arrêtés de reconnaissance ;
vente du sol des chemins déclassés.*

Les arrêtés portant reconnaissance, ouverture ou redressement, peuvent être rapportés dans les formes prescrites par l'article 4 ci-dessus.

Lorsqu'un chemin rural cesse d'être affecté à l'usage du public, la vente peut en être autorisée par un arrêté du Préfet, rendu conformément à la délibération du conseil municipal, et après une enquête précédée de trois publications faites à quinze jours d'intervalle.

L'aliénation n'est point autorisée, si, dans le délai de trois mois, les intéressés formés en syndicat, conformément aux articles 19 et suivants, consentent à se charger de l'entretien.

466. *Cas divers dans lesquels un chemin perd le caractère de chemin rural.* — Les chemins ruraux reconnus conservent leur caractère tant que l'arrêté qui le leur donnera ne sera pas rapporté dans les formes prescrites par l'article 4. Ils le perdront, par exception à cette règle, lorsqu'ils seront transformés en rues, ou rangés par une décision de l'autorité compétente, dans la grande voirie ou dans la voirie vicinale. Circ. min. int., 27 août 1881.

467. *Retrait des arrêtés de reconnaissance.* — L'article 16 de la loi reproduit l'article 12 du projet.

Il peut se faire qu'un chemin devienne inutile, que la création d'une grande voie de communication en fasse délaisser quelques-uns ; que la commune veuille en abandonner quelques autres pour diminuer ses charges. En ces cas, les arrêtés de reconnaissance peuvent être rapportés suivant les formes prescrites pour les prendre. Lorsque l'arrêté a été rapporté régulièrement, ou lorsqu'un chemin rural non reconnu cesse d'être affecté à l'usage du public, le sol entré dans le domaine communal ordinaire peut être vendu après les formalités prescrites. Exposé des motifs, *Officiel* du 31 octobre 1876, p. 7804, 3e col.

468. *Inutilité de certains chemins.* — Ce droit de déclassement, suivi dans certains cas de cession, a toujours été reconnu. Le ministre de l'intérieur dans sa circulaire du 16 novembre 1839, en s'adressant aux préfets, leur dit : « Vous vous attacherez aussi à rechercher si tous les chemins portés au tableau des chemins ruraux dressé par la commune sont assez utiles pour devoir être conservés, ou si une partie ne pourrait pas être supprimée. Il est des communes où le nombre des chemins et des sentiers ruraux excède tous les besoins ; souvent on en voit plusieurs qui se rendent au même endroit, tandis qu'un seul suffirait. Il importerait de rendre à l'agriculture un sol qui lui est pour ainsi dire enlevé sans utilité. » Cette mesure avait déjà été prescrite par les articles 3 et 4 de l'arrêté du gouvernement du 23 messidor an V.

Elle est admise par l'article 16 de notre loi.

469. *Légalité de la suppression et de l'aliénation.* — Les chemins publics communaux pourront donc être déclarés inutiles, l'affectation de leur sol à un service public pourra cesser et ils pourront être aliénés, sauf à remplir préalablement les formalités prescrites par les lois et règlements. Circ. 16 nov. 1839; art. 3 et 4 arrêté du gouvernement du 23 messidor an V; arrêts de la Cour de cassation des 5 juillet 1836, 15 juillet 1851, 3 mai et 6 novembre 1858. Braff, n° 306; A. Chauveau, *Journal de droit adm.*, t. 3, p. 160 et 404, t. 10, p. 358. Cette règle est aujourd'hui sanctionnée par notre article 16. Toujours sauf les droits des riverains comme je l'indiquerai plus bas.

470. *Formalités à remplir.* — Avant 1881, que le chemin eût été classé ou non, on admettait qu'il fallait, à cause de son affectation à un service public, que le public pût être entendu préalablement pour que l'administration fût suffisamment et légalement renseignée au sujet du déclassement et de l'aliénation. C'est-à-dire qu'il fallait qu'une enquête eût lieu avec la publicité requise en pareil cas, après quoi le conseil municipal statuait sous l'approbation du préfet, Bost, n° 35, *École des communes*, 1859, p. 95; Dalloz, n° 1887, et c'est ainsi qu'il faudra encore procéder, si on veut agir régulière-

ment, pour désaffecter du service public les chemins ruraux non reconnus.

Cependant l'accomplissement des formalités préalables d'enquête que nous venons d'indiquer n'étant pas
formellement prescrit en pareil cas par une loi, mais
seulement par des instructions administratives, leur
omission pourrait bien motiver un sursis à statuer de la
part de l'administration supérieure; mais si une décision
était prise, il ne pourrait, à raison de ce, être ouvert contre elle un recours par la voie contentieuse. Bost, nᵒ 39 ;
Dalloz, nᵒ 1388 ; C. d'Etat, 22 février 1837, Fraisse.

Il avait été spécialement jugé encore, que la suppression
pouvait être prononcée sans qu'il fût justifié de l'accomplissement préalable des formalités prescrites par la loi
du 28 juillet 1824 sur les chemins vicinaux. C. d'Etat,
5 mai 1865, Fontaine.

Notre article porte que les arrêtés portant reconnaissance, ouverture ou redressement peuvent être rapportés
dans les formes prescrites par l'article 4. Les formalités
prescrites par cet article, auquel nous nous bornons à
renvoyer, doivent donc être préalablement remplies.
C'est à la commission départementale à prononcer le
retrait de la reconnaissance. C. d'Etat, 1ᵉʳ mai 1874,
Lussaguet. Le déclassement est irrégulier lorsqu'il a été
prononcé par l'autorité compétente. La doctrine et la
jurisprudence paraissent admettre que le déclassement
pouvait être la conséquence d'une série de faits dont
l'appréciation appartiendrait aux tribunaux. On cite
dans ce sens : Proudhon, Duranton, Troplong, Garnier,

Vazeil, Naudier, nº 579 ; Fuzier-Hermann,'*Rép.*, Vº *Chemin en général*, nᵒˢ 253 et suiv. ; Cass., 24 avril 1855, S.56, 1,443, D. 55, 1, 206. Indiquons toutefois que cet avis trouve des contradictions.

Le 8 février 1893, *Gaz. trib.*, 26 juin, le tribunal de Bar-le-Duc a jugé, que lorsqu'un chemin est tombé dans le domaine public uniquement par l'usage qu'en fait le public sans aucune consécration officielle, on peut admettre qu'il suffit du non-usage pour l'en faire sortir ; mais lorsque c'est par un acte exprès et formel de l'autorité qu'il a été mis au rang des choses publiques il ne peut en sortir que par un acte de même nature.

431. *Vente du chemin déclassé.* — Lorsqu'un chemin rural, reconnu ou non reconnu, cessera d'être affecté à l'usage du public, la vente pourra en être autorisée, par un arrêté du préfet rendu conformément à la délibération du conseil municipal, et après une enquête précédée de trois publications faites à quinze jours d'intervalle. Les autres formalités de cette enquête devront être celles qui sont remplies en matière d'aliénation de biens communaux, suivant les prescriptions de l'instruction du ministre de l'intérieur du 20 août 1825, combinée avec la loi du 5 août 1884.

Le maire n'est jamais obligé d'autoriser la vente lorsqu'elle lui paraîtra inopportune ou contraire aux intérêts de la commune. Il ne pourra d'ailleurs l'autoriser qu'autant qu'elle sera votée par le conseil municipal et que, dans les trois mois qui suivront l'enquête, les intéressés constitués en syndicat, conformément aux articles 19, 20, 21, 22, 23 et 24 n'auront pas déclaré se charger de l'entretien. Circ. min. int., 27 août 1881.

Si pour le déclassement il faut la sanction de la commission départementale, il n'en est pas de même lorsqu'il s'agit de la vente d'un chemin non reconnu, que la commune veut céder, parce qu'il cesse d'être affecté à l'usage public. Loi de 1881, art. 16, § 2 ; inst. min. int., 2 août 1881, sur l'art. 18.

172. *Délibération du conseil municipal.* — Par application de l'article 19 de la loi du 18 juillet 1837, aujourd'hui 5 avril 1884, art. 61 et suiv., et 16 et 4 de la loi du 20 août 1881, on juge et on enseigne, que le déclassement et l'aliénation ne peuvent avoir lieu que sur une délibération conforme du conseil municipal. Ce conseil devant délibérer sur les acquisitions, aliénations et échanges des propriétés communales, leur affectation aux différents services publics, et en général tout ce qui intéresse leur conservation et leur amélioration.

Les préfets, pas plus que la commission départementale, ne peuvent donc d'office ordonner la suppression et la vente d'un chemin rural, contrairement à une délibération du conseil de la commune à laquelle appartient ce chemin. C. d'Etat, 7 avril 1859, commune de Grainville; ou des deux communes, si deux communes ont la propriété d'un même chemin rural. C. d'Etat, 16 février 1860, commune de St Just-en-Chaussée.

Mais si le chemin traverse le territoire de plusieurs

communes, et s'il est sur le territoire de chacune d'elles successivement la propriété exclusive de cette commune, la suppression et la vente peuvent en être ordonnées par le préfet sur la partie de la commune traversée dont le conseil a délibéré la vente du chemin. C. d'Etat, 5 mai 1865, Fontaine ; Bost, n° 42 ; Dalloz, n° 1390.

473. *Approbation par le préfet*. — Si le préfet ne peut d'office, ou contrairement à une délibération d'un conseil municipal ordonner la suppression d'un chemin rural appartenant à une commune ; d'un autre côté la délibération de ce conseil tendant à la suppression et à l'aliénation n'est exécutoire qu'après l'approbation du préfet, conformément à l'article 68 de la loi municipale du 5 avril 1884, et l'article 16 de la loi de 1881. A. Chauveau, *Journal de droit adm.*, t. XII, p. 339. Circ. min. int., 27 août 1881, sous l'article 16 de cette loi.

474. *Rétractation du vote sur le déclassement*. — La commune peut rétracter son vote sur la suppression, avant comme après l'arrêté d'approbation, si le conseil mieux instruit croit devoir maintenir comme chemin public la voie dont le déclassement avait été voté. Bost, n° 42 ; Dalloz, n° 1391. Le préfet peut également revenir sur sa première décision, sans que les riverains puissent se prévaloir d'un premier arrêté, comme entraînant définitivement un déclassement sur lequel l'autorité ne pourrait pas revenir. C. d'Etat, 23 juin 1849, Béranger. Mais si cela suffit pour revenir sur un projet de vente

abandonné; lorsqu'il s'agit de revenir sur le déclassement du chemin rural lui-même, il faudrait l'adhésion
de la commission départementale pour modifier la décision contraire qu'elle aurait prise, si une décision de sa
part était intervenue.

475. *Intervention du syndicat pour empêcher la
vente.* — Aux termes du paragraphe 3 de l'article 16 de
la loi de 1881, l'aliénation n'est pas autorisée si, dans le
délai de trois mois, les intéressés formés en syndicat, conformément aux articles 19 et suivants, consentent à se
charger de l'entretien. C. d'État, 17 juillet 1885, Guillou.
S'il s'agissait de la vente d'un simple droit de passage
il n'y aurait pas lieu d'attendre la formation d'un syndicat. Même arrêté du Conseil ; Fuzier-Hermann, *Rép.*,
V° *Chemin rural*, n° 244.

476. *Caractère des actes supprimant les chemins et
autorisant les ventes.* — Les actes supprimant les chemins publics et autorisant leur vente, sont des actes
purement administratifs et de tutelle et n'ont aucun caractère contentieux. Naudier, n° 179 ; Fuzier-Hermann,
n° 242. Cette observation a de l'importance par rapport
aux conséquences qui en résultent.

477. *Recours.* — Le recours peut être porté de l'administrateur qui a pris la décision au même administrateur mieux informé, ou de cet administrateur à son su-
périeur, mais il ne peut être porté par la voie conten-

tieuse devant le Conseil d'État. C. d'État, 27 août 1828, de Montillet ; 22 février 1837, Fraissé ; 25 novembre 1852, Lherminez ; 24 janvier 1856, Denizet ; 18 décembre 1856, Glandaz ; 26 décembre 1862, Périer ; 7 août 1863, Levêque ; 25 février 1864, Kegel ; 10 mars 1864, Jolly ; 5 mai 1865, Fontaine ; 2 février 1877, Soubry ; 21 novembre 1879, Rolland ; 20 juin 1884, Bontemps ; 19 décembre 1884, Rolland ; 2 décembre 1892, Jullien ; Dalloz, nᵒˢ 1389 et 1397.

A moins que la décision attaquée, au lieu de se tenir dans les limites du pouvoir de tutelle et d'appréciations administrative, ne contint un excès de pouvoir, pour avoir statué en dehors des limites assignées à l'autorité du fonctionnaire qui l'aurait prise ; par exemple, si l'arrêté de suppression avait été pris par le préfet contrairement à la délibération du conseil municipal. C. d'État, 16 février 1840, com. de St-Just-en-Chaussée ; 7 avril 1859, com. de Grainville. La même jurisprudence s'est établie en matière de suppression de voies publique urbaines.

Il a été jugé, dans tous les cas, que l'action des tiers en modification de l'arrêté du préfet autorisant la vente, n'était plus recevable lorsque l'acte de vente lui-même était passé et approuvé. C. d'État, 9 août 1855, com. de Neuvilley ; 4 avril 1861, Gourraud ; 26 décembre 1862, Périer ; 7 août 1863, Lévêque ; 27 décembre 1865, Sémard.

Les dispositions de l'article 88 de la loi du 10 août 1871, relatives aux droits d'appel devant le conseil général et de recours devant le Conseil d'État étant applicables aux arrêtés de reconnaissance, sont également applicables dans le cas où cette reconnaissance est rapportée. L. de 1881, art. 16 et 4. C. d'État, 1er mai 1874, Lussaguet.

178. *Incompétence de l'autorité judiciaire.* — Le déclassement prononcé par mesure administrative ne peut être remis en question devant l'autorité judiciaire ; C. d'État confirmant un arrêté de conflit du préfet de la Charente-Inférieure, affaire Monneron. Les tribunaux doivent respecter les actes administratifs qui interviennent en ces matières, les appliquer lorsqu'ils sont clairs, en renvoyer l'interprétation à l'autorité administrative si cela est nécessaire. Cass., 6 août 1892, S. 92,1,480.

Toutefois le préjudice porté à un riverain par la suppression d'un chemin rural doit être apprécié par les tribunaux ordinaires. Trib. des conflits, 29 juillet 1882, Petitjean. C'est du moins ce qui paraissait admis avant la loi de 1881, non sans quelque difficulté, comme en témoigne le jugement du tribunal des conflits du 26 juin 1880, Dor. Depuis la loi de 1881, la compétence des tribunaux judiciaires a trouvé de nouveaux opposants.

ART. 17. — *Aliénation des terrains déclassés ; droit de prescription des riverains.*

Lorsque l'aliénation est ordonnée, les propriétaires riverains sont mis en demeure d'acquérir les terrains attenant à leurs propriétés, par un avertissement qui leur est notifié en la forme administrative. En ce cas, le prix est réglé à l'amiable ou fixé par deux experts dont un sera nommé par la commune, l'autre par le riverain ; à défaut d'accord entre eux, un tiers expert sera nommé par ces deux experts. S'il n'y a pas entente pour cette désignation, le tiers expert sera nommé par le juge de paix.

Si dans le délai d'un mois à dater de l'avertissement, les propriétaires riverains n'ont pas fait leur soumission, il est procédé à l'aliénation des terrains selon les règles suivies pour la vente des propriétés communales.

SOMMAIRE

479. *Différence de rédaction entre le projet et la loi.*
— L'article 17 de la loi est la reproduction de l'article 13
du projet. Toutefois le projet indiquait que le prix serait
réglé à l'amiable ou fixé par le juge de paix du canton
après le rapport d'un ou de trois experts nommés par lui,
tandis que, d'après la loi, à défaut de règlement amiable,
le prix est fixé par deux experts dont un nommé par la
commune, l'autre par le riverain ; à défaut d'accord entr'eux, un tiers sera nommé par ces deux experts. S'il
n'y a pas entente pour cette désignation, le tiers expert
sera nommé par le juge de paix.

480. *Source de l'article 17.* — L'article 17 de la loi
sur les chemins ruraux correspond à l'article 19 de la
loi du 21 mai 1836 sur les chemins vicinaux.

Ce droit de préemption existe d'ailleurs généralement
pour tous les riverains des voies publiques déclassées.

La Cour de cassation l'avait reconnu même avant la
loi de 1881 pour les riverains des voies rurales suppri-
mées, par l'arrêt de rejet de la Chambre des requêtes du
19 mai 1858, S. 59, 1, 152.

481. *Droit de préemption ou de préférence des riverains ; Ceux-ci ont ils le droit d'exiger l'aliénation du
sol du chemin déclassé ?* — On s'était cependant demandé
si les riverains des chemins ruraux avaient un droit de
préemption ou préférence ; on répondait négativement,
parce que le droit consacré en faveur des riverains des
grandes routes et des chemins vicinaux est un droit

exceptionnel, qui ne saurait exister qu'en vertu d'une disposition expresse, que l'on chercherait vainement dans notre législation, en ce qui concerne les chemins ruraux. Au surplus, ajoutait-on, ce droit est le corrélatif de l'expropriation pour cause d'utilité publique, et des mesures de même nature que les préfets sont autorisés à prendre en ce qui concerne les chemins vicinaux, mesures qui ne peuvent être appliquées aux chemins ruraux. C'est ce que le ministre de l'intérieur a soutenu, notamment dans l'affaire Glandaz le 18 décembre 1856 par le Conseil d'Etat .

C'est dans ce sens que se sont prononcés MM. Herman, n° 919, et Bost, n° 40. M. Dalloz, en résumant les raisons données par les partisans de l'opinion contraire à laquelle je m'étais rangé, dit au n° 1394: « D'après la circulaire ministérielle sur l'application de la loi du 21 mai 1836, les chemins vicinaux supprimés, à l'égard desquels l'article 19 de cette loi établit le droit de préemption, ne sont autres que les chemins qui n'auraient pas été déclarés vicinaux, ou dont la déclaration de vicinalité aurait été régulièrement rapportée, et dont la suppression définitive aurait été reconnue sans inconvénient pour les communications. Or un chemin inutile, qui n'a pas été déclaré vicinal, est évidemment un chemin rural. Il importe peu que l'article 19 de la loi du 21 mai 1836 ne parle que de chemins vicinaux, car pendant longtemps l'expression chemin vicinal a été synonyme de chemin communal, et si, en 1836, la distinction entre ces deux sortes de chemins était faite dans les idées, elle n'existait pas toujours dans le langage, comme en témoigne la circulaire ministérielle elle-même. On doit donc croire que le législateur de 1836, en employant l'expression de chemins vicinaux au lieu de celle de chemins communaux n'a pas pris garde au sens restreint qu'avait reçu peu à peu la première de ces expressions, il a voulu évidemment établir une règle d'équité applicable à tous les chemins communaux sans distinction. Qu'on remarque, d'ailleurs, quelles seraient les conséquences de la doctrine contraire; il suffirait de faire passer à l'état de chemin rural un chemin qui aurait été classé, pour que sa suppression ultérieure n'ouvrît pas la faculté de préemption au profit des riverains. Cela est-il admissible ? »

Aussi le droit de préemption au profit des riverains des chemins ruraux était-il généralement admis (Trib. de Bordeaux, 16 août 1852, Venizaud ; C. de cass., 19 mai 1858, S. 59, 1, 152; Amiens, 14 février 1882, *France judic.*, 1882, p. 795, Braff, n° 309; Vitard, *Jurispr. rur.*, p. 62; les annotateurs du *Recueil des arrêts du Conseil*, 1856, p. 718; Ad. Chauveau, t. 12, p. 338; *contrà*, Cotelle, t. 4, p. 365, n° 780).

Ajoutons que si la difficulté venait à se présenter et qu'elle fût portée devant les tribunaux administratifs, ceux-ci devraient en réserver la décision à l'autorité judiciaire (C. d'Etat, 18 décembre 1856, Glandaz ; 10 mars 1864, Jolly).

Des législations attribuent au riverain la propriété des parties de chemins devenues inutiles, à la charge par ce riverain de payer une indemnité applicable à la partie du chemin maintenue. Loi d'Argovie, du 24 décembre 1875, sur les territoires ruraux, art. 55.

Tel était l'état de la jurisprudence et de la doctrine avant la loi de 1881. Aujourd'hui, en ce qui concerne les chemins reconnus dont la reconnaissance est rapportée, et les chemins non reconnus, mais cessant d'être affectés à l'usage du public, le droit de préemption en faveur des riverains est textuellement consacré et réglé par les premier et second paragraphes de notre article 17, applicable à la fois aux chemins reconnus et aux chemins non reconnus. Instr. min. int., 28 août 1881 sur l'article 18.

Le droit de préemption entraine-t-il le droit pour le riverain d'un chemin déclassé d'en réclamer l'aliénation à son profit. MM. Garnier, dans son *Commentaire de la loi de 1836*, et Durieu, *Mémorial des Percepteurs de 1838*, p. 132, répondent affirmativement à cette question, que Dufour, *Droit adm.*, t. 3, n° 311, résout au contraire négativement avec raison, et en s'appuyant sur une circulaire du ministre de l'intérieur du 28 mars 1838. Et en effet que le riverain ait un droit de préférence si la commune veut vendre, cela est aussi raisonnable que légal ; mais où puiserait-il le droit de forcer la commune à vendre, si elle ne le veut pas ; et le plus souvent lorsque l'établissement d'une voie nouvelle ou toute autre cause engagera la commune à cesser d'entretenir un chemin qui n'est plus utile qu'aux riverains exclusivement et non au public, on comprend très bien un déclassement, mais on comprend moins une aliénation du sol qui enclaverait tous les riverains et qui, en supposant que les droits de passage pussent disparaître à la suite de ce déclassement et de cette vente, soumettrait la commune à payer des dommages-intérêts bien autrement élevés que le prix qu'elle pourrait retirer du sol vendu. Rouen, 17 juillet 1869, S. 70, 2, 181 ; Besançon, 26 février 1890, D. 91, 2, 151 ; Cass., 13 novembre 1894, *France judic.*, 95, p. 73 ; Circ. min. int., 26 mars 1838 ; Proudhon, *Dom. public*, t. 2, nº 563 ; Herman, *Voirie vicin.*, nº 273 ; Dumay, *Ch. civ.*, t. 1, nº 98 ; Grandvaux, *Code prat. des ch. vic.*, t. 1, p. 115 ; E. Guillaume, *Voirie rurale*, nº 64, p. 86 ; Roullier, auteur du *Manuel pratique de droit rural* ; Fuzier-Herman, *Rép.*, Vº *Chem. ruraux*, nº 252.

Je reconnais que j'ai exprimé l'avis contraire au sujet de l'application de l'article 19 de la loi de 1836, *Servitudes de voirie*, t. 2, nº 672. Est-ce à tort ou à raison ? Je n'ai pas besoin de m'expliquer là-dessus, non que je ne sois toujours prêt à revenir sur les erreurs que je pourrai commettre, mais si l'article 19 de la loi de 1836 a inspiré l'article 17 de la loi de 1881, la rédaction, au point de vue de la question actuelle, est tout autre. L'article 19 de la loi de 1836 dit en effet : « En cas de changement de direction ou d'abandon d'un chemin vicinal en tout ou partie, les propriétaires riverains de la partie de ce chemin qui cessera de servir de voie de communication, pourront faire leur soumission de s'en rendre acquéreurs. » De sorte que ces termes permettent de soutenir que dès que le changement de direc-

tion ou l'abandon laissent des terrains vacants, le riverain a le droit de se porter soumissionnaire. L'article 17
de la loi de 1881 est conçu dans des termes tout différents, il débute ainsi : « Lorsque l'aliénation est ordonnée..... » et l'article 16 qui précède indique expressément des cas où le déclassement ne permet pas de vendre, et le cas où, permettant de vendre, la commune
et le préfet apprécient qu'il ne doit pas être fait usage
de cette faculté. Donc, incontestablement par application de la loi de 1881, il est impossible de soutenir que
le déclassement seul, autorise le riverain à obliger la
commune, qui ne veut pas vendre, à lui céder la portion du chemin déclassé, voisine de son héritage.

482. *Mise en demeure des riverains d'exercer leurs
droits ; compétence.* — Lorsque l'aliénation est ordonnée, les propriétaires riverains sont mis en demeure
d'acquérir les terrains attenant à leurs propriétés par
un avertissement qui leur est notifié en la forme administrative, et qui doit être remis à la personne ou au
domicile des propriétaires, à peine d'entraîner la nullité
des adjudications qui interviendraient à la suite d'une
signification irrégulière. Bourges, 17 novembre 1887, S.
88, 2, 92. Si, dans le délai d'un mois à partir de cet
avertissement, ils ne font pas leur soumission, les terrains sont aliénés. L. de 1881, art. 17.

Quand le droit de préemption sera exercé, toutes les
contestations qui concerneront l'existence ou l'exercice
du droit de préemption revendiqué par les propriétaires

riverains, seront de la compétence des tribunaux judiciaires. Inst. min. int., 28 août 1881 ; Serrigny, *Comp.
adm.*, t. 2, n° 962 *bis* ; C. d'Etat, 9 janvier 1858, de
Chastaignier ; 10 mars 1864, Jolly ; Bordeaux, 8 juillet
1868, S. 62, 2, 350 ; C. d'Etat, 26 juin 1869, Videau ;
Trib des conflits, 24 novembre 1888, com. de St-Cyr du
Doret ; Besançon, 26 février 1890, D. 91, 2, 151. Circ.
min., 27 août 1881.

483. *Règlement de prix en cas d'exercice du droit
de préemption.* — En cas d'exercice du droit de préemption par le riverain, le prix est réglé à l'amiable ou
fixé par deux experts, dont un sera nommé par la commune, l'autre par le riverain ; à défaut d'accord entre
eux, un tiers expert sera nommé par les deux experts,
s'il n'y a pas entente pour cette désignation, le tiers
expert sera nommé par le juge de paix. L. de 1881, art.
17, § 1.

Le préfet n'a aucune décision à prendre au sujet de
l'expertise, toutes les difficultés qu'elle soulèvera seront
de la compétence de l'autorité judiciaire, Circ. min. int.,
28 août 1881.

484. *Mise en vente.* — Si, dans le délai d'un mois
à dater de l'avertissement donné aux riverains pour les
mettre en demeure d'exercer leur droit de préemption,
ils n'ont pas fait leur soumission, il est procédé à l'aliénation des terrains suivant les règles fixées pour la vente
des propriétés communales. L. de 1881, art. 17, § 2.

C'est-à-dire aux enchères publiques et en se conformant aux dispositions des lois sur l'administration communale.

485. *Cession par suite d'alignement.* — Lorsque par suite de la délivrance d'un alignement, un riverain a été autorisé à avancer ses constructions jusqu'à la nouvelle limite du chemin, qui laissait une parcelle vacante entre ce chemin et la propriété riveraine, cet alignement entraîne virtuellement et immédiatement cession de cette parcelle en faveur du riverain, sauf règlement ultérieur de l'indemnité. C. de cass., 25 février 1867, S. 67, 1, 201. Mais l'alignement délivré par l'autorité administrative qui laisse vacante une partie de voie publique ainsi déclassée n'en attribue pas pour cela nécessairement et par cela même la propriété au riverain. Ainsi jugé en matière de vicinalité par le Tribunal des conflits, 24 novembre 1888, Com. de St-Cyr du Doret.

486. *Un maire peut-il acquérir des parcelles dépendant de chemins ruraux déclassés ?* — Aux termes de l'article 1596 du Code civil, les maires ne peuvent se rendre adjudicataires ni par eux-mêmes ni par personnes interposées, des biens des communes, et cela s'entend même des biens dits communaux qui sont affectés à la jouissance promiscue de tous les habitants de la commune, C. de cass., 11 janvier 1843. Ils ne peuvent dès lors se rendre adjudicataires des portions de chemins ruraux supprimés, si ces terrains sont vendus aux en-

chères. Mais en serait-il de même si le maire agissait,
non point comme enchérisseur, mais comme propriétaire riverain, par voie de préemption ? il ne ferait alors
qu'user d'un droit, en quelque sorte foncier, inhérent
à sa qualité de riverain, qui ne pourrait être primé ni
partagé par tout autre, et dont il ne saurait être dépouillé par sa qualité de maire. Cette opinion qui n'est pas
entièrement conforme à une décision ministérielle insérée dans l'année 1842, p. 318 du *Bulletin officiel du ministère de l'intérieur*, paraît cependant avoir été défen-
due par le ministre de l'intérieur dans l'affaire Périer, jugée le 26 décembre 1862, par le Conseil d'Etat, et elle a
été franchement adoptée par lui, dans ses instructions
au préfet de la Saône-et-Loire du 3 décembre 1875. E.
Guillaume, *Voirie rurale*, n° 64, p. 88. C'est au surplus
comme le porte la décision de 1862, à l'autorité judiciaire à statuer sur une pareille difficulté.

483. *Emploi du prix de vente.* — Le prix de vente
doit être perçu au profit des communes, et versé dans
la caisse municipale à titre de recette accidentelle, Braff,
n° 307. Le conseil général du Gers demandait dans sa
session de 1863, que le prix de ces ventes fût affecté spécialement à l'amélioration des chemins ruraux conservés.
C'est là un conseil, sinon une obligation, utile à suivre.
Des législations étrangères en ont fait une règle. Loi
d'Argovie du 24 décembre 1875, sur les terrains ruraux,
art. 55.

488. *Droits des tiers.* — Du principe que nous posion.; tantôt que l'autorisation administrative de vendre les terrains déclassés n'est qu'un acte de tutelle, il suit encore qu'elle ne préjuge en rien les droits et actions des tiers, que ceux-ci peuvent exercer entr'eux au mieux de leurs intérêts. C. d'Etat, 24 janvier 1856, Denizet ; 18 décembre 1856, Glandaz ; 26 février 1857, Moreau ; 26 décembre 1862, Périer ; 7 août 1863, Lévèque ; 25 février 1864, Kegel ; 10 mars 1864, Jolly. Braff, n° 307 ; Vitard, *Jurisp. rurale,* p. 65 ; A. Chauveau, t. 3, p. 160, t. 10, p. 365, t. 12, p. 339 ; Bost, n° 39 ; Petit, *Revue critique,* t. 14, p. 280 ; Dalloz, n°ˢ 1388 et 1389.

489. *Questions de propriété.* — Ainsi si des riverains des chemins ruraux, ou tous autres, se prétendant propriétaires de ces chemins, excipent de leur propriété pour s'opposer à la vente, l'arrêté de déclassement autorisant l'aliénation ne les empêche pas de porter leur action devant l'autorité judiciaire, seule compétente pour reconnaître leurs droits et les assurer au besoin : C. d'Etat, 2 janvier 1813, com. de Nuisement-sur-Coole ; 21 juin 1826, André ; 28 octobre 1829, com. de Saint-Jean-d'Asse ; 24 janvier 1856, Denizet ; 18 décembre 1856, Glandaz ; 26 février 1857, Moreau ; 25 février 1864, Kegel. Braff, n° 307 ; Vitard, *Jurisp. rurale,* p. 65 ; Chauveau, t. 3, 160, t. 12, p. 339 et 340.

490. *Actions possessoires.* — L'action possessoire ne peut être intentée contre l'acquéreur d'une voie rurale supprimée, par un habitant de la commune en son nom personnel et privé, cette action ne pouvant être motivée que sur une servitude de passage, que ne peut acquérir, d'après la Cour de cassation, un habitant, s'il n'a pas un titre ou un fonds enclavé. Req., 8 avril 1856, Saudemont; 2 décembre 1856, Sylvain; C. d'État, 19 août 1808, Monneron. Dalloz, n° 1393, semble ne pas partager complétement cet avis, qui a été vivement combattu par M. Petit dans la *Revue critique*, t. 14, p. 275, et t. 15, p. 533.

491. *Expropriation pour cause d'utilité publique.* — Si l'État ou un concessionnaire d'une entreprise déclarée d'utilité publique s'empare du sol d'un chemin rural pour l'établissement des travaux, il est dû une indemnité à régler d'après les prescriptions de la loi du 3 mai 1841. C. d'État, 1er mai 1858, com. de Pixiora; 15 mai 1858, départ. de la Gironde; A. Chauveau, *Journal de droit adm.*, t. 8, p. 317, n° 122.

Mais si un chemin de fer traverse à niveau le chemin rural sans modifier son tracé, et en gênant seulement la circulation, la propriété restant à la commune, il serait dû d'après M. A. Chauveau et l'arrêt du Conseil du 1er mai 1858, une simple indemnité à régler par les tribunaux administratifs. Toutes les questions relatives à cette matière ont été longuement examinées dans mon étude spéciale sur les *Voies publiques et privées, modifiées, détruites ou créées par suite de l'exécution des chemins de fer*, où sont plus amplement précisés les droits de l'administration pour modifier le tracé des voies de divers ordres, au profit de nouvelles voies en création, et les circonstances dans lesquelles une indemnité peut être réclamée.

On peut invoquer les autorités que nous venons d'indiquer, à l'appui de l'opinion qui laisse le règlement aux tribunaux administratifs dans le cas où le chemin rural au lieu d'être supprimé, intercepté, ou détruit, en partie, n'est que déplacé en vertu d'arrêtés administratifs.

492. *Droits d'usage sur les voies déclassées.* — Il a été jugé que l'aliénation d'un chemin rural faisait disparaître les servitudes des riverains, à charge par la commune toutefois de les indemniser ou de fournir un autre passage ; Cass., 3 mai 1858, Joliot, D. 58, 1, 276, S. 58, 1, 751 ; de sorte que jusqu'à payement d'indemnité volontaire ou judiciaire, les riverains resteraient en jouissance des droits d'usage acquis sur les chemins ruraux (Dalloz, n°° 122 et 1392) ; mais moyennant indemnité on pourrait les en priver. C'est ce qui est généralement jugé et professé à l'occasion de la suppression des voies publiques en général. Cass., 5 juillet 1836, S. 36, 1, 600 ; 27 mai 1851, ville de Lons-le-Saulnier ; 15 juillet 1851 ; 3 mai 1858, S. 58, 1, 751 ; Douai, 26 juin 1858, Terninck ; Orléans, 5 mars 1869, S. 69, 2, 255, D. 69, 2, 219 ; 16 mai 1877, D. 77, 1, 431, S. 78, 1, 27 ; 5 février 1879, D. 79, 1, 52 ; 25 juin 1879, D. 79, 1, 342 ; 25 février 1880, D. 80, 1, 225 ; C. d'Etat, 28 janvier 1887, Commune de Marigny ; Cass., 22 mai 1889, S. 90, 1, 250 ; *Pand.*, 89, 1, 545 ;

Cass., 15 avril 1890, D. 91, 1, 52; Rouen, 2 juin 1892,
D. 92, 2, 448; Bost, n°ˢ 38 et 41 ; *Ecole des Communes*,
année 1859, p. 95 ; *Journal des Communes*, année 1859,
p. 251; Dalloz, qui est de cet avis, n° 1392, cite dans ce
sens Demolombe, *Servit.*, n° 699; Vazeille, *Prescription*, t. 1, p. 97, n° 93; Chauveau, *Journal de droit
adm.*, année 1855 (t. 3), p. 46, et 1859 (t. 8), p. 479. On
peut y joindre Toullier, t. 3, n° 480 ; Proudhon, *Dom.
public*, t. 2, n° 369; Solon, *Servit.*, n° 416; Pardessus,
Servitudes, t. 1, n° 41, dont l'opinion a reçu des modifications dans les éditions successives; Dura!   ', t. 5,
n°ˢ 296, 298.

M. Petit s'est vivement élevé contre cette doctrine, et
je me suis expliqué dans les études sur les *Servitudes de
voirie* (t. 2, p. 151, n° 451), sur les limites dans lesquelles elle doit, suivant moi, être restreinte. Et à ce sujet,
entendons-nous bien, je ne prétends pas que l'administration ne pourra pas modifier la voie publique à son
gré en restant dans la limite de ses pouvoirs, qu'elle ne
pourra pas relever sa chaussée, élargir ou rétrécir son
chemin, lui donner des issues nouvelles, modifier les
issues existantes, en agissant toujours dans ce cas à
charge d'indemnité, si elle cause un préjudice. Mais lorsqu'elle a déclassé un chemin, dont le sol en conséquence
n'a plus aucune destination publique, qui demeure propriété privée de la commune sans affectation à l'usage du
public, constituant une portion du domaine privé, soumis à toutes les conditions du régime du domaine privé,
et qu'on ne peut invoquer à son occasion aucun des droits

attribués à la gestion du domaine public dans un intérêt public ; je ne vois pas comment on pourrait porter atteinte à des droits acquis sur ce sol, à charge d'indemnité. Les droits privés en présence d'autres droits privés doivent être respectés, ils ne peuvent disparaître et se résoudre en dommages-intérêts, que lorsqu'un intérêt public doit y trouver une satisfaction nécessaire. Or, il n'est nullement d'intérêt public que l'État, les départements et les communes puissent aliéner plus ou moins facilement des parcelles de terrain faisant partie de leur domaine privé, et si ces parcelles sont grevées de droits, qu'on appelle ces droits, servitudes, droits d'usage, ou de tout autre nom, pour les spécifier, ces droits doivent être respectés et ne doivent pas se résoudre en dommages-intérêts dès que l'intérêt public n'est plus en cause. Et je persiste à soutenir qu'une voie déclassée ne peut être vendue qu'à charge de permettre aux droits privés légitimement acquis pendant l'existence de cette route, de continuer à s'exercer.

Ce sont les principes que j'ai toujours défendus, mais je dois le reconnaître sans grand succès dans mes écrits et devant la Cour de cassation. Là on m'a souvent dit, au fond et en principe vous pouvez avoir raison; mais le texte de la loi du 14 mai 1842 sur le déclassement des routes nationales et départementales vous condamne. En admettant que l'objection fût fondée, il est impossible d'appliquer aux chemins ruraux le texte d'une loi visant spécialement et uniquement les routes nationales et départementales.

C'est à l'autorité judiciaire à statuer sur les contestations qui peuvent naître à ce sujet, sur le montant de
l'indemnité qui peut être due. C. d'Etat, 25 février 1864,
Kegel. Lorsque, bien entendu, il y a déclassement. Il en
serait autrement s'il s'agissait d'une simple modification
apportée à la route sans déclassement. Cependant je dois
reconnaître que l'on peut invoquer divers arrêts du Conseil en sens contraire, et je dois citer parm. es plus ré-
cents ceux des 15 novembre 1879, Auzou, et 26 juin 1880.
Mais il résulte de la discussion de la loi de 1881, que les
droits et servitudes de passage ou de vue sur le sol de
l'ancien chemin, qui peuvent appartenir au riverain, sont
laissés sous l'empire du droit commun, et le ministre
de l'intérieur, dans sa circulaire du 27 août 1881, comme
M. Labiche au Sénat, disent que le règlement de ces
questions est du ressort des tribunaux ordinaires, Naudier, n° 81. La question reste cependant controversée.

Pour que les riverains d'un chemin rural déclassé et
vendu soient recevables à réclamer l'exercice d'une servitude sur le sol de ce chemin ou une indemnité, il faut
que le droit ait été acquis antérieurement au déclassement. Ainsi la Cour de Caen, le 27 avril 1857, Duhamel,
a décidé que le propriétaire d'un bâtiment riverain d'un
ancien chemin public, supprimé et converti en propriété
privée. n'a plus le droit d'ouvrir des portes sur ce chemin,
alors même que la construction du bâtiment aurait été
commencée avant la suppression du chemin.

ART. 18. — *Droits d'enregistrement ; actions en justice.*

Les plans, les procès-verbaux certificats, significations, jugements, contrats, marchés, adjudications de travaux, quittances et autres actes ayant pour objet exclusif la construction, l'entretien, et la réparation des chemins ruraux, seront enregistrés moyennant le droit de un franc cinquante centimes (1 fr. 50 c.).

Les actions civiles intentées par les communes ou dirigées contre elles, relativement à leurs chemins, seront jugées comme affaires sommaires et urgentes, conformément à l'article 405 du Code de procédure civile.

SOMMAIRE.

493. *Source de l'article* 18. — Il a été emprunté à l'article 20 de la loi du 21 mai 1836, modifié par l'article 4 de la loi du 28 février 1872, en ce qui touche la quotité du droit d'enregistrement. Instr. min. int., 28 août 1881 sur l'article 18.

494. *Les dispositions de l'article* 18 *sont applicables aux deux classes de chemins ruraux.* — Les dispositions de l'article 18 sont générales, elles ne distinguent pas entre les chemins reconnus et les chemins ruraux non reconnus, mais affectés à l'usage du public, elles doivent donc être appliquées à ces deux classes de chemins. Instr. min. int., 28 août 1881, art. 18.

495. *Application de l'article* 58 *de la loi du* 3 *mai* 1841. — Les dispositions de l'article 18 de la loi de 1881 ne sauraient empêcher les communes de se prévaloir d'un bénéfice beaucoup plus considérable, c'est-à-dire de l'exonération des droits d'enregistrement, de timbre et de transcription qui résultera de l'article 58 de la loi du 3 mai 1841, sur l'expropriation pour cause d'utilité publique, lorsqu'elles acquièrent des terrains pour l'ouverture, le redressement ou l'élargissement de leurs chemins ruraux, en vertu d'une déclaration d'utilité publique, ou d'une décision équivalente émanant du chef de l' Etat, ou de la commission départementale. Instr. min. int., 28 août 1881.

496. *Application de cet article par les agents de l'administration de l'enregistrement.* — Dans l'application de cet article, les agents de l'administration de l'enregistrement se conformeront aux règles de perception contenues dans les instructions n°˙ 1521, 1627, 1763, 1764 et 1768, concernant les chemins vicinaux, et l'article 20 de la loi du 21 mai 1836. Circ. dir. gén. de l'enregist. du 29 octobre 1881.

497. *Appréciation du caractère du chemin au point de vue des droits d'enregistrement.* — L'application du tarif réduit porté en l'article 18, est subordonnée à la justification du caractère de ces chemins ; pour les chemins reconnus, cette justification résultera suffisamment de la mention dans l'acte de l'arrêté de reconnaissance émané de l'autorité administrative. Cir. dir. gén. de l'enreg. du 29 octobre 1881.

Pour les autres chemins ruraux la justification est établie, soit par un certificat du maire visé par le préfet et joint à l'acte soumis à la formalité, soit par tout autre document contenant la preuve des faits constitutifs de la nature du chemin. Instruction gén., n° 2656, n° 10.

498. *Enregistrement des délibérations des commissions départementales.* — Une décision du ministre des finances, 10 mai 1882, suivie d'une instruction de la Régie du 20 juin 1882, par application de l'article 78 de la loi du 15 mai 1818, rappellent que les délibérations des conseils généraux ou des commissions départementales, qui en vertu des articles 44 et 86 de la loi du 10 août 1871, fixent la largeur des chemins vicinaux, ayant pour effet immédiat d'incorporer à la voie publique les terrains compris dans les limites qu'elles déterminent, constituent des actes translatifs de la propriété des terrains incorporés à la voie publique, et doivent dès lors être enregistrés sur la minute dans le délai de vingt jours. Ces actes indiquent comment il sera procédé à l'accomplissement de cette formalité. Ils ne paraissent pas applicables aux délibérations des commissions départementales portant reconnaissance des chemins ruraux, qui se bornent à classer d'une manière distincte des chemins publics communaux, et ne peuvent incorporer à ces chemins aucune portion de la propriété étrangère à la commune. S'il est nécessaire, en effet, de réaliser des mutations de cette nature, on doit ultérieurement procéder par voie de cession amiable ou forcée.

499. *Impôt foncier.* — Aux termes de l'article 103 de la loi du 3 frimaire an VII, les chemins ruraux sont exonérés du paiement de l'impôt foncier comme toutes les voies publiques communales.

500. *Les actions relatives aux chemins ruraux doivent être jugées comme matières sommaires et urgentes.* — Nous avons dit que toutes les questions de propriété qui s'élèvent à l'occasion des chemins ruraux sont du domaine des tribunaux civils; ajoutons en terminant pour clore cette partie de notre étude, que les dépens de toutes les actions civiles de quelque nature qu'elles soient, intentées par les communes ou contre elles, relativement à leurs chemins vicinaux, doivent être jugées comme affaires sommaires et urgentes, et par suite être taxées comme en matière sommaire.

Il avait été contesté que cette règle, établie par l'article 20 de la loi du 21 mai 1836, et que la Cour de Bourges avait reconnue, en 1840, applicable alors même que les chemins à l'égard desquels le litige a existé, n'auraient pas été classés comme vicinaux : Bourges, 30 août 1843, Lallemand, pût être appliquée aux chemins ruraux avant 1881. M. Solon, *Code administratif*, p. 519, note, contestait cette extension d'application, en soutenant qu'il s'agit dans ce cas d'une simple question de propriété privée, à raison de laquelle les règles exceptionnelles de la loi de 1836 ne pouvaient être invoquées. J'étais du même avis ; s'il est vrai que la commune, en matière de chemins ruraux, n'agit point pour la défense d'un terrain qui rentre exclusivement dans le domaine de la propriété privée ; il est incontestable, d'un autre côté, que pour donner aux affaires de cette nature le caractère d'affaires sommaires, il fallait se fonder sur les dispositions de la loi de 1836 qui n'a pour objet que les chemins vicinaux. Or, cette loi, pas plus en ce qui concerne les dépens que pour les autres cas, n'a eu pour but de régir les chemins ruraux qu'elle laissait sous l'empire du droit commun.

Mais aujourd'hui, en l'état de la disposition formelle de notre article 18, la question disparaît et le bénéfice de l'ancienne législation sur les chemins vicinaux est acquis aux chemins ruraux reconnus ou non, pourvu

qu'ils soient affectés à un usage public. Inst. min. int.,
28 août 1881.

501. *Discussion à ce sujet lors du vote de la loi.* —
Lors de la première délibération à la Chambre des députés, M. Audiffret, avait proposé de modifier le second
paragraphe de notre article de la manière suivante: les
actions civiles intentées par les communes ou dirigées
contre elles, relativement à leurs chemins, seront jugées
en première instance par le juge de paix et en appel par
le tribunal civil. Les actions seront jugées comme affaires sommaires et urgentes conformément à l'article 405
du Code de procédure civile. M. Audiffret avait demandé
le renvoi de son amendement à la commission pour
qu'elle pût l'examiner dans l'intervalle des délibérations.
Ch. des députés, 8 mars 1881, *Officiel* du 9, p. 452.

Lors de la seconde délibération, le rapporteur fit remarquer que l'amendement n'était pas soutenu par son
auteur et qu'il était repoussé par la commission. Ch. des
députés, 29 juillet 1881, *Officiel* du 30, p. 1834.

502. *Dispense du paiement des droits d'octroi.* —
La dispense de droits d'octroi stipulée en faveur des matériaux destinés à la confection et à la réparation des chemins publics, est-elle applicable à tous les chemins publics sans distinction et par suite aux chemins ruraux?
L'arrêt de la Cour de cassation, du 13 juin 1882, S. 83,
1, 60, en a fait l'application aux quais, môles et digues
d'un port, parce qu'ils constituaient des voies de commu-

nication ou des accessoires de ces voies indispensables à leur conversation et à leur défense.

SECTION II

CHEMINS A LA CHARGE DES SYNDICATS.

DES SYNDICATS POUR L'OUVERTURE, LE REDRESSEMENT, L'ÉLARGISSEMENT, LA RÉPARATION ET L'ENTRETIEN DES CHEMINS RURAUX.

ART. 19. — *Convocation des intéressés.*

Lorsque l'ouverture, le redressement ou l'élargissement a été régulièrement autorisé, conformément à l'article 13, et que les travaux ne sont pas exécutés, ou lorsqu'un chemin reconnu n'est pas entretenu par la commune, le maire peut, d'office, ou doit, sur la demande qui lui est faite par trois intéressés au moins, convoquer individuellement tous les intéressés. Il les invite à délibérer sur la nécessité des travaux à faire, et à se charger de leur exécution, tous les droits de la commune restant réservés.

Le maire recueille les suffrages, constate le vote des personnes présentes, qui ne savent signer, et mentionne les adhésions envoyées par écrit.

503. *Objet de la section 2.* — Lorsqu'il y a un défaut absolu de ressources communales, ou bien lorsque
le chemin rural sur lequel les travaux sont à faire, ne
présente pas un intérêt communal suffisant pour justifier une contribution mise sur la généralité des habitants, devra-t-on renoncer à entreprendre une amélioration dont les avantages peuvent dépasser de beaucoup
les dépenses? Si les terres qui doivent profiter de la
mise en état du chemin étaient entre les mains d'un seul
propriétaire, nul doute que son intérêt, bien entendu,
ne le déterminât à faire des dépenses dont il serait largement rémunéré. La division des intérêts, le morcellement de la propriété doivent-ils mettre un obstacle in-
franchissable à l'entreprise de travaux dont les produits
couvriront bien des fois la dépense? C'est dans ces circonstances qu'il appartient au législateur d'intervenir
pour lever les empêchements légaux qui enchaînent

l'initiative privée, pour permettre à tous les intéressés, ou au moins à une majorité considérable de ces intéressés, de s'unir afin de réaliser ensemble le travail qu'un seul aurait entrepris, si la propriété de toutes les parcelles avait été concentrée entre ses mains.

La commission du Sénat, d'accord avec le projet du Conseil d'État, organise l'intervention collective qui vient dans certains cas, se substituer utilement à l'action communale, et dans d'autres lui prêter un aide indispensable. Le projet du Conseil d'État limitait cette intervention aux travaux de réparation ou d'entretien des chemins ruraux, la commission du Sénat a pensé qu'il n'y avait aucun inconvénient, et qu'il y avait au contraire des avantages considérables, à se montrer plus large dans l'application du principe d'association et qu'on doit l'admettre dans tous les cas où il y a lieu de compléter le réseau des chemins ruraux. Rapport de M. Labiche au Sénat.

301. *Création des syndicats.* — M. Maunoury, rapporteur de la loi de 1881 à la Chambre des députés, après avoir fait remarquer que, pour les questions d'administration, la nouvelle loi tendait à établir une assimilation aussi complète que possible des chemins ruraux avec les chemins vicinaux. ajoutait que toutefois cette loi introduisait une innovation considérable qui ne trouve aucune analogie dans la loi de 1836, relative aux chemins vicinaux, en autorisant la création de syndicats pour les dépenses à faire sur les chemins ruraux.

La section 2 de la loi organise des syndicats analogues à ceux qui existaient déjà en vertu de la loi du 21 juin 1865 sur les associations syndicales. Au moment du vote de cette loi, on en avait repoussé l'application aux chemins ruraux à raison de leur caractère de propriété communale.

505. *Motifs de cette création.*— La dernière enquête qui a lieu sur les chemins ruraux, portait l'exposé des motifs, *Officiel* du 31 octobre 1876, p.7805, 1re col., a constaté tout à la fois la grande importance de ces chemins et l'insuffisance des ressources nécessaires à leur entretien. Cette insuffisance est telle, qu'un certain nombre de commissions départementales ont demandé l'ajournement de toute mesure relative à ces chemins, et les a subordonnés complètement aux chemins vicinaux. Le Code rural ne peut faire cesser cette insuffisance de ressources ; il ne saurait créer des recettes, mais il peut exciter et autoriser les propriétaires riverains à intervenir, à suppléer dans leur intérêt à l'insuffisance du budget des recettes communales.

Le Code rural facilitera cette intervention par un règlement sur les associations syndicales qui auraient pour but la réparation et l'entretien des chemins communaux. En 1867, les préfets et les commissions départementales ont été consultés sur ce projet que l'administration étudiait depuis longtemps, et soixante-quatre départements se sont montrés favorables à l'organisation de ces syndicats.

Pour les constituer, le projet proposé a pris pour base la loi du 21 juin 1865 sur les associations syndicales.

Cette loi admet deux espèces d'associations : les unes libres, les autres autorisées. Il y a entre elles cette grande différence que les associations libres formées sans l'intervention de l'administration ne peuvent être instituées que d'un consentement unanime. La majorité déterminée par la loi suffit pour établir les associations autorisées et pour donner toute la force nécessaire à leurs délibérations.

Le système des associations libres, très convenable lorsqu'il s'agit d'opérer sur des terrains appartenant aux associés, n'est plus admissible quand il s'agit de travaux à exécuter sur un chemin qui appartenait à la commune. En ce cas l'autorité municipale a des droits qui ne sauraient être méconnus, car c'est de la propriété municipale qu'il s'agit. La commune peut bien consentir à l'organisation d'un syndicat, mais elle ne peut renoncer à en surveiller les opérations ; ce serait abdiquer son droit et manquer à son devoir.

En laissant constituer dans la commune un centre d'action parallèle ou contraire à celui du maire, on y introduirait un élément d'anarchie. D'ailleurs, l'unanimité des votes est, par la nature même des choses, une condition de l'établissement de toute association libre et de son fonctionnement. Or, on ne peut guère compter sur cette unanimité entre propriétaires riverains d'un chemin rural; ils sont trop nombreux et leurs intérêts sont parfois trop divergents pour qu'on puisse espérer un si parfait accord, l'intervention de l'autorité est nécessaire pour sauvegarder les droits de la commune, pour rendre l'association plus facile, et peut-être aussi quelquefois pour empêcher qu'un intérêt considérable, mais isolé, ne soit opprimé par des intérêts très nombreux, mais de médiocre importance.

L'article 15 du projet, devenu l'article 19 de la loi, pose la base de ce système.

506. *Mon opinion sur les syndicats.* — J'ai déjà manifesté, sous l'article 10, mon opinion relativement au fonctionnement des syndicats. Je n'en suis pas enthousiasmé, et il m'était permis d'exprimer mon avis dans ce sens, puisque je le faisais avant la loi de 1881, qui les a acceptés. Je ne veux pas aujourd'hui me montrer plus sage que le législateur, d'autant plus que, sur bien des points, ces syndicats pourront fonctionner convenablement et rendre de véritables services, je reconnais que c'était même le cas le plus propice pour les expérimenter que celui qu'offraient certaines classes de chemins ruraux ; mais qu'on n'y compte pas d'une manière trop confiante, je les ai vu fonctionner dans des circonstances bien autrement graves, alors qu'il s'agissait de travaux de défense contre les eaux fluviales ou contre la mer, et, sans l'intervention constante des fonctionnaires de l'administration centrale et des agents ou ingénieurs des ponts-et-chaussées, je suis convaincu que la marche du syndicat eût été complètement impossible. Je n'en ferai pas l'histoire, ce serait inutile, mais les leçons de l'expérience n'ont pas diminué ma méfiance dans l'efficacité de ces essais administratifs (1).

J'ajoute que, s'agissant ici d'une propriété communale ayant un caractère public, on n'a heureusement délégué à l'association que les actes de gestion sous la surveillance et le contrôle du maire et du préfet et sans attribuer à l'association le droit de police. Circ. min. int., 28 août 1881.

307. *Différences entre la loi et le projet.* — L'article 19 de la loi reproduit généralement la disposition de l'article 15 du projet, il y a toutefois à noter les différences suivantes :

Le projet portait: lorsqu'un chemin rural n'est pas réparé ou entretenu par la commune, le maire peut convoquer, etc. La loi porte : lorsque l'ouverture, le redressement ou l'élargissement a été régulièrement autorisé conformément à l'article 13 et que les travaux ne sont pas exécutés, ou lorsqu'un chemin reconnu n'est pas entretenu par la commune, le maire peut, etc., ce qui semble limiter à certains cas déterminés le pouvoir du maire pour provoquer la constitution des syndicats.

Le projet donnait au maire le droit de convoquer les intéressés, soit d'office, soit sur la demande qui lui serait faite. La loi admet le droit du maire de convoquer d'office, mais elle admet qu'il n'est obligé d'agir, s'il ne croit

_____

(1) Tout récemment encore j'ai été amené à insister sur les vices de fonctionnement de certains syndicats dans un travail *sur la Durance et son régime administratif*, 1883, in-8.

pas prendre l'initiative, que si une demande lui est présentée par trois intéressés au moins.

Le reste de l'article, avec quelques changements de rédaction, a la même portée dans le projet et dans la loi.

508. *Un chemin rural communal peut-il être établi par toute association de propriétaires.* — Je m'étais posé la question avant la loi de 1881, 2ᵉ édit., nᵒ 19, et j'avais cru devoir reconnaître que si plusieurs propriétaires peuvent s'entendre pour ouvrir un chemin qui dût leur faciliter l'accès d'une route, ou d'une agglomération d'habitants, et même pour créer de nouveaux moyens de communication pour les habitants, ce chemin ne restait pas moins un chemin privé dont ils conservaient la propriété et dont la commune ne pouvait s'emparer que par suite de l'abandon des propriétaires intéressés, ou de leur consentement, ou par une prise de possession de fait par l'administration et le public.

Lorsqu'on a voté la loi du 21 juin 1865 sur les associations syndicales, à l'occasion de l'article 1, § 8, ainsi conçu : peuvent être l'objet d'une association syndicale entre propriétaires intéressés, l'exécution et l'entretien de travaux de chemins d'exploitation et de toute autre amélioration agricole ayant un caractère collectif, plusieurs députés auraient voulu étendre cette disposition aux chemins ruraux ayant un caractère public ; mais cette proposition fut repoussée, et M. Sénéca, rapporteur, déclara, au nom de la commission, que c'était au maire seul, au nom de la commune, à pourvoir à un pareil soin.

La nouvelle loi a modifié cet état de choses et a indiqué dans quelles circonstances un syndicat pouvait être chargé de l'entretien et même de l'ouverture et du redressement d'un chemin communal public, alors que la commune restait propriétaire des terrains sur le sol duquel il était établi, et devenait propriétaire des terrains acquis pour les travaux, par l'association syndicale aux termes de l'article 25.

Toutefois ce serait mal comprendre notre pensée que de croire que, d'après nous, quelques propriétaires réunis et associés pourraient créer un chemin public communal de leur initiative propre ; leur intervention et leur action au point de vue des chemins ruraux communaux, ne peut se produire que dans les conditions indiquées par l'article 19 de la loi de 1881, combiné avec les autres dispositions de cette loi. Ce que disait à ce sujet M. Sénéca, rapporteur de la loi du 21 juin 1865 sur l'article 1er, § 8, est encore vrai, c'est au maire, au nom de la commune, à pourvoir à ce soin dans les conditions déterminées aujourd'hui par notre nouvelle loi. Toute association constituée pour l'ouverture d'un chemin rural en dehors de ces conditions et du concours qu'elle réserve au pouvoir municipal et administratif, est dès lors une œuvre exclusivement privée, qui reste régie par la loi du 21 juin 1865, et qui rentre dans le régime des voies privées auquel notre loi consacre les articles 33 à 36.

Des législations étrangères obligent les propriétaires à

créer des chemins ruraux lorsque des commissions spéciales les ont reconnus indispensables pour l'ensemble
des exploitations rurales. Loi d'Argovie du 24 décembre
1875 sur les territoires ruraux, art. 51 et 62.

509. *Chemins non reconnus.*— La constitution d'associations syndicales dans l'intérêt des chemins non
reconnus, si elle est possible et légale, ne peut avoir
lieu par application exclusive de notre article. E. Guillaume, *Voirie rurale*, n° 31, p. 31.

510. *Règlementation de la réunion des intéressés.* —
Un député, M. Lorois, lors de la seconde délibération à
la Chambre de l'article 19, a fait observer que cet article
manquait de clarté, en ce qu'il n'avait pas déterminé suffisamment la manière dont le maire convoquerait les
intéressés, ni les formalités à remplir pour constituer la
valeur des votes, et il a demandé qu'un règlement d'administration, ou tout au moins des instructions administratives vinssent combler cette lacune. Séance du
29 juillet 1881, *Officiel* du 30, p. 1834. Il y a été pourvu
par le règlement de 1883.

511. *Convocations pour la formation d'une association.* — Les convocations individuelles pour la formation d'une association syndicale en vue de l'ouverture
du redressement, de l'élargissement, de la réparation ou
de l'entretien d'un chemin rural, seront faites par le
maire au moins huit jours à l'avance.

Les bulletins de convocation indiqueront l'objet, le lieu, le jour et l'heure de la réunion.

Les mêmes indications seront, en outre, portées à la connaissance des habitants de la commune par voie de publication et d'affiche. Règl. gén. de 1883, art. 76.

M. Naudier, n° 261, p. 365 veut que l'on considère ici comme intéressés, non seulement les propriétaires riverains, mais tous ceux qui à raison de leur qualité, fermiers, usagers etc., ou de la situation de leurs fonds ont eu intérêt à l'exécution des travaux. Voyez comme complément à cette disposition *infrà* l'article 31 de la loi et le n° 537.

512. *Propriété des terrains acquis par le syndicat.* — Malgré la constitution du syndicat, la commune reste propriétaire des chemins, et elle devient même propriétaire des terrains ou parcelles acquises par le syndicat. Rapport de M. Maunoury à la Chambre des députés. L. 1881, art. 25.

513. *Pouvoir de police réservé au maire.* — De même, malgré la constitution du syndicat, la police appartient toujours au maire. Rapport de M. Maunoury à la Chambre. Les actes de gestion concernant ces chemins ont pu être confiés à une association sous la surveillance du maire et du préfet, mais la police des chemins ruraux n'est point confiée à cette association, elle reste au maire. Circ. min. int., 27 août 1881.

ART. 20. — *Constitution de l'association.*

Si la moitié plus un des intéressés, représentant au moins les deux tiers de la superficie des propriétés desservies par le chemin, ou si les deux tiers des intéressés représentant plus de la moitié de la superficie, consentent à se charger des travaux nécessaires pour mettre ou maintenir la voie en état de viabilité, l'association est constituée.

Elle existe même à l'égard des intéressés qui n'ont pas donné leur adhésion.

Pour les travaux d'amélioration et d'élargissement partiel, l'assentiment de la moitié plus un des intéressés représentant au moins les trois quarts de la superficie des propriétés desservies, ou des trois quarts des intéressés représentant plus de la moitié de la superficie sera exigé.

Pour les travaux d'ouverture, de redressement et d'élargissement d'ensemble, le consentement unanime des intéressés sera nécessaire.

SOMMAIRE

514. Disposition du projet.
515. Justification de l'appel de tous les intéressés.
516. Base de l'appréciation des intérêts des personnes convoquées.
517. Plus les charges des propriétaires peuvent être grandes, plus les conditions pour la formation de l'association sont rigoureuses.
518. Intéressés incapables.

514 *Dispositions du projet.* — L'article 16 du projet, devenu l'article 20 de la loi était ainsi conçu :

Si la majorité des intéressés, représentant au moins les deux tiers de la superficie des propriétés desservies par le chemin, ou les deux tiers des intéressés, représentant plus de la moitié de la superficie, consent à se charger des travaux nécessaires pour remettre ou maintenir la voie en état de viabilité, l'association est constituée.

Pour tous autres travaux d'amélioration, d'élargissement et de redressement, le consentement unanime des intéressés est nécessaire.

515. *Justification de l'appel de tous les intéressés.* — Lors de la première délibération sur l'article 20, à la Chambre, M. Lorois présenta les observations suivantes : Il manque quelque chose à cet article, il faudrait arriver à constater d'une manière quelconque quels sont les intéressés au moins par une enquête préalable. Le maire semble seul chargé de cette constatation. C'est grave puisque le syndicat peut imposer la construction du chemin et la dépense de cette construction aux intéressés, sans limites. Il serait dès lors juste que, avant de constituer le syndicat, une enquête mît à même les intéressés de se faire connaître, sans laisser au maire le soin de les désigner.

Le rapporteur lui répondit que cette enquête préalable lui paraissait inutile. L'enquête se fera par les observations échangées entre les personnes convoquées. Si quelqu'un est convoqué à tort, il se retirera comme étant sans intérêt et n'ayant pas d'obligation à prendre. Cette première réunion n'arrête pas les obligations des parties. Elles ne sont réglées qu'ultérieurement, conformément aux articles 21 et 22. Si un intéressé n'est pas convoqué quel préjudice éprouvera-t-il alors qu'il profitera des travaux faits par d'autres. Les présents seuls sont engagés et si la convention qui interviendra préjudicie à quelqu'un, celui-ci pourra se pourvoir devant le conseil de préfecture.

M. Lorois insista, il fit remarquer que cette première réunion avait une véritable importance, puisqu'elle votait la création du syndicat et que la portée du vote devait être appréciée d'après le nombre des personnes convoquées et les superficies qu'elles possédaient. Suivant que dans cet appel on éliminait certains intéressés ou on appelait des personnes qui étaient sans intérêt, les décisions prises pour la constitution du syndicat peuvent être toutes différentes. Il faut donc qu'une sorte d'enquête fasse déterminer les intéressés qu'il ne peut dépendre du maire seul de désigner à son gré, car s'il convoque qui il lui plaira, il provoquera les décisions qu'il voudra, ce qui est inadmissible.

Et comme M. le rapporteur répondait : une personne ne faisant pas partie du syndicat, parce qu'elle n'aura pas été convoquée, ne sera obligée à rien ; M. Lorois répliquait : Ce serait encore plus étrange. On ne peut admettre qu'un intéressé, parce qu'il n'a pas été convoqué, ne fasse pas partie du syndicat, qu'il n'ait rien à payer et

qu'il profite du chemin. Dès que le syndicat sera constitué, il sera porté sur les rôles comme intéressé, il n'est
pas possible qu'on ait pu ainsi se passer de son avis et
de son vote, lorsqu'il a été question de constituer un syndicat où son intérêt le fera ultérieurement incorporer. Séance de la Chambre du 8 mars 1881, *Officiel* du 9, p. 452.

Les articles 31 et 32 me paraissent donner en partie
satisfaction à M. Lorois, car ils indiquent comment tout
intéressé lésé par la composition irrégulière de cette
réunion pourra se pourvoir contre ses résolutions, à
condition d'agir dans un délai déterminé.

316. *Base de l'appréciation des intérêts des personnes convoquées.* — La base de l'appréciation des intérêts
des personnes convoquées pour la formation du syndicat est très simple : c'est le nombre des intéressés et
la superficie des terres desservies par le chemin. Rapport de M. Maunoury; Circ. min. int., 27 août 1881.

Pour les travaux d'ouverture, de redressement ou d'é-
largissement d'ensemble, il faut l'unanimité des intéressés.

S'il s'agit de travaux d'amélioration et d'élargissement partiel, l'assentiment de la moitié plus un des intéressés représentant au moins les trois quarts de la superficie des terres desservies, ou des trois quarts des
intéressés représentant plus de la moitié de la superficie,
est exigé.

Dans des travaux qui n'ont pour objet que de mettre
ou maintenir en état de viabilité un chemin existant, il

suffit de l'adhésion de la moitié plus un des intéressés représentant les deux tiers au moins de la superficie, ou des deux tiers des intéressés représentant plus de la moitié de la superficie. Rapport de M. Maunoury à la Chambre.

Des membres de la commission du Sénat avaient demandé, pour fixer la base de l'appréciation de l'intérêt des personnes convoquées, l'adoption du système proposé par la Société des Agriculteurs de France, c'est-à-dire la substitution de la valeur cadastrale à la superficie. De très grandes superficies peuvent en effet ne présenter que très peu de valeur. La majorité de la commission du Sénat a décidé que la base d'évaluation proposée par le Conseil d'État était préférable parce qu'elle était plus simple. On a fait remarquer que cette évaluation de l'intérêt des associés n'était que provisoire, qu'elle était uniquement destinée à résoudre la question préjudicielle de savoir s'il y avait lieu ou non à constituer l'association. Une fois le syndicat constitué, la participation de chacun des associés aux charges de l'entreprise est fixée non pas proportionnellement à la superficie, mais à l'intérêt véritable de chacun ; cet intérêt est déterminé par le syndicat même (art. 26), sauf recours au Conseil de préfecture et au Conseil d'État (art. 32). Rapport de M. Labiche au Sénat.

De son côté, résumant et précisant cette question, le ministre dit, dans son Instruction, du 28 août 1881. Il est à remarquer que la base de l'intérêt des personnes appelées à constituer une association syndicale, n'est

pas la valeur, mais la superficie des propriétés. On doit
y recourir exclusivement pour décider s'il y a lieu de
former l'association, dans le cas où l'assentiment unanime des intéressés n'est pas indispensable. Une fois
l'association constituée, la participation de chacun des
associés aux charges devra être proportionnelle, non à
la superficie de ses propriétés, mais à l'intérêt véritable
que présentera pour lui l'entreprise.

517. *Plus les charges des propriétaires peuvent
être grandes, plus les conditions pour la formation de
l'association sont rigoureuses.* — Le législateur a voulu
protéger la minorité des intéressés contre les exigences
excessives de la majorité. Il ne permet pas qu'on lui impose les frais considérables de l'ouverture d'un nouveau
chemin ou de modifications radicales d'un ancien. Mais
il donne à la majorité le moyen de vaincre une résistance
qui ne saurait être justifiée, lorsqu'il s'agit seulement,
à l'aide de légers sacrifices, de remettre en état de viabilité ou d'élargir partiellement un chemin d'une utilité
incontestable pour tous les propriétaires dont il dessert
les fonds. Inst. min. int., 28 août 1881.

518. *Intéressés incapables.* — Pour les travaux d'ouverture, de redressement et d'élargissement d'ensemble
des chemins ruraux, il faut le consentement unanime
des intéressés. Cela a paru très juste à M. Arthur Legrand ; mais lors de la discussion de l'article 20 à la
Chambre, ce député a fait observer que, parmi les inté-

ressés, pouvaient se trouver des incapables ou des
absents, leurs tuteurs ou représentants pourront-ils
donner une adhésion suffisante? Dans les associations
constituées sous l'empire du décret du 25 mars 1852,
ils n'avaient pas ce droit, et le Crédit foncier a toujours
refusé de prêter à des associations dans lesquelles se trouvaient des incapables ainsi représentés. Dans la loi du
21 juin 1865, on a introduit la disposition suivante :
« L'adhésion à une association syndicale est valablement donnée par les tuteurs, par les envoyés en possession provisoire et par tout représentant légal pour les
biens des mineurs, des interdits, des absents et autres
incapables, après autorisation du tribunal de la situation des biens, donnée sur une simple requête, en la
chambre du conseil, le ministère public entendu. Cette
disposition est applicable aux immeubles dotaux et
aux majorats. » Cette partie de l'article 4 de la loi du
21 juin 1865, n'est du reste que la reproduction d'une
disposition contenue dans l'article 13 de la loi de 1841
sur l'expropriation pour cause d'utilité publique, il serait
utile qu'elle trouvât place dans la partie de notre Code
rural qui concerne les syndicats formés pour l'amélioration des chemins ruraux.

M. le rapporteur répondit que la question serait examinée par la commission dans l'intervalle des deux délibérations. Séance du 8 mars 1881, *Officiel* du 9, p. 453.

Mais à la seconde délibération, elle n'a pas été reproduite, sans que je puisse expliquer pourquoi.

M. Naudier, n° 261, p. 365 est d'avis que les convocations devront être adressées aux représentants légaux.

ART. 21. — *Procès-verbal de la constitution de la société.*

Le Maire dresse un procès-verbal et constate la formation de l'Association, en spécifie le but, fait connaître sa durée, le mode d'administration qui a été adopté, le nombre des syndics, l'étendue de leurs pouvoirs, et enfin les voies et moyens qui ont été votés.

SOMMAIRE

519. Adoption du projet.

519. *Adoption du projet.* — L'article 21 de la loi est la reproduction textuelle de l'article 17 du projet.

ART. 22. — *Approbation préfectorale.*

Ce procès-verbal est transmis au Préfet par le Maire, avec son avis et l'avis du Conseil municipal.

Le Préfet, après avoir constaté l'observation des formalités exigées par la loi, autorise l'Association, s'il y a lieu.

Si la commune a consenti à contribuer aux travaux le Préfet approuve, dans son arrêté, le mode et le montant de la subvention promise par le Conseil municipal.

520. *Adoption du projet.* — L'article 22 de la loi est la reproduction presque littérale de l'article 18 du projet.

Le projet se bornait à dire : le préfet autorise l'association s'il y a lieu. La loi porte : le préfet, après avoir constaté l'observation des formalités exigées par la loi, autorise l'association s'il y a lieu.

521. *Contrôle et surveillance du préfet.* — En ce qui concerne la régularité des opérations, le préfet ne doit autoriser que s'il reconnaît cette régularité, il doit refuser son autorisation en cas contraire. Il n'a pas à se préoccuper de la question d'utilité des travaux, l'esprit, sinon le texte de la loi en laisse l'appréciation exclusive aux intéressés.

Mais quand la commune consentira à contribuer à la dépense, le préfet n'approuvera son concours que si le mode et le montant de la subvention promise par le conseil municipal semblent le permettre sans inconvénient. Circ. min. int., 27 août 1881.

L'intervention du préfet dans cette circonstance est critiquée dans une *Etude sur le projet du Code rural*, par M. A. Moll, Colmar, 1869, p. 76, qui pense que l'autorité du préfet peut bien s'appliquer aux routes nationales et

départementales et aux chemins de grande communication, mais qu'ici les propriétaires ne doivent être gê-
nés par aucune immixtion étrangère. Qu'on n'oublie pas
qu'il s'agit ici de la gestion de travaux communaux, que
les communes en France sont sous la tutelle administrative des autorités administratives supérieures et qu'il
est impossible de ne pas réserver un pouvoir de surveillance et de contrôle aux préfets, tant qu'on n'aura pas
modifié notre système administratif, et qu'on n'aura pas
cru devoir laisser aux trente-six mille administrations
municipales le droit de créer trente-six mille États dans
l'État français.

Le préfet devra d'ailleurs prendre en considération
les dispositions de la loi du 5 avril 1884, relatives aux
travaux et dépenses, qu'on peut voter sans approbation
préfectorale, et ceux pour lesquels cette approbation est
requise. Naudier, n° 263, p. 368.

ART. 23. — *Publicité donnée au procès-verbal*
de constitution de l'association.

Un extrait du procès-verbal constatant la constitution
de l'Association et l'arrêté du Préfet, en cas d'approbation,
ou en cas de refus, l'arrêté du Préfet, sont affichés dans
la commune où le chemin est situé et publiés dans le
le Recueil des actes de la Préfecture.

522. *Adoption du projet.* — L'article 23 de la loi est la reproduction littérale de l'article 19 du projet.

523. *Publication au cas d'approbation comme au cas de refus.* — Dans le cas où le Préfet autorise, cette autorisation doit être rendue publique ; s'il refusait son approbation, l'arrêté devrait être également publié pour être seul soumis à cette publicité, et il n'y aurait pas à y joindre l'extrait du procès-verbal constatant le projet d'association. Instr. min. int., 28 août 1881.

ART. 24. — *Nomination des syndics.*

Les syndics de l'Association sont élus en assemblée générale.

Si la commune a accordé une subvention, le Maire nomme un nombre de syndics proportionné à la part que la subvention représente dans l'ensemble de l'entreprise.

Les autres syndics sont nommés par le Préfet, dans le cas où l'Assemblée générale, après deux convocations ne se serait pas réunie ou n'aurait pas procédé à leur élection.

524. *Adoption du projet*. — L'article 24 de la loi est la reproduction littérale de l'article 20 du projet.

Art. 25. — *Droit des associations de plaider, emprunter et contracter.*

Les Associations ainsi constituées peuvent ester en justice par leurs syndics ; elles peuvent emprunter. Elles peuvent aussi acquérir les parcelles de terrains nécessaires pour l'amélioration, l'élargissement, le redressement ou l'ouverture du chemin régulièrement entrepris ; les terrains réunis à la voie publique deviennent la propriété de la commnne.

525. *Adoption du projet*. — L'article 25 de la loi est la copie littérale de l'article 21 du projet.

525². *Jugement des actions intentées par les syndicats ou contre eux.* — Les actions exercées par les syndicats comme demandeurs ou défendeurs, en vertu de notre article, devront être jugées comme affaires sommaires et urgentes. Loi de 1881, art. 18 ; C. proc. civ., art. 405. Les tarifs des droits d'enregistrement tels qu'ils sont établis par le même article 18, leur sont applicables. Naudier, n° 264, p. 369.

526. *Procès concernant la propriété du sol.* — Bien que notre article attribue aux syndics capacité pour ester en justice en ce qui concerne le fonctionnement du syndicat, nous ne croyons pas que les syndics aient capacité suffisante pour intenter une action concernant la propriété du chemin rural lui-même, ni pour y défendre. En effet, ce sol est une propriété communale comme le dit la loi, et la commune a dès lors seule capacité suffisante pour plaider en demandant ou défendant sur une action de cette nature.

527. *Acquisitions par voie d'expropriation.* — La décision de la commission départementale ou du chef de l'État qui aura déclaré d'utilité publique l'ouverture, le redressement ou l'élargissement du chemin, autorisera formellement ou implicitement l'acquisition des terrains à occuper. Les syndics pourront y procéder à l'amiable ou par voie d'expropriation, selon les prescriptions de l'article 13. Ils devront, au surplus, se conformer à cet égard aux restrictions que les statuts auraient apportées à leurs pouvoirs. Ils devront également se conformer aux dispositions de toute nature que contiendraient les statuts de l'association relativement, soit aux actions à intenter ou à soutenir, soit aux emprunts à contracter. Circ. min. int., 27 août 1881.

528. *Droits de police et de surveillance des maires.* — Ces droits sont conférés aux associations syndicales sans préjudice du droit de surveillance et de police des maires, et de contrôle des conseils municipaux, dont ils ne peuvent être dépouillés toutes les fois qu'il s'agit de la gestion des intérêts municipaux, et des propriétés communales affectées à la satisfaction d'un intérêt public. Inst. min. int., 28 août 1881, à l'occasion de la section 2 de la loi de 1881.

ART. 26. — *Exécution des travaux ; répartition des charges.*

Le syndicat détermine le mode d'exécution des travaux, soit en nature, soit en taxe ; il répartit les charges entre les associés, proportionnellement à leur intérêt ; il règle l'accomplissement des travaux en nature ou le recouvrement des taxes en un ou plusieurs exercices.

SOMMAIRE

529. *Adoption du projet*. — L'article 26 de la loi est la reproduction littérale de l'article 25 du projet.

530. *Étendue des pouvoirs des syndicats*. — La loi donne la plus grande latitude au syndicat pour déterminer le mode des travaux, si cela n'a pas été fait par l'acte constitutif d'association. Il peut établir une cotisation en argent, recourir à la prestation en nature, ou combiner les deux moyens. Exposé des motifs, *Officiel* du 31 octobre 1876, p.7805, 3ᵉ col.

ART. 27. — *Confection des rôles et recouvrement*.

Les rôles pour le recouvrement de la taxe due par chaque intéressé sont dressés par le syndicat, approuvés, s'il y a lieu, et rendus exécutoires par le préfet, qui peut ordonner préalablement la vérification des travaux.

Ces rôles sont recouvrés, dans la forme des contributions directes, par le receveur municipal.

Dans ces rôles seront compris les frais de perception, dont le montant sera déterminé par le préfet, sur l'avis du trésorier-payeur général.

SOMMAIRE

531. Adoption du projet.

531. *Adoption du projet*. — Les deux premiers paragraphes de l'article 27 de la loi sont la reproduction littérale de l'article 23 du projet. On a ajouté dans la loi le paragraphe final de l'article qui ne se trouvait pas au projet.

L'instruction ministérielle de 1881 se borne à reproduire presque textuellement notre article.

ART. 28. — *Expropriation de terrains.*

Dans le cas où l'exécution des travaux entrepris par l'Association syndicale exige l'expropriation de terrains, il y est procédé conformément à l'article 13 ci-dessus.

SOMMAIRE

532. Disposition du projet sur les servitudes non reproduite par la loi.

532. *Disposition du projet sur les servitudes non reproduite par la loi.* — L'article 25 du projet, suivant l'article 24 qui est devenu l'article 28 de la loi, portait : lorsqu'il y a lieu à l'établissement de servitudes, conformément aux lois, au profit d'associations syndicales, les contestations sont portées en premier ressort devant le juge de paix du canton, qui, en prononçant, doit concilier les intérêts de l'opération avec le respect dû à la propriété.

S'il y a lieu à expertise, il pourra n'être nommé qu'un seul expert.

Cette disposition du projet n'a pas pris place dans la loi.

ART. 29. — *Retrait de l'autorisation de l'association ; exécution d'office des travaux.*

A défaut par une Association d'entreprendre les travaux pour lesquels elle a été autorisée, le préfet rapportera, s'il y a lieu, et après mise en demeure, l'arrêté d'autorisation.

Dans le cas où l'interruption ou le défaut d'entretien des travaux entrepris par une Association pourraient avoir des conséquences nuisibles à l'intérêt public, le préfet, après mise en demeure, pourra faire procéder d'office à l'exécution des travaux nécessaires pour obvier à ces conséquences.

SOMMAIRE

533. *Adoption du projet.* — L'article 29 de la loi est la reproduction de l'article 26 du projet.

534. *Pouvoirs conférés aux préfets.* — Confiante dans la sagesse du préfet à qui sa position rend la justice et l'impartialité faciles, la loi lui donne le droit d'ordonner les travaux que le syndicat ne ferait pas

exécuter par négligence et alors que cela peut nuire à
l'intérêt public. En ce cas la dépense est à la charge de
ceux qui, par leur faute , ont causé le dommage. Le
grand intérêt du public rend nécessaire cette attribution
au préfet d'un pouvoir exceptionnel, mais il n'en fera
usage que dans une juste mesure. Cette disposition est
empruntée à l'article 25 de la loi du 21 juin 1865. Exposé des motifs, *Officiel* du 31 octobre 1876, p. 7805, 3ᵉ col.

Dans le cas où les travaux ne sont pas entrepris le
préfet peut rapporter l'arrêté d'autorisation du syndicat
et non se substituer à lui ; ce n'est que lorsque ces travaux entrepris sont interrompus, ou non entretenus, que
ce droit lui appartenait. Naudier, nᵒ 266, p. 372.

ART. 30. — *Pourvoi contre les arrêtés concernant la constitution des associations.*

Les intéressés et les tiers peuvent déférer au Ministre
de l'intérieur, dans le délai d'un mois à partir de l'affiche, les arrêtés qui autorisent ou refusent d'autoriser les
associations syndicales.

Le recours est déposé à la préfecture et transmis avec
le dossier au Ministre dans le délai de quinze jours.

Il est statué par un décret rendu en Conseil d'État.

SOMMAIRE.

535. *Adoption du projet.* — L'article 30 de la loi reproduit l'article 27 du projet, avec cette seule différence que l'article débutait ainsi dans le projet : les propriétaires intéressés ; tandis qu'on a cru devoir adopter avec raison l'indication plus générale de : les intéressés. En effet, l'intérêt est la base et la justification de la recevabilité des actions et en dehors des propriétaires, les usufruitiers, fermiers et autres, peuvent avoir intérêt à poursuivre les actions que donne l'article 30 de la loi.

536. *Instruction des recours.* — En transmettant le recours au ministre, le préfet doit joindre aux pièces produites à l'appui, ses observations et tous les autres documents qu'exigera l'instruction de l'affaire. Inst. min. int., 28 août 1881, sur l'art. 30.

Art. 31. — *Contentieux ; compétence.*

Toutes contestations relatives au défaut de convocation d'une partie intéressée, à l'absence ou au défaut d'intérêt des personnes appelées à l'Association, ou au degré d'intérêt des associés, ainsi qu'à la répartition, à la perception et à l'accomplissement des taxes et prestations, à la nomination des syndics, à l'exécution des travaux et aux mesures ordonnées par le préfet en vertu du dernier paragraphe de l'art. 29 ci-dessus, sont jugées par le Conseil de préfecture, sauf recours au Conseil d'État.

Il est procédé à l'apurement des comptes de l'Association, selon les règles établies pour les comptes des receveurs municipaux.

537. *Adoption du projet.* — L'article 31 de la loi qui reproduit en grande partie l'article 16 de la loi du 21 juin 1865, s'écarte peu de l'article 28 du projet. Toutefois la loi prévoit un cas de contestation de plus que le projet, c'est celle à laquelle pourrait donner lieu le défaut de convocation d'une partie intéressée. En se reportant à l'article 19 de la loi concernant la constitution des syndicats, on y trouve que le maire doit convoquer individuellement tous les intéressés. Lors de la discussion de la loi devant les chambres, on a trouvé cette disposition trop vague et comme laissant un trop grand arbitraire aux maires qui pourront à leur gré étendre ou restreindre le nombre des convoqués suivant qu'il leur plaira de les considérer comme intéressés ou non. La disposition additionnelle de l'article 31 de la loi a eu pour but d'ouvrir un recours contre les irrégularités de cette nature.

La loi du 22 juillet 1889 a réglé la procédure à suivre actuellement devant les conseils de préfecture ; cette loi a été suivie à la date d'août 1890 d'une circulaire ministérielle pour en assurer l'exécution.

ART. 32. — *Contestation sur la qualité d'associé et la validité de l'Association ; prescription.*

Nulle personne comprise dans l'Association ne pourra contester sa qualité d'associé ou la validité de l'acte d'association, après le délai de trois mois à partir de la notification du premier rôle des taxes ou prestations.

SOMMAIRE

538. Adoption du projet.

538. *Adoption du projet.* — L'article 32 de la loi est la consécration de l'article correspondant du projet, sauf les modifications suivantes. Le projet disait : nul propriétaire compris dans l'association ; la loi a généralisé ce droit, elle a dit : nulle personne comprise, etc.

Le délai de quatre mois proposé dans le projet a été réduit à trois mois par la loi. C'est le délai dans lequel doivent être formées les demandes en décharge ou réduction de cotes en matière de contributions directes.

COMPLÉMENT DE LA SECTION II

SYNDICAT DE COMMUNES.

SOMMAIRE

538$_a$. Loi du 22 mars 1890 ; Son objet ; Circulaire ministérielle du 10 août 1890.
538^b. Cette loi est applicable aux chemins ruraux intéressant plusieurs communes.

538^a. — *Loi du 22 mars 1890 ; Son objet ; Circulaire ministérielle du 10 août 1890.* — En 1890 il a été ajouté un titre nouveau, soit le titre VIII, articles 169 à 180, à la loi du 5 avril 1884 sur l'organisation communale ; ce titre est consacré à la réglementation des syndicats des communes.

Le premier article de cette nouvelle loi qui porte le n° 169 de la loi générale municipale de 1884, en précise l'objet. Il est ainsi conçu : « Lorsque les conseils municipaux de deux ou plusieurs communes d'un même département, ou de départements limitrophes, ont fait connaître par des délibérations concordantes, la volonté d'associer les communes qu'ils représentent en vue d'une œuvre d'utilité intercommunale, et qu'ils ont décidé de consacrer à cette œuvre des ressources suffisantes, les délibérations prises sont transmises par le préfet au ministre de l'intérieur, et, s'il y a lieu, un décret rendu en Conseil d'État autorise la création de l'association qui prend le nom de syndicat de communes.

« D'autres communes que celles primitivement associées peuvent être admises, avec le consentement de celles-ci, à faire partie de l'association. Les délibérations prises à cet effet par les conseils municipaux de ces communes et des communes déjà syndiquées sont approuvées par décret simple.

« ART. 170. — Les syndicats de communes sont des établissements publics investis de la personnalité civile.

« Les lois et règlements concernant la tutelle des communes leur sont applicables.

« Dans le cas où les communes syndiquées font partie de plusieurs départements, le syndicat ressortit à la préfecture du département auquel appartient la commune siège de l'association ».

Ce syndicat est administré par un comité, qui, à moins de dispositions contraires confirmées par le décret d'institution, est constitué et fonctionne d'après les règles posées dans les articles 171 et suivants.

La Circulaire ministérielle du 10 août 1890 est le commentaire utile, quoique assez concis, de ces dispositions législatives.

538ᵇ. — *Cette loi est applicable aux chemins ruraux intéressant plusieurs communes.* — Il faut reconnaître que le gouvernement en proposant cette loi avait principalement pour but d'assurer aux populations rurales les bienfaits de l'assistance publique, c'était tout au moins ce que voulait atteindre le ministre comme on peut le lire à travers sa circulaire sur l'exécution de cette loi, mais par sa généralité et par les termes que le législateur a employé, il ne saurait être contesté qu'elle s'applique à toute *œuvre d'utilité intercommunale*, et partant à l'établissement et à l'entretien de chemins ruraux reconnus comme d'intérêt public pour des communes limitrophes. Le principe se trouvait d'ailleurs posé dans les articles 116 et suivants de la loi du 5 avril 1884.

Les documents que nous avons cités entrent dans des détails suffisants pour servir de guide dans l'accomplissement de cette loi. On pourra encore utilement consulter la pratique suivie à l'égard des chemins vicinaux, non classés comme chemins de grande communication, mais intéressant des communes limitrophes.

TITRE II

VOIES RURALES PUBLIQUES NON RECONNUES

SECTION PREMIÈRE

CHEMINS RURAUX NON RECONNUS.

SOMMAIRE

§ 1

Observations générales.

§ 2

Réglementation et surveillance.

§ 1. — Observations générales.

539. *Distinction entre les chemins ruraux reconnus et ceux qui ne le sont pas.* — La division des chemins ruraux en deux classes, l'une comprenant les chemins reconnus et l'autre les chemins non reconnus, est une des bases fondamentales de la loi du 20 août 1881.

Cette distinction faite par le Conseil d'État dans son projet présenté aux Chambres, a été admise complètement par elles et a passé dans la loi, avec le dessein bien réfléchi de l'y consacrer. Observ. du rapporteur dans la discussion au Sénat, séance du 17 mars 1877, *Officiel* du 18, p. 2065, 3ᵉ col.

Voici comment l'exposé des motifs signalait cette distinction. *Officiel* du 31 octobre 1876, p. 7803, 3ᵉ col. « A l'avenir, au point de vue de la forme, nous aurons deux espèces de chemins ruraux : des chemins reconnus ; ce sera, pour ainsi dire, les chemins de droit ; et ceux qui, n'ayant pas été compris dans un arrêté de reconnaissance, seront cependant très réellement affectés à l'usage du public, ce sera les chemins publics de fait. »

540. *Double régime auquel sont soumis les chemins ruraux.* — Il résulte de cette division en deux classes introduite par le législateur de 1881 dans les chemins ruraux publics communaux, que ces chemins sont soumis à deux régimes complètement distincts ; l'un, celui qui est applicable aux chemins reconnus, est le sys-

tème créé par la loi de 1881, l'autre, celui qui est applicable aux chemins non reconnus, est le système antérieur à cette loi. Toutefois, cette dernière indication
n'est pas rigoureusement exacte ; la loi de 1881 a résolu
pour ces chemins mêmes, diverses questions débattues
avant elle, et le principe que nous posons, vrai en général, n'est pas d'une application absolue.

541. *Objet de ce titre.* — Déjà sous le titre 1er et à
l'occasion du commentaire des articles 1 à 32 de la loi
du 20 août 1881, nous avons eu fréquemment l'occasion
de faire remarquer qu'elles étaient les dispositions de
cette loi applicables à la fois aux chemins reconnus et
aux chemins non reconnus, et celles qui, au contraire,
applicables aux premiers, ne l'étaient pas aux seconds ;
nous ne reviendrons pas ici sur ces distinctions et ces
explications, mais nous devons en signaler quelques-
unes qui n'ont pas encore trouvé place dans notre travail, et rappeler par simple indication sommaire diverses
solutions déjà proposées sous le titre 1er.

542. *Effets du défaut de reconnaissance.* — Il a été
bien entendu, à l'occasion de l'article 4, qui le dit formellement, que les communes ne seraient pas tenues de
classer comme ruraux tous leurs chemins publics, et
que par suite le défaut de reconnaissance n'impliquait
pas la conséquence que la commune ne considérait pas
comme publics ni communaux tous les chemins non
reconnus. De sorte que si, d'un côté l'absence de cette

reconnaissance ne fait pas profiter les chemins publics communaux non reconnus des avantages que peut leur conférer la nouvelle loi, elle ne constitue aucune reconnaissance de droits contraires, et aucun abandon des droits que peuvent avoir sur ces chemins à un titre quelconque les communes. Les chemins non reconnus restent absolument dans l'état où ils étaient, au moment de la reconnaissance qui est faite des voies publiques communales.

§ 2. — Réglementation et surveillance

543. *Réglementation des chemins ruraux non reconnus.* — J'ai indiqué dans le commentaire de l'article 4, que le conseil municipal devait, sur la proposition du maire, déterminer ceux des chemins ruraux qui devaient être l'objet d'une reconnaissance, et j'ai conclu de ce texte et des explications formelles qui ont d'ailleurs été données à la Chambre et au Sénat par les rapporteurs, que ce classement pouvait, il serait peut-être plus juste de dire ne devait, comprendre la reconnaissance immédiate que de certains de ces chemins. Cette législation crée dès lors deux classes de chemins publics communaux, les chemins classés comme ruraux et ceux qui n'ont pas été reconnus. Le régime des premiers est déterminé par les dispositions de la loi de 1881, celui des seconds n'est point déterminé, au contraire, il reste soumis aux dispositions vagues et générales des lois constituant les municipalités, indiquant leurs devoirs et leurs

attributions et il reste placé sous les instructions données aux communes par l'administration centrale pour
la surveillance des chemins ruraux. Encore ces instructions déjà assez vagues, et dont la plupart des dispositions abandonnaient beaucoup à la libre appréciation
des municipalités, auront-elles un caractère encore plus
prononcé de faculté, depuis que la loi de 1881 en sou-
mettant à une réglementation précise tous les chemins
réellement utiles et dont le caractère public était constaté, a laissé à l'écart des chemins n'ayant plus qu'une
utilité plus ou moins contestable.

514. *Les règlements généraux des préfets ne s'appli-*
quent pas aux chemins non reconnus. — Aux termes de
l'article 8 de la loi de 1881, les préfets doivent faire un
règlement général pour assurer l'exécution de cette loi
dans leur département; mais aux termes mêmes de cet
article, ce règlement n'est applicable qu'aux chemins
ruraux reconnus, et l'article 1er du règlement général
préparé au ministère de l'intérieur en 1883, le rappelle
d'une manière formelle et spéciale, ainsi que la circulaire d'envoi du 3 janvier 1883.

Voici comment le rapporteur de la loi de 1881 rendait
compte des motifs de cette résolution. La plupart des
chemins ruraux n'ont pas d'acte régulier d'origine,
beaucoup ont été constitués par tolérance, et pour un
grand nombre, il n'y a pas intérêt à discuter et à résoudre la question de propriété, il ne fallait pas susciter à
leur occasion des procès inutiles; mais, d'un autre côté

il ne fallait pas nuire aux droits des communes sur ces chemins en les considérant comme hors de la propriété communale, par cela seul qu'ils n'étaient pas reconnus. On les laisse dans la situation où ils se trouvent aujourd'hui, et pour cela il fallait les laisser en dehors de la réglementation prévue par l'article 8. Déclaration du rapporteur de la loi au Sénat, séance du 17 mars 1877, *Officiel* du 18, p. 2068, 2ᵉ col.

545. *Réglementation par les maires.* — Cette réglementation appartient aux maires, sous le contrôle des préfets, aux termes des lois municipales, en vertu des pouvoirs qu'ils tiennent des lois des 16-24 août 1790 titre 11, art. 3, 18 juillet 1837, et 5 avril 1884. Les infractions à leurs arrêtés, en ces matières, tombent sous l'application de l'article 471 du Code pénal. Circ. min. int., 27 août 1881 ; Cass., 13 janvier 1888. *Bull. crim.*

546. *Usurpations commises sur les chemins publics non reconnus.* — Le ministre, en rappelant dans sa circulaire du 27 août 1881, que les chemins publics communaux étaient imprescriptibles dans le cas seul où ils avaient été reconnus, et que les chemins non reconnus resteront au contraire prescriptibles contre les communes, engage les maires à continuer de veiller à ce que les empiètements commis sur les divers chemins ruraux soient promptement réprimés. Ce devoir leur incombe aujourd'hui d'une manière plus rigoureuse, à l'égard des voies que les propriétaires riverains peuvent encore acquérir par prescription.

547. *Tribunaux de répression.* — Les tribunaux de police, et non les conseils de préfecture, continueront à connaître de la répression des infractions aux arrêtés des maires et des usurpations commises sur les chemins ruraux reconnus ou non. Rapport de M. Labiche au Sénat.

§3. — Contentieux des chemins non reconnus.

548. *Contestations relatives aux chemins non reconnus.* — La Cour de cassation a jugé par deux fois, le 8 février 1858, S. 59, 1, 944, que, dans l'état de la législation, on ne peut considérer comme chemins publics, au point de vue de la compétence administrative, que ceux qui sont administrativement classés, c'est-à-dire les routes nationales et départementales, les chemins vicinaux de toute nature et les voies de communication qui font partie de la voirie urbaine ; auxquels nous adjoindrons, depuis la loi de 1881, les chemins ruraux reconnus. La Cour ajoute que si d'autres chemins laissés en dehors du classement, à cause de leur peu d'importance peuvent être aussi soumis à un usage public et se trouvent par conséquent placés sous la surveillance de l'administration, ils n'en restent pas moins pour le contentieux et la juridiction, dans le ressort exclusif de l'autorité judiciaire et des tribunaux de droit commun. C'est là une jurisprudence fort ancienne et encore applicable de nos jours, notamment aux chemins ruraux non reconnus. C. d'État, 21 novembre 1808, Chassaigne ; 29 novembre 1808, Comballot ; 24 mars 1809, Prousteau ; 11 avril 1810

Comballot ; 19 mai 1811, Mihiet ; Agen, 15 décembre
1836, S. 37, 2, 142, D. 37, 2, 100 ; C. cass., 7 mars 1837,
S. 37, 1, 999, D. 37, 1, 380 ; 23 juillet 1839, S. 39, 1, 858,
D. 39, 1, 317 ; 10 août 1840, S. 40, 1, 817, D. 40, 1, 302 ;
13 novembre 1849, S. 49, 1, 758 ; 9 décembre 1857, S. 58,
1, 541.

Au surplus, nous n'entendons nullement restreindre
aux questions soulevées à raison des chemins ruraux
non reconnus, la compétence de l'autorité judiciaire,
lorsque les difficultés soulevées portent sur la possession
ou la propriété du sol des chemins, mais nous devons
reconnaître que la juridiction ordinaire, en pareil cas,
conserve encore des allures plus faciles et une compétence plus absolue s'il est possible.

549. *Actions possessoires. Renvoi.* — Nous avons
indiqué sous l'article 7, que la loi de 1881 n'a en rien
modifié la situation des communes et des particuliers
en ce qui concerne les actions possessoires, qui peuvent
se produire à raison des chemins prétendus publics et
ruraux par les communes et les habitants, lorsque ces
chemins n'ont pas été reconnus ; nous nous en référons
aux explications que nous avons eu occasion de donner.

Rappelons que, aux seuls chemins compris dans l'arrêté de reconnaissance, peut s'appliquer la preuve de
possession résultant de cet arrêté, aux termes de l'article
5 de la loi de 1881. Exposé des motifs, *Officiel* du 31 octobre 1876, p. 7803, 3ᵉ col.

550. *Prescription d'un chemin non reconnu*. — L'exposé des motifs, dans de savants développements, explique comment le législateur de 1881 est arrivé à déclarer que les chemins ruraux qui ont fait l'objet d'un arrêté de reconnaissance deviennent imprescriptibles. Mais ces explications, si justes et si remarquablement déduites, se terminent ainsi.

Nous l'avons déjà dit, à défaut d'arrêtés de reconnaissance, l'affectation à l'usage du public peut encore résulter des faits ; elle peut être établie par la preuve d'une circulation générale, et par suite d'actes de surveillance et de voirie exercés par l'autorité municipale. Ainsi prouvée, l'affectation à l'usage du public est encore souveraine contre les usurpations. Les juges saisis de la question de prescription auraient donc à examiner les faits qui, s'ils étaient constatés, feraient repousser la demande. Exposé des motifs, *Officiel* du 31 octobre 1870, p. 7804, 2ᵉ col.

Ces explications, par suite de la place qu'elles occupent, peuvent prêter à une interprétation douteuse, elles sont données à la suite de remarquables développements présentés pour justifier la disposition de la loi qui défend par l'imprescriptibilité les chemins ruraux reconnus. Voudrait-on dire que, lorsqu'à défaut d'arrêté de reconnaissance, la publicité des chemins est établie, ils sont imprescriptibles ? cela était peut-être encore soutenable en l'état d'une rédaction des articles 5, 6 et 7 du projet, et notamment des dispositions de l'article 5 ; mais en l'état de la disposition si nette de l'article 6 de la loi,

« les chemins ruraux qui sont l'objet d'un arrêté de
reconnaissance deviennent imprescriptibles », cette interprétation n'est plus possible, et il faut tenir à l'avenir
qu'il n'y aura que les chemins ruraux reconnus qui
seront protégés par l'imprescriptibilité. Cela est d'autant
plus certain que l'imprescriptibilité avait été refusée
aux chemins ruraux, quoique faisant partie du domaine
communal, parce qu'on prétendait que l'article 10 de la
loi de 1836, ayant limité aux chemins vicinaux classés
l'imprescriptibilité, elle avait été retirée aux chemins
ruraux ; j'avais résisté avec bien d'autres à cette conclusion, mais en l'état de ces débats antérieurs parfaitement rappelés dans l'exposé des motifs, des modifications qu'a subies la rédaction du projet de loi, et de la
disposition formellement limitative de l'article 6 de la loi,
il faut bien se rendre et reconnaître que le législateur de
1881 n'a entendu protéger par l'imprescriptibilité les
chemins ruraux, qu'autant qu'ils ont été l'objet d'un arrêté
de classement.

Ia discussion n'est plus possible en l'état de la décision prise par le Sénat sur la proposition de la commission ; car alors que le Conseil d'État admettait l'imprescriptibilité des chemins non reconnus, la commission du
Sénat la repoussait et c'est son système qui a été admis.
Rapport de M. Labiche au Sénat, *Officiel* du 21 mars
1877, p. 2222, 1ʳᵉ col., et séance du Sénat du 17 mars
1877, *Officiel* du 18, p. 2065, col. 3. D'ailleurs l'article 6
de la loi de 1881 portant que les chemins ruraux qui ont
été l'objet d'un arrêté de reconnaissance *deviennent* im-

prescriptibles, comment soutenir que les chemins ruraux non reconnus restent imprescriptibles. Batbie,
t. VIII, V° *Ch. ruraux*, p. 101 ; Naudier, n. 63, p. 66 ;
Fuzier-Herman, *Rép.*, V° *Ch. ruraux*, n° 288.

§ 4. — Entretien ; Ressources.

551. *Affectation de ressources aux chemins non reconnus.* — Sous l'empire de la loi du 20 août 1881, les
communes ont-elles le droit d'affecter à l'entretien et à
l'amélioration des chemins ruraux non reconnus les
ressources dont elles disposent ?

D'après l'esprit, sinon le texte de cette loi, les communes ne peuvent être autorisées à affecter aux dépenses des chemins ruraux non reconnus que leurs revenus
ordinaires disponibles, et l'excédent de prestations prévu
par la loi du 21 juillet 1870, lorsqu'elles pourvoient à
toutes les dépenses, non seulement des chemins vicinaux
et des chemins ruraux reconnus, mais encore des autres
services municipaux ayant un caractère obligatoire.
Il serait d'ailleurs, en règle générale, d'une bonne administration de n'employer les ressources quelconques
d'une commune sur un chemin rural, qu'après la reconnaissance de ce chemin. Il ne devrait en être autrement que dans des cas rares et exceptionnels où la nécessité d'exécuter des travaux urgents ne permettrait pas
d'attendre l'accomplissement des formalités de reconnaissance. Circ. min. int., 27 août 1881.

552. *Souscriptions volontaires*. — Les souscriptions volontaires pour prestations en nature, comme en argent, peuvent être offertes par les intéressés pour l'entretien et la mise en état de viabilité des chemins ruraux non reconnus. Circ. min. int., 27 août 1881.

Dans ce cas ces souscriptions doivent être acceptées et rendues exécutoires dans les mêmes conditions que pour les chemins reconnus, c'est-à-dire qu'elles doivent être acceptées par le maire, qui dresse un état rendu exécutoire par le préfet. Loi du 20 août 1881, art. 12.

L'acceptation doit être autorisée et approuvée par le conseil municipal et le préfet. Loi du 18 juillet 1837, et loi de 1884 ; D. 25 mars 1852, art. 1, tableau A.

Les souscriptions consistant en journées de prestation, seront, après mise en demeure restée sans effet, converties en argent, conformément au tarif adopté pour la prestation de la vicinalité. Loi du 20 août 1881, art. 12.

Le conseil de préfecture statuera sur les réclamations élevées par les souscripteurs. Même loi.

553. *Subventions spéciales pour dégradations extraordinaires*. — Ces subventions, dont la perception est autorisée pour l'entretien des chemins reconnus, ne l'est point en ce qui concerne les chemins non reconnus comme je l'indique sous l'article 11, § 1, mais sous les réserves qui y sont mentionnées. Voy. *suprà*, notamment n° 480.

Les travaux exécutés pour compte de la commune même sans l'accomplissement des formalités préalables, sur ses chemins doivent être acquittés par elle s'ils lui ont été profitables. C. d'Etat, 9 décembre 1892, Com. de Brantôs.

§ 5. — Charges imposées aux riverains.

553. *Des charges qui pèsent sur les riverains des chemins non reconnus.* — L'examen de la situation des riverains des chemins ruraux, en ce qui concerne les charges que ce voisinage impose à leurs fonds relativement aux constructions, alignements, plantations, excavations, eaux et fossés, passages sur les propriétés riveraines en cas d'impraticabilité des routes, ont déjà été examinées, tant au point de vue des chemins reconnus, que des chemins non reconnus, sous l'article 8 auquel nous renvoyons principalement.

554. *Alignements.* — La servitude d'alignement n'est pas applicable à la charge des riverains des chemins ruraux non reconnus. Cass., 4 juillet 1857, S. 58, 1, 93, D. 57, 1, 378 ; 17 juillet 1863, S. 63, 1, 553, D. 64, 1, 500 ; 17 août 1865, S. 66, 1, 183, D. 66, 1, 43. Toutefois les maires peuvent prendre des arrêtés pour défendre d'élever des constructions le long de ces chemins sans une autorisation préalable, mais ils ne peuvent forcer les riverains à abandonner des terrains leur appartenant à la voie publique agrandie ou rectifiée ; Cass., 12 janvier 1856, S. 56, 1, 555, D. 56, 1, 142 ; 7 juillet 1856, S. 56, 1, 205, D. 56, 1, 42 ; C. d'Etat, 2 septembre 1862, Chicard ; 8 août 1865, Benoit.

555. *Occupation temporaire ; fouilles et extractions de matériaux.* — Les charges imposées aux riverains des voies publiques et qui les soumettent à souffrir l'occupation temporaire de leurs propriétés pour fouilles et extractions de matériaux ou autre cause, dans le but de faciliter l'entretien de ces voies, sont applicables aux riverains des chemins publics communaux même non reconnus, pourvu qu'ils soient régulièrement affectés à l'usage public. Naudier, n° 54, p. 58 ; Fuzier-Herman, *Rép.*, V° *Ch. ruraux*, n° 207, Voyez *supra* sous l'article 14.

556. *Passage sur les propriétés riveraines en cas d'impraticabilité ; recours contre la commune.* — L'exposé des motifs considère l'article 42 du titre 2 de la loi du 28 septembre 1791, sur le droit pour le voyageur de passer sur le fonds voisin en cas d'impraticabilité de la route, comme encore en vigueur. Mais il semble admettre que le recours de ce riverain en dommages-intérêts contre la commune ne serait pas ouvert, si la commune ne portait pas ce chemin dans la nomenclature des chemins reconnus. Je ne saurais partager cet avis ; le voyageur, ou soit toute personne, qui s'engage dans un chemin public qu'elle a le droit de pratiquer, a aussi le droit, si ce chemin est impraticable sur un point, d'emprunter un passage sur le fonds voisin pour poursuivre sa route. D'un autre côté, pourquoi ce riverain serait-il tenu de fournir gratuitement un chemin à la place de celui que devait suivre le public, il ne se peut

qu'on fasse peser cette charge sur lui, et qu'on lui refuse
un recours contre celui qui doit fournir le passage. Or,
dès que le chemin public est communal, il est la propriété de la commune, et c'est à elle à supporter les conséquences de cette propriété, qu'elle le classe ou non,
qu'elle le reconnaisse ou non, le défaut de reconnaissance, comme cela a été fort nettement indiqué dans la
discussion de la loi, n'étant point une renonciation directe ni indirecte à la propriété des chemins, et la commune, à défaut de cette reconnaissance, conserve tous
ses droits. Or, puisque la commune conserve à son profit et au profit du public, tous ses droits de propriété
sur ses chemins publics communaux, elle devra conserver toutes ses obligations. Pour s'y soustraire, il ne
faudrait pas seulement un défaut de reconnaissance,
mais un abandon formel de propriété et d'usage au profit
du public, régulièrement effectué ; et dans ce cas seulement, renonçant à ses droits, la commune ne pourrait
être soumise aux obligations qui en sont la conséquence.

§ 6. — Aliénation des chemins.

557. *Aliénation des chemins cessant d'être affectés à
un usage public.* — Les dispositions des articles 16 et
17 de la loi de 1881 sont applicables aux chemins reconnus et aux chemins non reconnus.

Il en résulte, comme je l'ai indiqué sous ces articles:
qu'un chemin rural qui cesse d'être affecté à l'usage du

public peut être aliéné, comme cela a été dit, articles 16 et 17.

Qu'un droit de préemption existe en faveur des riverains, art. 17.

Je dois dès lors renvoyer principalement à ces articles, sauf à insister dans les paragraphes suivants sur quelques détails.

En ce qui concerne les droits dont les riverains conservent l'exercice, voyez ce qui est dit art. 17.

558. *Aliénation d'un chemin rural non reconnu.* — Il résulterait des explications données dans l'exposé des motifs, *Officiel* du 31 octobre 1876, p. 7804, 3e col., que ce n'est que lorsqu'un chemin rural non reconnu cesse d'être à l'usage du public, que le sol rentre dans le domaine communal ordinaire et qu'il peut être vendu.

La loi, telle qu'elle a été adoptée, doit être entendue dans ce sens, car si le premier paragraphe de l'article 16 porte que les arrêtés portant reconnaissance peuvent être rapportés, le § 2 n'autorise la vente que lorsque le chemin rural cesse d'être affecté à l'usage du public, et lorsque la vente a été autorisée par arrêté du préfet rendu conformément à la délibération du conseil municipal, après enquête. La vente ne peut même être ordonnée si les intéressés formés en syndicat se chargent de l'entretien.

Il a été expliqué, en effet, que la reconnaissance qui soumet la commune à certaines obligations par rapport aux chemins reconnus, peut, en prenant en considération des causes diverses, ne comprendre qu'une partie des chemins publics communaux; partant le défaut de reconnaissance, ou le retrait du tableau des chemins ruraux sont loin de constater dans tous les cas, le défaut de publicité du chemin, et d'intérêt pour les habitants d'être autorisés à en user. En conséquence, le défaut de reconnaissance, ou le rapport de l'arrêté de reconnaissance, ne peuvent à eux seuls autoriser la vente du sol au profit de la commune.

559. *Formalités préalables à remplir.* — Le maire peut vendre un chemin rural non reconnu et qui cesse d'être affecté à l'usage du public, s'il pense que cette aliénation est opportune et n'est pas contraire aux intérêts de la commune; mais il doit être pour cela spécialement autorisé par le conseil municipal, dont la délibération doit être approuvée par le préfet, et alors que cette délibération a été prise après enquête précédée de trois publications à quinze jours d'intervalle.

Cette enquête doit être accompagnée des formalités prescrites pour l'aliénation des biens des communes par l'instruction du ministre de l'intérieur du 20 août 1835. Circ. min. int., 27 août 1881.

§ 7. — **Droits d'enregistrement; actions en justice.**

560. *Réduction des droits d'enregistrement.* — L'application de la réduction des droits portés en l'article 18 de la loi, s'applique aux deux catégories de chemins ruraux, c'est-à-dire à ceux dont le caractère a été régulièrement constaté par un arrêté de reconnaissance, comme aux chemins non expressément reconnus, qui existent dans les conditions des articles 2 et 3 de la nouvelle loi. Instr. min. int., 28 août 1881.

L'application du tarif réduit est subordonnée à la justification du caractère de ces chemins.

Pour les chemins non reconnus, ce caractère pourra être établi, soit par un certificat du maire visé par le préfet et joint à l'acte soumis à la formalité, soit par tout autre document contenant la preuve des faits constitutifs de la nature de la voie. Si des difficultés s'élèvent au sujet de l'appréciation de ces documents, il en sera immédiatement référé aux directeurs de l'enregistrement. Circ. direct. gén. de l'enreg. du 29 octobre 1881.

561. *Actions en justice.* — Doivent être jugées ainsi que celles relatives aux chemins ruraux reconnus comme affaires sommaires, conformément à l'article 405 du Code de procédure civile. L'article 18 de la loi de 1881 est applicable aux deux classes de chemins ruraux. Circ. min. int., 28 août 1881.

SECTION II

DES CARRAIRES

SOMMAIRE

562. *Objet de ce chapitre.* — Nous avons cru devoir ranger dans une section distincte les carraires, parce que ce sont des voies de communication d'une nature toute spéciale, dont il importait dès lors d'indiquer à part le régime particulier. Les carraires n'existent que dans une partie de la France ; nous devions cependant leur consacrer quelques lignes, elles ont fait l'objet des remarques de divers auteurs dans des ouvrages généraux sur le droit administratif ou la voirie. Comment les passer sous silence alors que j'écrivais pour la première fois ces lignes dans le pays même où elles existent et où elles continuent à occuper encore une place importante, quoique bien amoindrie, parmi les voies rurales.

563. *Ce qu'on entend par carraires.* — On appelle en Provence *carraires* les chemins servant au passage des troupeaux qui, toutes les années, remontent les départements des Bouches-du-Rhône, du Var, de Vaucluse et des Alpes-Maritimes, soit le littoral du Sud-Est, pour aller dans les Alpes passer la saison d'été. On donne également ce nom à des chemins qui servent habituellement de passage aux troupeaux d'une commune pour se rendre dans une partie de son territoire.

Les carraires du Sud-Est de la France n'ont aucun rapport juridique avec ce que l'on nomme charrières dans le Bordelais. Ces charrières consistent en terrains vagues sis à côté des habitations et appartenant aux communes. Bordeaux, 14 juin 1877, S. 79, 2, 324.

564. *Anciens règlements* — De tout temps les carraires ont attiré l'attention de l'administration. Il en est déjà question dans un statut de 1235. Depuis, ces matières ont fait l'objet de plusieurs règlements; le plus important est celui qui fut homologué le 21 juillet 1783 par le Parlement de Provence. Ce document, déjà publié par M. Jousselin dans son *Traité sur les servitudes publiques*, est a nsi conçu :

565. *Règlement du* 21 *juillet* 1783. — Extrait des registres du Parlement. — « Dans l'assemblée particulière du pays de Provence du douzième juillet 1783, a été proposé et délibéré ce qui suit : M. Siméon fils, assesseur d'Aix, procureur du pays, a dit : l'assemblée générale du mois de janvier 1782 chargea MM. les procureurs du pays de présenter une requête au parlement, en règlement sur la largeur des carreirades ou chemins servant de passage aux troupeaux qui vont, en été, dépaître dans la haute Provence. Cette requête, dont les fins sont rappelées à la page 180 du procès-verbal imprimé, a été présentée par MM. nos prédécesseurs. Elle fut décrétée d'un soit montrée à MM. les syndics de la noblesse. Il a été tenu plusieurs conférences entre les deux administrations, dans lesquelles on a arrêté le projet d'un règlement définitif dont la teneur suit :

« Art. 1er. Les carraires seront rétablies dans tous les lieux où il doit y en avoir, par les consuls des communautés, de concert avec les seigneurs des lieux.

« 2. Les carraires générales, conduisant de la basse Provence à la haute, auront dans leur moindre largeur cinq cannes, sans que la plus grande largeur qu'elles peuvent avoir actuellement puisse être diminuée : si ce n'est qu'elle excédât dix cannes, mesure à laquelle les plus grandes carraires seront réduites.

« 3. Les carraires particulières des communautés,

pour aller joindre les carraires générales, auront deux
cannes et demie, autant qu'il sera possible.

« 4. Dans les pays où les carraires changent, selon
que le sol où elles passent est alternativement cultivé ou
laissé en chaume, chaque année, avant le 1ᵉʳ mai, les
consuls, de concert avec le seigneur, feront marquer la
carreirade où les troupeaux devront passer.

« 5. Il sera dressé rapport, dans chaque communauté,
du rétablissement des carreirades. Un double de ce rapport sera envoyé au greffe du pays, un second double
sera déposé au greffe de la juridiction dans les lieux où
il y a des seigneurs, et l'original sera conservé dans les
archives des communautés pour y recourir en cas de
besoin.

« 6. Le rétablissement et le rapport devront être faits
d'ici au 1ᵉʳ novembre 1783, à peine, contre les communautés et particuliers d'icelles qui n'y auront pas fait
procéder, de ne pouvoir prétendre aucun des dommages
qui auront été faits par les troupeaux dans leur terroir,
et sauf plus grande peine contre les consuls et les communautés refusants.

« 7. Conformément aux règles déjà établies à cet égard,
il ne pourra être exigé des bailes ou bergers aucune
peine de ban pour les simples escapadures, ils seront
tenus seulement du payement du dommage.

« 8. Il sera fait très expresses inhibitions et défenses
aux propriétaires riverains des carreirades, dont les biens
sont défendus par des haies mortes ou autres clôtures,
de les arracher dans la saison du passage des troupeaux,

à peine de ne pouvoir répéter aucuns des dommages qui leur seront faits, de cinquante livres d'amende et d'en être informé.

« 9. Très expresses inhibitions et défenses seront faites à tous consuls, officiers de justice, gardes-terres, soit des seigneurs, soit des communautés et à tous autres, de rien exiger des conducteurs de troupeaux, sous quelque prétexte que ce soit, à peine de restitution du double et d'en être informé, à l'exception du droit de pulvérage appartenant au seigneur des fiefs, à raison de six deniers par trentenier, en conformité des lettres patentes du mois de janvier 1764, et des droits de péage qui peuvent être levés sur le pied des tarifs insérés dans les arrêts du conseil, confirmatifs desdits péages.

« 10. Pour éviter les fausses déclarations des bailes et bergers sur le nombre de trenteniers qu'ils conduisent, et les retards qu' peuvent résulter du compte que l'on est en droit de faire de leurs troupeaux lorsqu'on suspecte leur déclaration, ils seront obligés de prendre un certificat des seigneurs des lieux, de leurs préposés ou officiers de justice, et, à défaut, des consuls des lieux de leur départ, contenant le nombre de trenteniers qu'ils conduisent : s'ils en reçoivent en route, ils s'en feront donner un nouveau certificat au bas de celui du départ ; lesdits certificats seront visés partout où les bailes passeront, l'expédition des certificats et visa d'iceux seront visés sans frais ; les bailes paieront le droit sur le pied des certificats, et, dans le cas où il serait vérifié qu'ils auraient fait de fausses déclarations, ils seront condam-

nés par les juges des lieux à une amende de cent livres.
Si, au contraire, leurs déclarations sont exactes à 29 bêtes près et qu'on ait retardé leur marche pour compter
les troupeaux, on leur payera, pour les dommages-intérêts du retard, six liards pour chaque trentenier qu'ils
conduiront.

« 11. Les bailes et bergers seront assujettis, au retour
de la montagne, aux mêmes déclarations et certificats.
Ils les feront décharger à mesure qu'ils quitteront des
troupeaux dans leur route. Les certificats, tant en allant
qu'en descendant, pourront être signés, non seulement
par les consuls, mais, à leur défaut, par les greffiers des
communautés, par les seigneurs ou par les curés, en
attestant par ceux-ci l'absence des consuls.

« 12. Les propriétaires qui disputeront avec les communautés sur le rétablissement des carraires ne pourront provisoirement, et jusqu'à ce que le procès soit jugé, prétendre aucun des dommages qui seront causés
dans la partie de leurs biens qui devra être comprise dans
la largeur des carraires, sauf leurs droits contre les communautés si elles viennent à succomber.

« L'assemblée a unanimement approuvé le projet de
règlement définitif ci-dessus..... ». Suit l'homologation
par le Parlement de Provence, à la date du 26 juillet
1783, qui confirme ledit règlement, sauf en ce qui concerne le délai donné par l'article 6, pour le rétablissement des carraires, qui est prorogé jusqu'au 1er avril
1784.

566. *Exécution du règlement de 1783.* — En exécution de l'arrêt de 1783, il fut fait des rapports par experts sur l'état, direction, situation et largeur des carraires qui traversent les communes suivantes, situées aujourd'hui dans le département des Bouches-du-Rhône et spécialement dans l'arrondissement d'Aix.

Berre, Bouc-Albertas, Cabriès, Châteauneuf-les-Martigues, Fuveau, Gignac, Gréasque, Jouques, Lembesc, Lançon, les Pennes et Septêmes, Marignane, Martigues, Meyrargues, Peyrolles, Puyloubier, Rognac, Rousset, Saint-Cannat, Saint-Victoret, Trets, Vauvenargues, Vitrolles.

Ces pièces existent dans les archives de la préfecture et des copies certifiées furent remises aux communes. (*Statistique des Bouches-du-Rhône*, t. III, p. 641).

567. *Il est encore en vigueur.* — Les auteurs et la jurisprudence considèrent ce règlement comme encore en vigueur. C'était l'avis que j'avais émis dans les *Servitudes de voirie*, t. 2, p. 550, n° 701 ; je le trouve partagé par M. Dalloz, *Voirie par terre*, n° 1452 ; M. Tavernier, *Usages locaux des Bouches-du-Rhône*, p. 88 ; Bourguignat, *Droit rural*, p. 195, n° 648. Il a été appliqué par les arrêts du Conseil d'Etat des 26 décembre 1827, Bernard ; 26 avril 1847, Bernard ; 21 avril 1848, de Villeneuve.

568. *Nouveaux règlements qui l'ont consacré.* — En 1807 et 1819 notamment, il a été pris par le préfet du

Var diverses résolutions en exécution de l'arrêté de
1783 ; mais l'acte le plus important fondé sur ses dispositions me paraît être l'arrêté pris le 1er avril 1806
par le préfet des Bouches-du-Rhône. Ce document est
ainsi conçu :

« Art. 1er. Les carraires seront rétablies dans leur premier état.

« Les carraires générales, conduisant du terroir d'Ar-
les aux limites du département des Basses-Alpes, auront 10 mètres dans leur moindre largeur, sans que la
plus grande qu'elles ont actuellement puisse être diminuée.

« Les carraires particulières des communes, pour aller joindre les carraires générales, auront 5 mètres dans
leur largeur.

« Art. 2. Dans les communes où les carraires changent, selon que le sol où elles passent est alternativement cultivé ou laissé en chaume, les maires, assistés
de deux membres du conseil municipal par eux choisis,
feront marquer chaque année, et avant le 1er mai, la carraire où les troupeaux devront passer.

« Art. 3. Le rétablissement des carraires générales et
particulières sera fait par les propriétaires riverains et
à leurs frais. »

Les articles 4, 5 et 6, indiquent les mesures qui du-
rent être prises à cette époque pour le rétablissement
des carraires.

« Art. 8. Il est fait inhibitions et défenses aux propriétaires riverains des carraires, dont les biens sont dé-

fendus par des haies mortes ou autres clôtures, de les arracher dans la saison du passage des troupeaux.

« Les contrevenants aux dispositions du présent arrêté seront poursuivis et punis conformément aux règlements. »

569. *Caractère de ces voies de communication ; sont-elles établies à titre de servitude seulement ?* — M. Cappeau dans son *Traité sur la législation rurale,* et, après lui, M. Tavernier dans les *Usages des Bouches-du-Rhône,* font observer que les carraires existent depuis fort longtemps en Provence et que les actes très anciens qui les ont réglementées, ont voulu assurer, sur toutes les communes, aux troupeaux qui vont et reviennent des montagnes, des espaces suffisants pour passer commodément et trouver quelque peu de nourriture, sans que leurs conducteurs fussent soumis à des redevances. Les titres du 16 janvier 1764 maintinrent l'affranchissement du droit de péage, en établissant au profit des seigneurs dont les terres étaient traversées, un droit sur chaque trente bêtes. C'était une indemnité des inconvénients attachés au passage des troupeaux, et une compensation pour la nourriture qu'ils prenaient sur les carraires ; c'est ce qu'on appelait *droit de pulvérage.* Ce droit, perçu jusqu'en 1790, fut alors aboli. Le motif de son établissement nous amène à constater le caractère tout à fait spécial de ces voies de communication, caractère qui est mis complètement en lumière par plusieurs des dispositions de l'acte de 1783, et l'arrêté préfectoral de 1809. Ces documents portent en effet que dans les pays où les carraires changent, selon que le sol où elles passent est alternativement cultivé ou laissé en chaume, chaque année, avant le 1ᵉʳ mai, les autorités qu'ils désignent, feront marquer la carreirade où les troupeaux devront passer. Il résulte évidemment de ces textes et de l'ensemble de cette législation que l'établissement des carraires n'emportait pas une dépossession du sol où elles étaient tracées, au détriment du propriétaire; mais que, au contraire, elles n'étaient établies qu'à titre de simple servitude de passage, et de servitude de passage au profit seulement des troupeaux de bêtes à laine.

Nous avons déjà signalé ailleurs la nature toute particulière de ces voies de servitude. *Servitudes de voirie*, t. 2, p. 550, n° 701, et la plupart des auteurs s'accordent pour le constater, et en tirer cette conséquence forcée que les riverains sont propriétaires du sol; Cappeau, t. 1, p. 695, n° 48; Dalloz, n° 1452; Herman, n° 942; Jousselin, t. 2, p. 438, n° 41; C. d'État, 26 décembre 1827, Bernard; *contra*, Bourguignat, *Droit rural*, p. 195, n° 618, qui soutient que les carraires rentrent dans la catégorie des chemins ruraux.

Ces déductions sont parfaitement vraies et juridiques, elles me paraissent résulter d'une manière formelle des textes. Toutefois il faut reconnaître que l'application en sera le plus souvent fort difficile, parce que la situation en fait dominera le plus souvent le droit. Voici en effet ce qui s'est produit depuis la promulgation des anciens

règlements : les territoires plus ou moins incultes sur
lesquels se trouvaient tracées les carraires ont été défri-
chés, leur propriété est sortie du domaine des anciens
seigneurs et a été morcellée à l'infini et ils sont possé-
dés aujourd'hui par de nombreux propriétaires. La plupart des carraires, au lieu de servir pour le passage
exclusif des troupeaux, sont devenues de véritables chemins publics ruraux, quelques-unes ont même été classées comme chemins vicinaux ; les unes et les autres ont
servi à la desserte des héritages et aux communications
nécessaires entre des agglomérations rurales, ou entre
des cantons ruraux et les grandes voies de communication. Cette transformation dans l'usage du plus grand
nombre de carraires, a évidemment modifié complètement leur caractère, si quelques-unes sont encore utiles
aux troupeaux, la plupart ne servent que très accidentellement et très accessoirement à cet usage, et elles
sont avant tout des moyens de communication pour
gens à pied, à cheval et pour voitures et charrettes, elles
sont devenues en un mot de véritables chemins publics.
Aussi trouverons-nous très peu de carraires ayant conservé leur caractère primitif, et dans la pratique les
difficultés d'application que présente le régime des chemins ruraux viendront encore s'augmenter ici de difficultés nouvelles.

570. *Rétablissement des carraires, fixations des di-
rections et dimensions.* — En exécution du règlement
du 21 juillet 1783 et des arrêtés postérieurs, notam-

ment de l'arrêté du 1er avril 1806 du préfet des Bouches-du-Rhône, c'est à l'administration qu'il appartient d'ordonner le rétablissement des carraires et de fixer la direction et la dimension qu'elles ont ; C. d'État, 26 décembre 1827, Bernard ; 19 janvier 1850, Saint-Prix. Jousselin, *Servitudes d'utilité publique*, t. 2, p. 439, n° 42; Cappeau, *Législation rurale*, t. 1, p. 691, n° 45 et p. 698, n° 51 ; Dalloz, n° 1453 ; Herman, n° 942.

La Cour de cassation est d'un avis contraire, comme le prouve l'arrêt du 13 novembre 1849, de la chambre civile, intervenu dans l'affaire Bernard, ainsi conçu :

« Attendu, en fait, que le chemin ou carraire dont il s'agit dans l'espèce ne fait point partie de la grande voirie, et qu'il n'a été ni reconnu ni classé administrativement comme chemin vicinal ;

« Attendu, en droit, que si les chemins dépendant de la grande voirie et ceux qui, objet d'une déclaration de vicinalité, ont été classés comme vicinaux ne sont point susceptibles d'une propriété privée, et s'il appartient exclusivement à l'autorité administrative de maintenir le public en jouissance de ces chemins, et de prononcer sur les questions qui en intéressent le maintien ou l'existence, il en est autrement des chemins qui, ne dépendant pas de la grande voirie, n'ont été ni reconnus ni classés comme chemins vicinaux ; que cette seconde catégorie de chemins comprenant les chemins ruraux, les chemins d'exploitation, les sentiers, alors même que l'usage en serait public, rentre dans la classe des propriétés communales ou particulières, soumises aux principes du droit commun; prescriptibles, par conséquent, et pouvant donner lieu à l'action possessoire ; que les questions qui intéressent, soit la propriété, soit la possession du sol de ces chemins, sont dans les attributions de la justice ordinaire.

« D'où il suit que le tribunal civil d'Aix en confirmant la sentence du juge de paix du canton d'Istres du 16 septembre 1847, qui renvoie devant l'autorité administrative la connaissance de la question d'existence ou d'emplacement du chemin ou *carraire* dont il s'agit dans l'espèce, et sursoit à prononcer sur l'action en maintenue possessoire du demandeur, a méconnu les règles de sa propre compétence, et violé les dispositions des articles 10, titre III de la loi des 16-24 août 1790, 23, Code de procédure et 6 de la loi du 25 mai 1838; casse....... »

La compétence ne serait pas douteuse s'il s'agissait de statuer sur l'établissement d'une carraire privée, réclamée par un propriétaire pour se rendre à un abreuvoir commun, alors que celui-ci prétendrait n'avoir aucun moyen de s'y rendre et réclamerait un passage pour ses troupeaux à titre d'enclave, les questions que cette demande ferait naître seraient toutes du domaine de l'autorité judiciaire (Capeau, *Législ. rurale*, t. 1, p. 690, n°ˢ 50 et 51).

531. *Portée des actes administratifs concernant le rétablissement des carraires.* -- Les actes administratifs concernant le rétablissement des carraires ne sauraient faire l'objet d'un recours contentieux, à moins qu'ils ne fussent attaqués pour excès de pouvoirs.

D'un autre côté, ils laissent intacts les droits de propriété, que les tiers pourront faire reconnaître par les tribunaux, s'ils croient avoir à se plaindre de ce qu'on les aurait méconnus. C. d'État, 26 décembre 1827, Bernard ; 26 avril 1847, Bernard ; Cass., 13 novembre 1849, Bernard ; C. d'État, 19 janvier 1850, du Bourguet. Cappeau, t. I, p. 699, n° 53 ; Dalloz, n° 1454 ; Herman, n° 943.

Si la direction donnée à la carraire par l'administration portait une atteinte à la propriété, et que celui qui en souffrirait crût devoir se borner à réclamer une indemnité, l'autorité judiciaire serait compétente pour reconnaître s'il y a lieu à indemnité, et pour fixer le montant de cette indemnité (C. d'État, 26 décembre 1827, Bernard ; 19 juillet 1850, du Bourguet).

573. *Largeur des carraires.* — D'après le règlement de 1783, les grandes carraires devaient avoir un maximum de largeur de 20 mètres et un minimum de 10 mètres, la largeur des petites devait être autant que possible de 5 mètres. L'arrêté de 1806 pour les Bouches-du-Rhône, a fixé le minimum de largeur des grandes carraires à 10 mètres, sans que la plus grande largeur qu'elles avaient alors pût être diminuée, les carraires particulières des communes devaient avoir 5 mètres de large. D'après MM. Cappeau, *Législation rurale*, et Tavernier, *Usages locaux*, ces prescriptions doivent être suivies actuellement.

533. *Prescriptibilité.* — Ici se présente la question de la prescriptibilité des chemins au point de vue spécialement des carraires ; il semble résulter du réglement du 21 juillet 1783 et notamment de l'article 1 de ce réglement, que les carraires étaient imprescriptibles, l'article 1 de ce réglement enjoignait aux administrateurs de l'époque de faire rétablir les carraires partout où il devait y en avoir, sans avoir égard aux usurpations plus ou moins anciennes que ce réglement voulait réprimer et prévenir. C'était dans ce sens que s'était prononcée la jurisprudence du parlement d'Aix, manifestée par l'arrêt du 28 juin 1766, rendu à l'occasion des petites carraires de la commune d'Istres. Cappeau, *Législation rurale*, t. 1, p. 691, n° 45, est de l'avis de l'imprescriptibilité. Il n'admet que la carraire est prescriptible que lorsqu'elle est devenue inutile et que celui qui se prévaut de la prescription, se l'est appropriée depuis plus de 30 ans dans les conditions voulues par la loi pour prescrire.

C'est cette opinion que j'avais soutenue en examinant la question de prescription relative aux chemins ruraux. Mais ici encore je dois ajouter et reconnaître que la jurisprudence de la Cour de cassation, s'est prononcée en ce sens que les carraires sont prescriptibles comme les autres simples propriétés communales et particulières. Ce sont les termes de l'arrêt du 13 novembre 1849, rapporté plus haut, c'est l'avis également de M. Dalloz, n° 1456.

534. *Police des carraires.* — On reconnaît aux maires un droit de police et de surveillance sur les carraires ;

Cappeau, t. 1, p. 698, n° 52. Et on admet qu'ils ont le droit de constater et de faire réprimer les anticipations et détériorations dont elles seraient l'objet.

Mais les tribunaux de simple police sont seuls compétents pour statuer sur ces contraventions ; c'est par une erreur, qu'il suffit d'indiquer, que M. Cappeau, t. 1, p. 699, n° 53, en attribuait la connaissance aux conseils de préfecture. Ces contraventions ne sont point de celles que les lois des 29 floréal an X et 9 ventôse an XIII ont déférées à ces conseils, cela est aujourd'hui reconnu par tout le monde ; C. d'État, 26 avril 1848, Bernard ; 21 avril 1848, de Villeneuve ; Cour de cass., 13 novembre 1849, Bernard. Dalloz, n° 1455 ; Herman, n° 944 ; Bourguignat, *Droit rural*, p. 195, n° 619.

535. *Peut-on forcer les bergers conduisant des troupeaux à suivre une carraire voisine d'un chemin vicinal, alors qu'ils veulent se servir de ce chemin ?* — Cette question m'a été posée non seulement par un employé de la voirie vicinale, mais encore par des agents des ponts et chaussées chargés du service sur des grandes routes, et qui se plaignaient des dégâts causés par les troupeaux sur les talus et accotements des routes, du dérangement des matériaux déposés sur les bords pour leur entretien, de la gêne apportée à la circulation, etc. J'avais répondu négativement, et voici ce que depuis je trouve à ce sujet dans *les Annales des chemins vicinaux*, 2° partie, t. 3, p. 222 : « Le passage de troupeaux qui se composent souvent de plusieurs milliers de têtes de bétail est, nous le reconnaissons, une des principales causes de la dégradation des chemins vicinaux dans certaines parties du Midi ; et, dans l'intérêt de la viabilité, il serait vivement à désirer que ces troupeaux passassent par les voies publiques qui ont été anciennement établies à cet effet ; mais la prohibition de les faire passer sur les chemins vicinaux constituerait de la part de l'autorité administrative un excès de pouvoirs, et les tribunaux refuseraient certainement de donner une sanction pénale aux arrêtés qui seraient pris dans ce but par les préfets. En effet, depuis l'abolition du privilège de la féodalité, la législation a laissé à chacun le droit d'user de tous les chemins publics. Du moment qu'une voie de communication est livrée à la circulation, elle rentre dans le domaine public et par conséquent tout conducteur de troupeaux a le droit de s'en servir et d'y passer avec telle quantité d'animaux qu'il mène avec lui. L'administration est impuissante pour prévenir les inconvénients que ce passage peut entraîner. »

TITRE ADDITIONNEL

CHEMINS RURAUX DE L'ALGÉRIE

———

575ª. *Importance de la réglementation de ces chemins en Algérie.* — M. Naudier dans son ouvrage sur les chemins ruraux, après avoir constaté n. 190, p. 253 l'importance spéciale qu'a pour l'Algérie l'ouverture et l'entretien des chemins ruraux, a consacré une partie de son travail à l'examen de la législation qui leur était applicable dans ce pays. Il m'est impossible d'entrer dans de pareils développements, mon but dans les diverses éditions de mon traité ayant toujours été restreint à l'étude de la législation des voies rurales en France.

575ᵇ. *Exposé sommaire de cette réglementation.* —

Je crois toutefois devoir indiquer d'une manière sommaire quelle est la réglementation en vigueur en Algérie et les principes généraux qui s'y trouvent posés, et pour cela, je ne puis mieux faire que de reproduire la circulaire du gouverneur général du 15 avril 1886 aux préfets des départements et aux généraux commandant les divisions de l'Algérie, pour assurer l'exécution du décret du 19 mars 1886 appelé à doter les chemins ruraux de l'Algérie d'une réglementation basée sur celle donnée à la mère-patrie par la loi du 20 août 1881.

575ᵉ. *Circulaire du gouverneur général de l'Algérie du 15 avril 1886.* — En transmettant aux préfets et généraux commandants de l'Algérie le décret du 19 mars 1886 sur les chemins ruraux de l'Algérie le gouverneur général y joignait les explications suivantes destinées à en préciser le sens et à en rendre l'application plus facile.

SECTION I

DES CHEMINS RURAUX.

Définition, reconnaissance, imprescriptibilité, police, entretien, ouverture, redressement ou élargissement de chemins, suppression, aliénation. — Les articles 1, 2, 3, 5, 6, 7, 9, 12, 16, 17 et 18, sont la reproduction textuelle des dispositions insérées sous les mêmes numéros dans la loi du 20 août 1881 ; vous devrez par conséquent pour tout ce qui concerne leur application, recourir aux instructions données par le ministre de l'intérieur pour l'exécution de cette loi (Cir., 27 août 1881). La même circulaire servira également de commentaire aux articles 4, 8, 10, 11, 14 et 15 pour celles de leurs dispositions qui se réfèrent à la loi du 20 août. Les dispositions qu'il a fallu modifier sont peu nombreuses, les modifications apportées peu importantes, et de simples éclaircissements plutôt qu'un véritable commentaire suffiront pour qu'il vous soit possible d'en faire une application judicieuse.

Art. 4. Après que le Conseil municipal a désigné les chemins qui lui paraissent devoir être l'objet d'un arrêté de reconnaissance, il est procédé à une enquête dans les formes du décret du 5 juillet 1854, c'est-à-dire dans les conditions déterminées par le préfet lui-même. Le législateur a pensé qu'il pouvait être quelquefois nécessaire de procéder sommairement à cette opération et il a donné à cet égard toute latitude à l'autorité préfectorale. Cependant, je suis heureux de le constater, les préfets de l'Algérie ont reconnu qu'il était utile de s'astreindre à des règles fixes et en ce qui concerne les chemins vicinaux, ils ont spontanément ordonné qu'il serait procédé aux enquêtes, conformément à l'ordonnance du 23 août 1835, bien que cette ordonnance ne soit pas exécutoire dans la colonie (Règl. Alger, art. 177. — Constantine, art. 274). Il conviendrait que les enquêtes pour les chemins ruraux aient lieu dans des conditions identiques.

Les voies de recours contre les décisions de la commission départementale portant reconnaissance des chemins ruraux ne sont pas autres que celles admises dans la métropole. Il appartient à tout intéressé de déférer cette décision au conseil général ou au Conseil d'État, selon le cas.

Art. 8. Le législateur vous a donné en matière de voirie rurale le pouvoir réglementaire déjà attribué au chef de l'administration départementale pour les chemins vicinaux. J'ai pensé cependant qu'il ne serait pas inutile d'adresser à chacun des préfets et des généraux commandant les divisions, un modèle de règlement, de manière à éviter de faire recommencer ou refondre ceux qui auraient pu être préparés par les bureaux des préfectures, ou les bureaux civils des divisions. Je vous adresse ce projet de règlement qui reproduit presque textuellement celui adressé par M. le ministre de l'intérieur aux préfets de la métropole ; j'ai à peine besoin de dire que vous pouvez édicter certaines prescriptions qui n'y sont pas contenues ; qu'il vous est loisible, d'autre part, de ne pas reproduire les articles dont l'utilité vous paraîtrait contestable dans votre département. « Mais il faut comprendre, dans tous les règlements sur les chemins ruraux reconnus, les dispositions qui ne sauraient être éliminées sans compromettre la saine exécution de la loi du 20 août 1881. Je citerai d'abord, comme dispositions de cette nature, celles de l'art. 2 du règlement-type relatives aux plans servant de base à l'enquête qui précède les décisions par lesquelles la commission départementale prononce la reconnaissance des chemins. Cette reconnaissance ne produirait pas tous les bons résultats que le législateur a voulu en obtenir, si, après les décisions de la commission, il subsistait des doutes sur l'assiette et les limites des chemins reconnus. Pour tarir les sources des innombrables procès qui ont surgi et qui continueraient de surgir par suite de l'incertitude du tracé des voies rurales, il est indispensable que tout chemin qu'il s'agit de reconnaître soit l'objet d'un signalement exact et précis. Le signalement de chaque chemin dans l'état de reconnaissance étant un peu abstrait, il y a nécessité de le compléter graphiquement au moyen d'un plan qui indique, avec la largeur du chemin sur les différents points, ses limites et les parcelles riveraines, indépendamment d'un croquis d'ensemble où sont tracées par de simples lignes les diverses voies de la commune pour éclairer la commission départementale sur les besoins de la circulation dans la localité.

« La disposition de l'art. 11 sur la rémunération du directeur des contributions directes pour l'établissement du rôle de prestation ne mentionne pas le contrôleur des contributions directes, parce que généralement il n'a pas à rédiger de matrices pour les prestations de la voirie rurale et que les réclamations qu'il aurait à examiner au sujet de ces prestations se confondraient avec celles concernant la voirie vicinale, pour l'examen desquelles il est rémunéré.

« Il importe également de reproduire l'art. 76 sur les convocations pour la création des associations syndi-

cales. Les formalités qu'il prescrit sont nécessaires pour
permettre aux intéressés, non seulement d'assister à la
réunion indiquée et de s'y préparer préalablement, mais
encore de prier le maire de les convoquer s'il avait oublié
de le faire (V. *Règlement général*, chap. VII).

« J'appelle aussi votre attention, Monsieur le Préfet,
sur l'art. 78. Il exige que les alignements et les autorisations ou permissions de voirie soient délivrés par écrit
sous forme d'arrêtés. Une décision purement verbale serait frappée de nullité d'après la jurisprudence constante
de la Cour de cassation. Mais, dans le but de satisfaire
au vœu de plusieurs conseils généraux tendant à ce que
les frais de timbre en cette matière fussent réduits au-,
tant que possible, l'art. 78 a été rédigé de manière à ne
pas imposer aux pétitionnaires l'obligation de payer,
dans tous les cas une expédition timbrée. Il leur laisse la
faculté de se contenter d'une note sur papier libre indiquant sommairement la date et l'objet de l'alignement,
de l'autorisation ou permission.

« Enfin, les dispositions de l'art. 81 sur les alignements individuels doivent nécessairement comprendre
la réserve aux termes de laquelle, lorsqu'un chemin n'a
pas la largeur qui lui est attribuée par l'autorité compétente, les alignements sont délivrés selon le tracé que
cette autorité a déterminé, si la commune acquiert préalablement, à l'amiable ou par expropriation, le sol à réunir à la voie publique, et, dans le cas contraire, conformément aux limites actuelles du chemin. La réserve
dont il est question est indispensable, car, d'après l'art.

13 de la loi du 20 août 1881, aucune parcelle de terrain dont la commune n'est pas propriétaire ne peut être incorporée à un chemin rural qu'autant qu'elle a été acquise amiablement ou par expropriation.

« J'ajouterai que je ne puis admettre, en général, dans un règlement sur les chemins ruraux, les simples références au règlement sur les chemins vicinaux. Il me semble nécessaire de libeller, avec les modifications exigées par la différence des matières, les dispositions empruntées au second règlement. Si l'on procédait autrement, les maires, les fonctionnaires municipaux feraient souvent, avec beaucoup de difficulté, l'application aux objets de la voirie rurale des dispositions édictées pour la voirie vicinale, surtout lorsqu'il y aurait à distinguer dans un même article entre les dispositions qui devraient être appliquées et celles qui ne seraient pas applicables (Circulaire ministérielle du 3 janvier 1883). »

Je vous prie de communiquer ce règlement au conseil général dans sa prochaine session d'avril ; vous jugerez sans doute convenable de vous entendre avec M. le....., afin que cette communication soit faite en même temps et sous une forme identique. Vous me renverrez ensuite le document en question, avec les observations de ladite assemblée, afin que je puisse l'approuver s'il y a lieu.

Art. 10. Les communes pourvoient à l'entretien des chemins ruraux reconnus dans la mesure des ressources dont elles peuvent disposer.

En cas d'insuffisance des ressources ordinaires, elles

sont autorisées à pourvoir à ces dépenses à l'aide soit
d'une journée de prestation, soit de centimes extraordinaires calculés sur le principal de la contribution foncière sur les propriétés bâties.

Les communes ne peuvent par conséquent recourir à
ce genre de ressources qu'autant que les recettes du
budget ordinaire ne leur permettraient pas de faire face
aux dépenses d'entretien et de construction desdits chemins; elles ne pourraient pas imposer ces nouvelles
charges aux contribuables si le budget ordinaire faisait ressortir un excédent de recettes sur les dépenses
et que la commune eût à pourvoir, d'une part, aux dépenses des chemins ruraux et, d'autre part, à des améliorations extraordinaires d'une nature différente et ne
constituant pas des dépenses obligatoires. Dans ce cas,
le conseil municipal devrait appliquer tout d'abord l'excédent de recettes disponible aux travaux de la voirie
rurale et se faire ensuite autoriser, dans les formes ordinaires, à établir, s'il y avait lieu, une imposition extraordinaire pour subvenir aux dépenses de la seconde catégorie.

Il est à remarquer, en outre, que l'art. 10 n'autorise pas
le conseil municipal à voter concurremment. pour les
dépenses des chemins ruraux reconnus, une journée spéciale de prestation et des centimes extraordinaires; il lui
confère seulement le pouvoir de choisir entre ces deux
genres de ressources.

Lorsque l'imposition extraordinaire ne dépassera pas
trois centimes, le vote du conseil municipal n'aura be-

soin d'aucune approbation pour être exécutoire. Lorsqu'elle dépassera trois centimes, la délibération du conseil municipal tombera sous l'application des art. 142
et 143 de la loi du 5 avril 1884 ; elle devra, pour devenir
exécutoire, être approuvée par un arrêté préfectoral, un
décret, ou une loi, selon les cas prévus par ces articles.

Les individus, les animaux, les véhicules passibles
de la journée de prestation sont les mêmes que ceux
assujettis aux prestations imposées en vertu du décret
du 5 juillet 1854.

Art. 11, 14 et 15. Les art. 11, 14 et 15 reproduisent
les dispositions énumérées sous les mêmes numéros
dans la loi du 20 août. Une seule différence existe entre
le décret et la loi : le décret détermine, conformément
aux dispositions du décret du 5 juillet 1854 et de la loi
du 21 mai 1836, les formalités à remplir, soit pour la
désignation des experts chargés de fixer le chiffre des
indemnités dues à la voirie rurale à titre de subventions
industrielles, ou aux propriétaires à titre d'indemnité
pour extraction de matériaux ou occupation temporaire
de terrains, soit pour fixer les conditions dans lesquelles
se prescrit l'action en indemnité. La loi du 20 août se
borne à ordonner qu'il sera fait application des art. 17
et 18 de la loi du 21 mai 1836. Les explications qui vous
sont nécessaires au sujet de l'application de ces deux
articles se trouvent donc toutes dans la circulaire précitée du 27 août 1881.

Art. 13. Lorsqu'il y a lieu d'ouvrir un chemin rural
nouveau, ou d'élargir un chemin reconnu, le tracé en

est déterminé, aux termes de l'art. 13 de la loi du 20 août 1881, dans les formes prescrites par l'art. 4 pour la reconnaissance d'un chemin existant, et l'expropriation est prononcée conformément aux dispositions de l'art. 16, § 2 de la loi du 21 mai 1836, si les terrains à exproprier ne sont ni bâtis ni clos.

Les mêmes règles ne pouvaient être appliquées dans la colonie, la loi du 16 juin 1851 ayant disposé par son art. 31 que « jusqu'à ce qu'une loi en ait autrement dé-« cidé, l'ordonnance du 1er octobre 1844 continuera à être « exécutée en ce qui touche les formes à suivre en ma-« tière d'expropriation et d'occupation temporaire. »

C'est donc en conformité des dispositions de cette ordonnance et des décrets des 11 juin 1858 et 8 septembre 1859 par lesquelles elle a été modifiée partiellement, qu'il aurait fallu, en Algérie, poursuivre l'expropriation des terrains destinés à l'élargissement, au redressement et à l'ouverture des chemins ruraux si l'on avait voulu s'inspirer servilement de l'esprit qui a dicté l'art. 13 de la loi du 20 août 1881. Mais aurait-il été opportun de le faire? Aurait-il été opportun de remplir les formalités si longues, si minutieuses de l'expropriation, pour arriver à prendre possession de terrains le plus souvent de peu d'étendue, non clos et presque toujours incultes?

On ne l'a pas pensé. Il a paru qu'il y avait une réelle utilité à donner toute facilité à l'administration pour la prise de possession de terrains nus et non clos de murs ou de haies vives et indépendants d'habitations.

Dans ce but, il a été décidé que les décisions des commissions départementales, portant reconnaissance et fixation de la largeur d'un chemin rural, attribueraient définitivement au chemin le sol compris dans les limites qu'elles déterminent, qu'il s'agisse de travaux d'ouverture, de redressement ou d'élargissement.

La décision prise par la commission départementale est immédiatement notifiée au maire et portée à la connaissance du public par la voie des affiches. A partir de ce moment, le sol compris dans les limites du chemin vicinal en fait partie intégrante et tout obstacle à la jouissance du terrain serait un cas d'usurpation qui devrait être poursuivi devant le conseil de préfecture.

Le propriétaire qui apporterait violemment obstacle à l'exécution de la décision de la commission départementale commettrait un délit passible de peines correctionnelles.

Cette éventualité ne paraît pas devoir être prévue ; il semble, au contraire, qu'on doit espérer la cession gratuite par les propriétaires de terrains destinés à l'élargissement de ces chemins.

Dans le cas où ils réclameraient une indemnité, elle serait réglée à l'amiable ou par le juge de paix à dire d'experts.

La prise de possession des bâtiments, cours ou jardins y attenant, de terrains clos de murs ou de haies vives, doit être précédée de l'accomplissement de toutes les formalités prescrites pour l'expropriation pour cause d'utilité publique en Algérie.

La procédure à suivre en pareille matière vous est

familière et de nouvelles explications seraient, dès lors, superflues.

SECTION II

DES SYNDICATS POUR L'OUVERTURE, LE REDRESSEMENT, L'ÉLARGISSEMENT, LA RÉPARATION ET L'ENTRETIEN DES CHEMINS RURAUX.

La loi du 20 août 1881 introduit une innovation considérable qui ne trouve aucune analogie ni dans la loi du 21 mai 1836 ni dans le décret du 5 juillet 1854 ; nous voulons parler de la création de syndicats pour les dépenses à faire sur les chemins ruraux.

La loi du 21 juin 1865, qui forme le Code de la matière et qui a été rendue applicable à l'Algérie par le décret du 31 octobre 1866, n'autorisait pas la constitution d'associations syndicales pour la constrution et l'entretien des chemins ruraux à raison de leur caractère de propriété communale. Il pouvait arriver cependant que les ressources de la commune fussent insuffisantes ; que le nombre des propriétaires intéressés à la construction des chemins ne fût pas assez considérable pour justifier l'établissement d'une contribution à laquelle auraient été assujettis tous les habitants, et dans ces cas, le chemin n'était entretenu par personne. La faculté donnée par la loi du 20 août 1881 aux propriétaires riverains de se syndiquer pour l'ouverture, le redressement, l'élargissement, la réparation et l'entretien des chemins ruraux et même d'obliger, d'après les principes admis en matière de syndicat, la minorité de ces intéressés à faire cause commune avec les autres, a heureusement réparé cette lacune. Les dispositions concernant la constitution des syndicats peuvent toutes être facilement appliquées dans la colonie.

Trois articles seulement de cette section ont été modifiés par le décret : ce sont les articles 27, 28 et 30.

Art. 27. Cet article indique par qui doivent être dressés les rôles pour la taxe due par chaque intéressé, par qui doivent être approuvés ces rôles, enfin par qui ils doivent être recouvrés. Il établit que les frais de perception sont déterminés par le préfet sur l'avis du directeur des contributions directes, contrairement à ce qui se pratique dans la métropole où le trésorier-payeur est chargé de fixer le montant desdits frais.

Art. 28. Les associations syndicales, comme les communes elles-mêmes, peuvent être autorisées à exproprier les terrains qui leur sont nécessaires pour la construction des chemins ruraux ; l'article 28 porte qu'il est procédé à ces expropriations en vertu de l'article 13 du décret.

Art. 30. Les recours que les intéressés pourront former contre les arrêtés des préfets autorisant ou refusant d'autoriser les associations syndicales, doivent parvenir au ministre de l'intérieur par l'intermédiaire du gouverneur général de l'Algérie. Deux questions restent encore à résoudre : elles ont été posées dans la métropole et elles seront certainement soulevées en Algérie.

Quelques préfets ont demandé à M. le ministre de l'intérieur : 1° S'il appartient au chef de l'administration départementale de confier d'office aux agents-voyers le service de la voirie rurale ;

2° Si les frais d'impression et de fourniture des modèles mis à la disposition des municipalités pourraient être imputés sur les fonds de cotisations municipales.

Vous pourrez vous inspirer de la circulaire ministérielle du 22 novembre 1881 pour la solution de ces questions.

Le Gouverneur général,

TIRMAN.

353¹. *Loi du 22 mars 1890 sur les syndicats de communes.* — L'article dernier de la loi du 22 mars 1890 sur les syndicats de communes devenu l'article 180 de la loi municipale du 5 avril 1884 porte : « Les dispositions du présent titre sont applicables dans les conditions et sous les réserves contenues dans les articles 164, 165 et 166 de la loi du 5 avril 1884, 1° aux communes de plein exercice de l'Algérie ; 2° aux Colonies de la Réunion, de la Martinique et de la Guadeloupe. »

DEUXIÈME PARTIE

VOIES RURALES PRIVÉES

CHEMINS D'EXPLOITATION

VOIES RURALES PRIVÉES

OBSERVATIONS GÉNÉRALES

576. *Objet de cette partie.* — La première partie de notre étude a porté sur l'examen du régime sous lequel se trouvent placées les voies publiques rurales ; nous consacrerons cette seconde partie aux voies rurales privées. Nous compléterons ainsi l'exposé des règles sous lesquelles se trouvent placées les voies rurales, et nous pourrons ainsi d'autant mieux faire ressortir les caractères propres à chacune de ces voies, que nous aurons ainsi à mettre en évidence les différences qui les séparent.

577. *Divisions.* — Les voies rurales privées sont elles-mêmes soumises à des régimes différents suivant la

classe à laquelle elles appartiennent : les unes constituent des chemins proprement dits, les autres de simples
servitudes, il en est enfin qui ne sont que des passages
de tolérance. Rien de plus dissemblable que les règles
auxquelles elles sont soumises dans ces divers cas que
nous allons successivement examiner.

538. *Distinction entre les chemins et les servitudes
de passage.* — La différence qui existe en principe entre
un chemin et une servitude de passage est très facile à
marquer. Le chemin constitue une propriété au profit de
celui ou de ceux qui y ont droit, le droit de passage, au
contraire, ne constitue qu'une servitude sur un fonds
au profit d'un autre fonds, sans que pour cela la propriété
foncière change de maître et soit attribuée à celui qui
exerce le passage ; de là des conséquences juridiques
très diverses que nous aurons à signaler dans la suite.
Mais dans la pratique il est souvent difficile de déterminer dans laquelle de ces catégories doit être placée
une voie privée. Dumay, dans son travail sur Proudhon,
dit : « Lorsqu'un chemin, traversant une prairie ou
même un héritage en culture, et uniquement destiné à
l'exploitation et au défrichement d'un héritage de même
nature, situé dans une partie plus éloignée du finage,
n'est pratiqué qu'à certaines époques de l'année, et dans
des circonstances telles que l'usage en qui est fait, n'empêche pas le propriétaire de l'héritage traversé de recueillir tout ou partie des fruits qui croissent sur son
sol, on ne doit le considérer que comme créé à titre de

servitude, à moins qu'il n'apparaisse d'un titre contraire ; parce que son tracé, l'usage qui en est fait, le besoin auquel il répond, le produit que le propriétaire dont il traverse le fonds continue à en tirer, démontrent qu'il a été établi sur un fonds au profit d'un autre fonds, et que, créé pour un besoin limité, le sol n'a pas cessé d'en appartenir au propriétaire de l'héritage qui le fournit. Mais lorsque le chemin au lieu de traverser certains héritages leur sert de limite, lorsqu'il est constamment frayé, que l'usage qui en est fait empêche les propriétaires riverains d'y recueillir des produits, lorsqu'il dessert un grand nombre d'héritages de différents genres de cultures, qui exigent un passage fréquent et continu pendant toute l'année, tels sont par exemple les chemins ou sentiers destinés à l'exploitation des vignes ; nous pensons qu'alors, il ne doit pas être réputé établi à titre de simple servitude, mais qu'il doit être considéré comme une propriété commune et indivise entre tous ceux à la desserte des héritages desquels il est affecté. On doit admettre que chacun des intéressés a abandonné une faible partie de sa propriété afin d'obtenir une exploitation facile et commode, ou bien que le chemin a été créé par l'effet d'une sorte de destination du père de famille. De grandes propriétés s'étaient autrefois trouvées réunies dans la même main, des chemins ou des sentiers avaient été établis par le maître, ces moyens d'exploitation indispensables ont continué de subsister après la vente ou la division de la propriété. »

J'ai cité ce passage parce qu'il indique autant que pos-

sible les circonstances de fait que l'on peut consulter
pour placer les voies agraires dans l'une des catégories
que j'ai indiquées en commençant. Toutefois, il faut
bien reconnaître qu'il n'y a rien de certain, de fixe, rien
qui puisse être bien déterminé en ces matières. Ainsi
Dumay, en nous montrant un passage de servitude,
nous fait une description parfaite des passages de tolérance, et son chemin franchement tracé sur un fonds,
en constituant un véritable chemin pour ce fonds, peut
n'être grevé que d'un droit de servitude au profit du fonds
voisin. Aussi est-ce à la fois à l'état des lieux, aux ci-
constances de chaque affaire, aux titres, à tous les documents fournis dans chaque procès, qu'il faudra s'en
référer pour reconnaître si la voie litigieuse constitue un
chemin appartenant à un seul propriétaire, ou à une agglomération, ou si elle est la manifestation de l'exercice
d'une servitude de passage, ou d'un passage de tolérance.

On a fait remarquer qu'un arrêt de la Cour de cassation du 26 août 1825, ne paraissait attribuer le caractère
de chemin privé qu'à ceux qui étaient fermés par des
barrières. Cela a pu être ainsi déclaré à un point de vue
déterminé ; mais il est évident qu'il faut étendre ce caractère à tous les chemins qui loin d'être compris dans le
domaine public de l'Etat, des départements ou des communes, sont la propriété exclusive d'un ou de plusieurs
propriétaires, ou d'une communauté à titre privé : cela
ressort de la jurisprudence entière de la Cour, dont il
n'est pas nécessaire de citer les arrêts.

539. *Routes déclassées.* — Des portions d'anciennes routes ou chemins publics peuvent être complétement déclassées, notamment par suite de rectifications. La loi du 2 mai 1842 autorise en pareil cas l'aliénation des terrains déclassés, mais cette loi, ainsi que celles où se trouvent de pareilles autorisations d'aliénation, commandent de réserver s'il y a lieu, eu égard à la situation des propriétés riveraines, un chemin d'exploitation. M. Garnier, *Législation et jurisprudence nouvelle sur les chemins*, p. 277, pense que ce passage, réservé aux anciens riverains du chemin déclassé, ne leur est attribué qu'à titre de servitude sur un terrain qui ne cesse pas d'appartenir à l'État, au département ou à la commune, suivant la classe à laquelle appartenait la route, et qu'il ne devient pas la propriété de ces particuliers, à moins qu'il ne leur ait été fait, dans les formes légales, une concession expresse du fonds.

Un des riverains au profit desquels a été maintenu ce chemin pour qu'ils puissent y exercer les droits acquis, ne peut s'en emparer au préjudice des autres, et ceux-ci seront toujours recevables à réclamer l'exercice des droits à l'occasion desquels la partie du chemin n'a pu être aliénée. Pardessus, *Servit.*, t. 1, p. 488, n° 217.

TITRE Ier

CHEMINS D'EXPLOITATION

DISTINCTION

---

580. *Régime.* — Les chemins particuliers sont soumis à toutes les règles sous lesquelles se trouvent placées les propriétés rurales ; ils sont classés dans le domaine privé de propriété, et, par conséquent, ils peuvent être l'objet de tous les contrats et de toutes les stipulations qui peuvent porter sur ce domaine. Dalloz, n° 1457 ; Req., 24 juin 1856, commune de Brie-Comte-Robert ; 23 juillet 1878, S. 79, 1, 471 ; 10 mai 1881, S. 83, 1, 396 ; 21 mai 1886, S. 87, 1, 144.

Etablis uniquement pour le service et l'utilité des fonds qu'ils traversent, longent ou desservent, ils ne peuvent être fréquentés que par ceux qui en sont propriétaires, ou ont acquis le droit d'y passer. Dalloz, n° 1457.

On doit considérer comme ayant acquis ce droit notamment les locataires des immeubles au profit desquels existent ces chemins, ceux qui ont des relations personnelles avec les habitants de ces immeubles, parents, amis, facteurs, commissionnaires, marchands, etc. ; enfin toute personne pouvant justifier qu'elle ne pénètre sur la voie privée en dehors d'un droit direct, que pour l'utilité ou même l'intérêt des habitants des immeubles ayant droit de se servir de ces chemins.

La Cour de cassation a jugé le 12 décembre 1893, S. 95, 1, 9 : « qu'un individu étranger à une société de mines, ne peut s'introduire dans ses rues ouvertes entre les maisons ouvrières de cette société ; rues, dont la propriété n'est pas contestée à la compagnie, et dont elle n'a pas délaissé le libre usage au public du dehors, ni y stationner à diverses reprises pour y distribuer des bulletins ou avis aux ouvriers, malgré les injonctions réitérées d'en sortir et de regagner la voie publique, à lui adressées par le garde assermenté de ladite compagnie, peut être passible de dommages-intérêts pour avoir porté atteinte au droit de la compagnie des mines ».

381. *Distinction à faire entre ces chemins suivant qu'ils appartiennent à un seul propriétaire ou à une agglomération.* — Il semble dès lors que leur régime devrait être exposé d'une manière générale et sans entrer dans des distinctions que parait repousser l'énonciation d'un pareil principe. Cependant la situation juridique, telle que l'ont admise les auteurs et la jurisprudence, semble se présenter d'une manière si différente suivant que le chemin appartient à un seul propriétaire ou suivant qu'il est à l'usage d'une agglomération que nous avons cru devoir étudier cette situation d'une manière distincte pour chacun de ces cas.

SECTION Ire.

CHEMINS APPARTENANT A UN SEUL PROPRIÉTAIRE.

SOMMAIRE

582. Régime.
583. Nature des difficultés judiciaires auxquelles ils donnent lieu.
584. Chemins forestiers.
585. Modification des tracés des chemins forestiers.
586. Droit pour le propriétaire de s'opposer à tous actes portant atteinte à sa propriété.

582. *Régime.* — C'est surtout des chemins appartenant privativement à un seul propriétaire que l'on peut dire qu'ils sont soumis à toutes les règles applicables au domaine privé de propriété. Celui qui les possède a, sur cette nature de biens, le droit d'user et d'abuser dans les mêmes conditions que pour les autres, c'est-à-dire en tant qu'il ne porte pas atteinte à un autre droit reconnu et consacré par nos lois.

Le propriétaire a donc le droit de supprimer ces chemins si bon lui semble ;

De les fermer avec chaînes, portails ou autres clôtures ;

Les restreindre ou élargir, s'il peut le faire sans empiéter sur la propriété riveraine d'autrui ;

C'est à lui à les réparer et entretenir comme bon lui semble ;

Les entourer de fossés ou non ;

En planter le bord de haies ou d'arbres à la distance qu'il juge convenable.

583. *Nature des difficultés judiciaires auxquelles ils donnent habituellement lieu.* — Aussi n'est-ce pas sur l'étendue des droits des propriétaires de chemins ruraux que portent les difficultés judiciaires auxquelles ces chemins peuvent donner lieu, mais bien sur la nature de ces chemins et sur la propriété elle-même.

Or la détermination de la propriété d'un chemin est une question d'appréciation de titres et de faits qui, en cas de difficultés, appartient presque exclusivement au juge du fait, et il est assez difficile de donner d'avance des règles à suivre, les circonstances devant changer dans chaque affaire. J'ai indiqué plus haut à quels signes on pouvait habituellement reconnaître si un chemin était public ou privé, je ne puis que me référer ici, aux exemples que j'ai donnés, et je renvoie au paragraphe suivant la plupart des explications que j'ai à fournir concernant la jouissance de ces voies privées ; je me borne à indiquer de plus l'arrêt de la Cour d'Orléans du 4 juillet 1888, D. 90, 2, 47, qui juge que l'absence dans

un acte de vente de mention de l'existence d'un chemin
qui traverse un héritage fait présumer qu'il appartient
aux propriétaires du fonds. Il en est de même si dans
l'acte ce chemin est qualifié de chemin d'aisance.

Le fait seul d'user d'un chemin par le public, peut
tellement ne pas modifier son caractère privé, qu'il a
été jugé qu'un chemin fréquenté par le public et traversant un parc clos de mur, non seulement ne lui attribuait pas le caractère de publicité, mais encore ne portait pas atteinte à la clôture, au point de vue de l'application de la loi sur la chasse, si le propriétaire avait
réservé ses droits, avait établi aux extrémités des portes
placées sous la surveillance d'un gardien et ouvertes
seulement le jour. C. Orléans, 15 mars et 13 décembre
1892, S. 93.2.169.

584. *Chemins forestiers.* — En droit, par les mots
chemins ordinaires, l'article 147 du Code forestier désigne les chemins ouverts à tous et consacrés à l'usage du
public, par opposition aux chemins forestiers ou privés
établis par le propriétaire sur son propre sol, et entretenus à ses frais pour l'exploitation et le service de sa
forêt. En cela le Code forestier n'a fait que reproduire en
termes équipollents les prescriptions de l'ordonnance
de 1669. Le plus ou moins de fixité et de permanence
d'un chemin d'exploitation et son plus ou moins de bon
état de viabilité et de conservation ne changent ni son
caractère, ni sa destination, ni les droits exclusifs de son
propriétaire ; si les chemins de vidange sont ordinaire-

ment rendus à la production forestière après l'exploitation de la coupe à l'usage de laquelle ils ont été provisoirement consacrés, il est loisible au propriétaire de
leur donner une assiette fixe, s'il le juge convenable,
sans qu'ils cessent pour cela d'être des chemins forestiers
et par suite de rester en dehors de la catégorie des chemins ordinaires par lesquels l'article 147 reconnaît à
chacun la faculté de passer. Il n'y a pas à s'arrêter à la
circonstance que le chemin aboutirait à des chemins
publics et serait pratiqué par certaines personnes, soit
avec le consentement de son propriétaire, soit sans ce
consentement; parce qu'il est dans la nature des choses
qu'un chemin de vidange débouche sur une voie publique conduisant aux lieux où doivent aller les produits de
la forêt, et que la fréquentation abusive d'un chemin
privé par des tiers, n'est qu'un acte de tolérance ne con-
cédant aucun droit. Cass., 23 juillet 1858, S. 59, 1, 633.
Meaume, *Com. du C. forest.*, t. 2, n° 1002.

585. *Modification des tracés des chemins forestiers.*
— Lorsqu'une forêt est traversée par des chemins sur
lesquels des propriétaires ont des droits de passage, s'il
plaît aux maîtres de la forêt, après division entre eux, ou
par tout autre motif, de modifier ces chemins en chan-
geant leur emplacement, Cass., 9 décembre 1874, S. 75,1,
161, D. 75, 1, 225; et même en les multipliant, les ayants
droit peuvent user des nouvelles voies ouvertes. C.cass.,
14 juillet 1856, S. 58, 1, 111.

586. *Droit pour le propriétaire de s'opposer à tous actes portant atteinte à sa propriété.* — Il suffit d'énon‑ cer que les propriétaires des chemins ont le droit de s'opposer à tous actes portant atteinte à cette propriété, soit par voie pétitoire, soit par voie possessoire suivant les cas, devant la justice civile, ou répressive, si l'atteinte portée à leurs droits constitue dans ce dernier cas une contravention ou un délit.

Ainsi, celui dont le chemin est bordé par un mur de clôture de son voisin, peut s'opposer par la voie posses‑ soire à ce que ce voisin ouvre un portail sur ce che‑ min, signe apparent d'une servitude de passage, alors même qu'il offrirait de ne pas en user, jusqu'à ce que le droit de passage qu'il prétend avoir eût été reconnu au pétitoire. C. cass., 13 juillet 1880, S. 81, 1, 10.

Les servitudes d'utilité publique qui grèvent les rive‑ rains des voies publiques ne pèsent pas sur les riverains des voies privées. Il en est notamment ainsi de la servi‑ tude d'écoulement d'eau visée par l'article 681 du Code civil. Nancy, 19 février 1890 (Eaux ménagères), *La loi*, 2 mai ; Cass., 3 juin 1891 (Eaux pluviales), D. 92,1,264.

SECTION II

DES CHEMINS ET SENTIERS D'EXPLOITATION APPARTENANT A DIVERS

SOMMAIRE

587. Réglementation de ces chemins.
588. Pourquoi elle a été comprise dans la loi de 1881.
589. Importance de ces chemins.

587. *Réglementation de ces chemins.* — Les chemins à l'usage d'une agglomération de propriétaires ont été réglementés par la loi du 20 août 1881, en même temps que les chemins publics ruraux, dans une section intitulée *des Chemins et sentiers d'exploitation*, nous allons en reprendre le commentaire.

588. *Pourquoi elle a été comprise dans la loi de 1881.* — A la différence des chemins ruraux qui sont affectés à l'usage du public et qui appartiennent aux communes, les chemins d'exploitation ne sont affectés qu'à la communication entre quelques héritages et appartiennent aux propriétaires des héritages desservis par ces voies de communication. Il n'existe donc pas une connexité nécessaire entre les dispositions qui réglementent ces chemins ayant le caractère de propriété privée, et les dispositions déjà adoptées pour les chemins ruraux qui sont des propriétés communales. Cependant, malgré cette différence essentielle, les chemins d'exploitation étant également destinés à desservir des propriétés rurales, la commission a pensé que les dispositions destinées à les régir, devraient logiquement prendre place à la suite de celles relatives aux chemins ruraux ; que par conséquent il n'était pas nécessaire d'attendre le travail d'ensemble de codification de nos lois rurales, et qu'il était logique de placer les règles concernant les chemins d'exploitation à la suite des articles de la loi sur les chemins ruraux. Rapport de M. Labiche au Sénat.

589. *Importance de ces chemins.* — Ces chemins qui ne sont pas publics, ne sont pas non plus la propriété privée et exclusive d'un seul propriétaire ; mais ils sont destinés à l'usage d'un certain nombre de parcelles ou de propriétés sises dans le même quartier, et ayant des possesseurs plus ou moins nombreux. Ils sont tracés partout dans les territoires des communes, on les rencontre se soudant aux chemins publics et se perdant ensuite le plus souvent dans les propriétés privées, où ils disparaissent ; *Intermoriuntur*, dit Decormis, t. 2, col. 1739. Ils sont par leur multiplicité et l'usage auxquels ils servent, de la plus haute importance pour l'agriculture et la propriété rurale. Cette importance a tellement frappé certains esprits que le conseil général des Basses-Alpes, dans sa session de 1862, n'hésitait pas à demander qu'ils fussent assimilés aux chemins vicinaux. C'était aller bien loin, et, quoi qu'il en soit de ces vœux, ces chemins sont, de l'avis de tous, actuellement placés dans le domaine de propriété privée, mais la multiplicité des intérêts qui sont engagés à leur maintien a influé d'une manière notable dans l'application qui leur a été faite des règles du droit civil, et qui mérite d'être exposée.

ART. 33. — *Définition ; propriété.*

Les chemins et sentiers d'exploitation sont ceux qui servent exclusivement à la communication entre divers héritages, ou à leur exploitation. Ils sont, en l'absence de titre, présumés appartenir aux propriétaires riverains chacun en droit soi ; mais l'usage en est commun à tous les intéressés.

L'usage de ces chemins peut être interdit au public.

SOMMAIRE

§ 1

Définition, caractère, destination.

§ 2

Propriété et jouissance.

§ 3

Exclusion du public.

§ 1. — **Définition, caractère, destination.**

590. *Rédaction du projet.* — Dans le projet de loi, l'article 30, devenu l'article 33 de la loi, était ainsi rédigé. Les chemins et sentiers qui ne servent qu'à la communication entre divers héritages ou à leur exploitation, appartiennent, dans l'indivision, aux propriétaires de ces héritages, à moins de titres ou de possessions contraires.

L'usage de ces chemins peut être interdit au public.

591. *Source de cette disposition.* — Cette disposition, en ce qui concerne tout au moins la présomption de propriété attribuée aux riverains, a été empruntée à la coutume de Paris, et à l'article 3 de la loi du 31 mai 1842 sur les déclassements. Rapport au Sénat de M. Labiche.

592. *Définition.* — La loi a pris le soin de définir ce qu'on doit entendre par chemins d'exploitation d'après leur destination : les chemins et sentiers d'exploitation sont ceux qui servent exclusivement à la communication entre divers héritages, ou à leur exploitation, art. 33, § 1.

593. *Dénomination.* — Sous quel nom faut-il désigner ces chemins? Ces noms sont très multiples et il pourrait même s'établir quelque confusion, si on se rapportait exclusivement aux anciennes dénominations, parce que par suite des faits, des circonstances et des modifications apportées par le temps, les classifications des chemins se sont modifiées depuis, et tel d'entr'eux qui figurait autrefois dans la classe des chemins publics est passé dans la classe des chemins privés, et réciproquement, de sorte qu'il reste dans l'emploi des anciens noms quelque chose de vague et d'indéterminé ; ce résultat doit d'autant plus se produire, que ces noms s'appliquent non seulement à un chemin en ayant égard à son caractère de publicité, mais quelquefois, au contraire, en prenant en considération sa largeur, abstraction faite de son caractère. Enfin ces noms variant dans chaque localité, il est difficile de se rendre un compte exact de leur portée juridique. Les auteurs qui ont suivi le droit romain ont divisé les chemins en sentiers, *iter*, pour passage à pied et à cheval ; sente, *semi iter*, demisentier ; chemin, *actus*, pour passage en voiture, à cheval, avec des bestiaux ; voie, *via*, plus large, permettant de passer à pied, à cheval, en voiture, et en transportant toute espèce de matériaux. On les a appelés voies, sentiers ou chemins d'exploitation, de desserte, de déblave, de contrée, sente de voisiné, chemins voisinaux, chemins de culture, chemins de quartier, etc. Si j'avais à choisir, ce serait cette dernière dénomination que j'aurais préférée, mais acceptons celle que la loi a choisie et appelons-les chemins d'exploitation ?

594. *A quoi on les reconnaît.* — Dans un travail publié par M. Petit, alors doyen des présidents de chambre à la Cour de Douai, lu à la Société d'agriculture, sciences et arts du département du Nord; dans la séance générale du 12 décembre 1856, ce magistrat donne sur ces voies de communication des indications qu'il me paraît utile de reproduire, sauf à revenir sur certaines règles posées dans cet exposé.

« Le premier élément constitutif du chemin d'exploitation, c'est que le chemin desserve les héritages qui le bordent ; mais cela ne veut pas dire que le chemin ne doit servir qu'aux propriétaires riverains ; un chemin d'exploitation peut être public en ce sens que chacun peut y passer librement, sans que pour cela il perde son caractère et même sans qu'il devienne rural. Ainsi, par exemple, j'ai au bout de mon jardin un sentier qui traverse les champs et conduit au village voisin, c'est pour moi un chemin d'exploitation comme pour tous les propriétaires riverains, et la circonstance que les habitants du village voisin s'en servent pour pénétrer dans les champs et se rendre à leurs propriétés non riveraines, ne lui fera pas perdre son caractère. Les habitants qui se servent de ce chemin pour arriver dans leurs champs, en traversant une propriété riveraine, ne sont pas copropriétaires du chemin d'exploitation, ils ne font que profiter du caractère de publicité laissé au chemin, ils s'en servent comme d'un chemin d'exploitation, mais ils n'ont aucun droit, et la facilité de communication qu'il leur procure, ils la doivent à l'obligeance du riverain qui permet le passage sur sa propriété riveraine du chemin. Le chemin d'exploitation ne peut donc servir légalement que pour l'exploitation des fonds qui le bordent ; s'il devait servir pour d'autres, il ne serait plus un chemin d'exploitation, mais bien un chemin rural. C'est par cette distinction qu'on évite de confondre le chemin d'exploitation avec le chemin rural. Sans doute, le chemin d'exploitatiom se confond souvent avec des chemins

ruraux, communaux et même vicinaux, mais c'est lorsqu'il aboutit à une voie commune, après avoir pris naissance à un autre point commun ; lorsqu'il a une destination plus restreinte, lorsqu'il est consacré uniquement
à l'exploitation d'un certain nombre d'héritages, sans
être un point de communication entre des villages et des
chemins, il est encore purement et simplement un chemin d'exploitation, présumé créé par les propriétaires
riverains pour leurs besoins particuliers, et se trouvant
privé de tout caractère de publicité.

« Il faut que le chemin d'exploitation existe depuis
longtemps, dit la Cour de cassation, et cela se conçoit,
car sans cela, comme il serait facile d'établir la propriété du sol et de refuser au chemin tout autre caractère que la tolérance, on ne pourrait invoquer ni la
prescription, ni la convention présumée, entre les riverains.

« Il faut encore que le sol du chemin soit un terrain
non cultivé, qui est assez frayé pour justifier qu'il a servi depuis longtemps et qu'il sert encore au passage.

« Ces seules circonstances réunies fournissent la
preuve complète et suffisante de l'existence et du caractère du chemin d'exploitation, mais cela n'empêche
pas de rechercher toutes les autres circonstances qui,
en cas de contestation, peuvent venir la corroborer et
la rendre plus évidente.

« Si le chemin n'est jamais labouré, c'est une reconnaissance formelle et permanente de l'existence du chemin. Sans doute, ce fait à lui seul ne démontre pas le

caractère du chemin d'exploitation, mais au besoin avec ce seul fait, on arriverait facilement à cette démonstration en invoquant la situation des lieux. Si l'on établit que le chemin respecté tous les ans par la charrue n'est ni un chemin vicinal, ni un chemin rural, ni un chemin communal, ni une servitude, on aura par cela même établi que c'est un chemin d'exploitation.

« S'il est établi que le chemin est quelquefois réparé, s'il est contenu dans des limites fixées, soit par des bornes, soit par des fossés, soit par des épines plantées par les propriétaires voisins dans le but d'empêcher que la largeur ne soit augmentée, s'il est empierré, s'il est gazonné, s'il est porté sur le cadastre, sur le tableau des voies publiques, s'il est indiqué dans les titres de propriété, s'il a donné lieu à des contestations, ce sera là autant de circonstances qui viendront surabondamment établir l'existence du chemin, et cette existence une fois devenue incontestable, son caractère de chemin d'exploitation et de desserte s'établit très facilement par la situation des lieux, et par l'impossibilité de le ranger dans aucune autre catégorie des chemins.

« Outre toutes ces preuves qui sont générales et communes à tous les riverains, il en est encore un grand nombre qui, bien que fournies par un ou plusieurs d'entre eux, n'en profitent pas moins à tous, parce qu'elles tendent à établir l'existence et le caractère du chemin d'exploitation, et que cette preuve faite, elle profite nécessairement à tous . . . . ; le jugement qui interviendra pour proclamer l'existence et le caractère du sentier d'exploitation ne pourra, sans doute, pas être opposé à ceux qui n'ont pas été parties au procès, mais ce sera une preuve dont tous les riverains pourront se prévaloir pour établir l'existence et le caractère du chemin. Il en est de même si les deux riverains transigent et reconnaissent l'existence du chemin. . . . . »

Il faut y comprendre ceux qui sont classés sur les états de chemins d'une commune, sous le titre de chemins de culture. Req., 24 juin 1856, commune de Brie-Comte-Robert.

§ 2. — Propriété et jouissance.

595. *Caractère privé de la propriété des chemins d'exploitation.* — La qualification et la destination d'un chemin de desserte, comme celles d'un chemin d'exploitation, sont exclusives d'une propriété publique .C. cass.) 13 décembre 1853, S. 55, 1,742, D. 54, 1, 346; Poitiers, 15 mai 1856, S.56,2,517; C. cass., 20 février 1866, S. 66, 1, 193; 21 novembre 1866, S. 68, 1, 216, D. 67, 1, 263; 5 mai 1868, S. 68, 1, 247.

596. *Présomption de propriété.* — Les chemins et sentiers d'exploitation sont, en l'absence de titres, présumés appartenir aux propriétaires riverains, chacun en droit soi, mais l'usage en est commun à tous les intéressés. L. 1881, art. 33.

Le projet du Conseil d'Etat n'accordait pas aux riverains la présomption de propriété chacun en droit soi ;

cette déclaration de présomption légale a été introduite par la commission du Sénat pour servir, ainsi que le disait le rapporteur M. Labiche, à résoudre diverses questions, notamment celles relatives à la distance à observer pour les plantations et les ouvertures, celles concernant la répartition des contributions, et enfin celles de l'attribution du sol servant d'assiette au chemin, si l'affectation à l'usage commun venait à cesser.

Si la propriété de ce sol était simplement indivise, au lieu d'être uniquement d'un usage commun, la licitation deviendrait indispensable, tandis que la déclaration contenue dans l'article 33, modifié par le Sénat, laisse la propriété du sol à chaque riverain en droit soi sans conteste possible, et par le seul fait de la désaffectation. Rapport de M. Devaux à la Chambre.

Est-il nécessaire de dire que la présomption de propriété peut être combattue par des preuves et même par des présomptions contraires. Cass., 5 janvier 1874, S. 75, 1, 27, D. 74, 1, 391 ; 9 décembre 1874, S. 75, 1, 161 ; 5 janvier 1875, S. 75, 1. 759, D. 77, 1, 483 ; 18 août 1879, S. 80. 1. 404, D. 80,1, 883 ; 6 novembre 1887, S. 90, 1, 413, D. 91, 1, 389.

Elle s'applique aux fonds riverains et non aux autres, Cass., 6 novembre 1869 (Guiotat) ; 25 mars 1891 (Com. de Gaudelain), S. 91. 1. 245, alors même qu'ils appartiendraient à un propriétaire dont l'une des terres serait riveraine. Bordeaux, 6 août 1873, S. 74, 2, 51, D. 74, 2, 234 ; Cass., 25 mars 1891, S. 91, 1, 245.

Elle peut être utilement réclamée par le propriétaire

terminus, soit le dernier à la propriété duquel aboutit
et s'arrête le chemin. Limoges, 10 décembre 1888, D. 90,
2, 46 ; Cass., 14 avril 1891, S. 91, 1, 242, D. 91, 1, 179 ;
Limoges, 21 novembre 1892, D. 94, 2, 186. Les arrêts de
Limoges du 26 mai 1885 et de Cassation du 3 août 1887
ont refusé d'appliquer le principe dans les circonstances
spéciales de ces affaires, mais ils le reconnaissent également.

La présomption existant à raison de la situation de la
propriété riveraine, je ne vois pas comment on pourrait
refuser de l'appliquer à un riverain propriétaire de carrières. Cass., 19 juillet 1893, S. 94, 1, 119.

Mais lorsque le caractère du chemin est contesté,
qu'il est revendiqué comme chemin public, le riverain ne
peut dans un procès de cette nature se prévaloir de sa
situation comme constituant à son profit une présomption. Cass., 7 décembre 1892, *Pand.*, 94, 1, 271.

397. *Jouissance et usage communs.* — Les chemins
de quartier ou d'exploitation sont censés avoir été établis
par l'effet d'un accord intervenu entre les propriétaires
dont les héritages sont bordés ou traversés, et qui sont
présumés avoir fait chacun et au profit de leurs cointéressés, l'abandon d'une faible partie de leur propriété,
en vue de jouir sur la propriété des autres d'un avantage équivalent. On peut aussi reporter quelquefois leur
origine à l'époque reculée où d'immenses domaines se
trouvant dans les mêmes mains, leurs propriétaires y
avaient établi les sentiers nécessaires à l'exploitation,

ces domaines ont été depuis divisés; Cass., 27 décembre
1830, S. 31, 1, 165; mais les chemins indispensables à
leur exploitation sont restés la propriété commune de
ceux qui ont été substitués aux propriétaires primitifs.

Que l'on se reporte à l'une de ces origines ou à l'autre,
les chemins d'exploitation constituent une propriété indivise ou tout au moins dont l'usage est commun entre
tous les propriétaires des fonds qu'ils bordent ou traversent, et chacun a le droit d'en user pour les besoins
de son héritage.

Dès lors la possession est réputée avec titre, les règles sur les servitudes discontinues sont inapplicables
et les actions possessoires sont parfaitement recevables.
C'était l'avis des anciens auteurs ; un provençal, Du-
breuil, sur les coutumes et usages de Provence, dit dans
ce sens, que *le sol des chemins voisinaux devient en
quelque sorte public entre les cousagers*. La même opinion est soutenue par Pocquet de Livonnière sur l'article 449 de la Coutume d'Anjou ; Lalaure, *Traité des
servitudes*, liv. 3, chap. 7, p. 233; Guiot, sur l'article 94
de la Coutume de Mantes et Meulan ; Boucheul, sur la
Coutume de Poitou, art. 12, n° 18.

De nos jours la jurisprudence et la doctrine, avant la
loi de 1881, s'étaient généralement prononcées dans le
même sens. Req., 29 novembre 1814, S. 16, 1, 225 ; Agen,
28 décembre 1824 ; C. cass., 11 décembre 1827, S. 28, 1,
403 ; 20 mai 1828, D. 28, 1, 273 ; 19 novembre 1828 ;
27 décembre 1830, S. 31, 1, 165, D. 31, 1, 29; Caen,
11 février 1841, et 14 février 1855 (pour les sentes de

voisiné, en Normandie); C. de cass., 14 janvier 1840,
S. 41, 1, 88; 29 mars 1841, S. 41, 1, 356; 3 mars 1851,
S. 51, 1, 404; 11 avril 1853, Abrantet; Agen, 4 mai 1853,
Duffau; rej., 12 décembre 1853, S. 55, 1, 742; C. de cass.,
25 avril 1855, S. 56, 1, 396, D. 55, 1, 160; Poitiers,
15 mai 1856, S. 56, 2, 517; C. de cass., 15 février 1858,
S. 58, 1, 347; Limoges, 2 juillet 1862, S. 63, 2, 35; rej.,
20 février 1866, S. 66, 1, 193; 21 novembre 1866, S. 68,
1, 216; 27 avril 1868, S. 68, 1, 433; 5 mai 1868, S. 68,
1, 247; 26 décembre 1871, S. 72, 1, 115; Bordeaux,
21 avril 1873, S. 73, 2, 204; C. de cass., 5 janvier 1874,
S. 75, 1, 27; 5 janvier 1875, S. 75, 1, 159; Rouen, 27 novembre 1877, S. 79, 2, 224; C. de cass., 18 août 1879, S.
80, 1, 464; 10 mai 1881, D. 83, 1, 245; et Règlem. de
Provence de 1758, approuvé par arrêt du 2 décembre 1758,
pour les chemins voisinaux en Provence; Boucheul sur
la *Coutume de Poitou*, art. 12, n° 18; Lalaure, *des Servit.*, liv. VII, chap. VII, p. 233; Pardessus, *Servitudes*,
t. 1, n° 217; Carré, *Justices de paix*, n° 1412; Curasson,
Compétence des Juges de Paix, 2e édit., t. 2, n° 48, et
Actions possessoires, t. 2, p. 244; Bourguignat, *Droit
rural*, n° 620, et *Propriété des chemins ruraux*, p. 9;
Bioche, *Actions possessoires*, n° 377; Curasson, t. 2,
p. 244; Garnier, *Actions possessoires*, p. 319; Dalloz, vᵉ
Voirie par terre, nᵒˢ 1458 et suiv., *Servit.*, nᵒˢ 910 et
suiv.; Bost, n° 234; Fournel, *Traité du voisinage*, t. 1,
p. 281; Dumay sur Proudhon, t. 2, p. 996; Duranton,
t. 5, n° 437; Petit, *Revue critique*, 1857, t. XI, p. 457 et
dans ses autres travaux sur les chemins; Demolombe,

Servitudes, t. 1, p. 508, n° 444, et t. 2, p. 130, n° 644 et 898 ; Aubry et Rau sur Zachariæ, t. 3, p. 81, § 251.

Si cette présomption de propriété, admise pour le cas où un certain nombre d'héritages sont desservis par un même chemin, est moins facile à accepter lorsque ces héritages sont peu nombreux, et surtout réduits à deux ou trois seulement, cependant rien n'empêche d'en faire l'application en pareil cas, suivant les circonstances. C. cass., 7 février 1883.

598. *Ce ne sont point de simples servitudes.* — Les indications qui précèdent sembleraient faire supposer une unanimité d'appréciation qui n'existe cependant point. Tout le monde reconnaît bien que chaque riverain intéressé originaire à l'établissement et au maintien des chemins de quartier ou d'exploitation, a le droit d'y passer ; mais tandis que, comme nous venons de le voir, on s'accordait généralement à reconnaître que c'est à titre de copropriété que ce droit existe, il en est qui surtout depuis la loi de 1881 soutiennent, que le chemin étant considéré comme pris sur l'héritage des riverains, chacun d'eux aurait conservé la propriété du terrain contiguë à son fonds, sauf concession du droit de passage aux autres riverains, d'où suit que les cointéressés jouiraient du chemin d'exploitation à titre de servitude. Avant la loi de 1881, un arrêt de la Cour de Lyon du 5 janvier 1849, S. 50, 2, 166, a adopté cette opinion. La Cour de Bordeaux en a fait de même, le 6 août 1873, S. 73, 2, 50, par réformation du jugement de Bergerac du 11 juin,

qui avait considéré un chemin de cette nature comme
la copropriété des intéressés. Depuis la loi de 1881 plusieurs arrêts ont été rendus dans ce sens, entr'autres,
Cass., 2 mai 1888, S. 88, 1, 381 ; Chambéry, 15 juillet
1890, S. 92, 2, 218.

Les conséquences à tirer de telles prémisses seraient
très graves, comme le font remarquer les annotateurs du
Recueil des lois et arrêts, de Sirey, année 1864, 1ᵉ partie, p. 193. Il en résulterait notamment que chacun de
ces propriétaires pourrait se prévaloir de la disposition
de l'article 701 du Code civil, qui permet au maître d'un
fonds grevé de servitude d'en changer l'assignation primitive, dans le cas où elle est devenue plus onéreuse
pour son fonds. Il en résulterait encore qu'un pareil chemin ne serait pas, en tant que servitude discontinue,
susceptible de former la base et l'objet d'une action possessoire, contre celui des riverains qui voudrait y interdire le passage aux autres dans la traversée de son
héritage, Cass., 20 mai 1828 ; il s'en suivrait enfin que
même au pétitoire, ceux-ci ne pourraient réclamer le
passage sur cette portion de la voie sans s'appuyer sur
un titre exprès.

Mais cette opinion, qui n'admet pas le *titre muet* sur
lequel, à cause de la nature des choses et des circonstances, se fonde le droit des propriétaires riverains des
chemins d'exploitation, doit être repoussée, ainsi que les
conséquences auxquelles elle aurait conduit. Et ce sont
les conséquences de l'opinion contraire, qu'il faut admettre, malgré notre article 33. Voy. Aubry et Rau, t. 2,

§ 221 *ter*, p. 411 et 412 ; Guillouard ; *Traité du Contrat de Société*, nᵒˢ 385 et suiv.

D'ailleurs les explications données au Parlement lors du vote de la loi indiquent bien qu'on n'a pas entendu créer des chemins d'exploitation dont la propriété serait attribuée personnellement et exclusivement à divers riverains, qui n'auraient à souffrir qu'une servitude de passage sur partie de leur fonds, on l'aurait dit dans la loi et on aurait appelé le droit servitude de passage, si on avait entendu constituer les chemins par voie de servitude. On a déclaré au contraire que tout riverain aurait un droit d'usage ainsi constitué dans l'intérêt de la communauté. C'est-à-dire que le chemin ne serait pas une propriété morcelée entre divers, mais comme chemin et en tant qu'il resterait chemin, une propriété d'un usage commun pour ceux dont il desservirait le fonds. De sorte que tant qu'il conserve sa destination de chemin, il est le chemin commun de tous les intéressés, au même titre. Ce n'est que si les terres consacrées à ce chemin, cessent de servir à l'usage commun, si la communauté cesse, qu'il n'y aura pas licitation de la chose mise à l'usage commun, et alors, mais alors seulement, comme le dit le rapport de M. Devaux à la Chambre, il n'y aura pas licitation du sol, la propriété en sera attribuée à chaque riverain comme conséquence de la désaffectation. Mais jusqu'à cette désaffectation le sol restera dans la jouissance et l'usage commun de tous les intéressés à titre de droit direct de communauté d'intérêts, et non de servitude.

599. *Conséquences de la communauté de jouissance des chemins d'exploitation, en ce qui concerne le droit d'en user sans titres.* — La première des conséquences juridiques de cette situation, reconnue sur les chemins de quartier en faveur des riverains, c'est qu'ils peuvent tous user de ces chemins sans avoir à rapporter un titre de propriété, ou la justification par écrit d'un droit à l'usage de ce chemin ; Dalloz, vᵒ *Voirie par terre*, nᵒ 1458 et les auteurs déjà cités. Ce qui ne saurait se produire s'il s'agissait d'une servitude.

600. *En ce qui concerne l'existence d'une propriété exclusive et personnelle.* — Lorsqu'un des riverains se prétendra propriétaire unique et exclusif d'un chemin d'exploitation de quartier, ce sera à lui à le prouver ; Agen, 4 mai 1853, S. 53, 2, 304. Et cette propriété exclusive ne résultera pas de la double circonstance que les propriétés des voisins seraient seules séparées du chemin litigieux par une haie, et que le sol de ces propriétés serait en contre-bas du chemin. Agen, 4 mai 1853, Duffau.

Mais d'un autre côté, chaque usager peut y refuser le droit de passer à celui qui ne justifie pas de ce droit par titre ou par sa position de riverain. Cass. ch. civ., 23 août 1858, Salavy.

601. *En ce qui concerne les actions possessoires.* — Il faudra tenir que l'usager troublé dans sa possession pourra agir par voie de complainte ; rej., 29 novembre

1814, Antoine ; 11 décembre 1827, Pagès ; 19 novembre 1828, Moutier ; Amiens, 30 novembre 1868, S. 69, 2, 37 ; Pau, 9 février 1870, S. 70, 2, 156 ; C. cass., 1er juillet 1873, S. 73, 1, 413 ; 2 février 1875, S. 75, 1, 79 ; 10 mai 1881, D. 83, 1, 245 ; Lalaure, *Servitudes*, liv. 3, ch. 7, p. 233 ; Boucheul, *Coutumes du Poitou*, art. 12 et 18 ; Fournel, *Du voisinage*, v° *Actions possessoires* ; Pardessus, *Servitudes*, n° 217 ; Carré, *Justices de paix*, n° 1412 ; Garnier, *Actions possessoires*, p. 319 ; Curasson, *Compétence des juges de paix*, t. 2, p. 189, n° 48 ; Dalloz, v° *Servitude*, n° 014.

On a jugé que le passage nécessaire sur un terrain pour mener les bestiaux à un abreuvoir peut être considéré non comme une servitude de passage, mais comme un mode de jouissance d'une chose commune et que l'action possessoire peut être intentée pour la conservation de ce droit. Cass., 23 mars 1836, S. 36, 1, 867, D. 36, 1, 142.

Le juge de paix investi de l'action a le droit de rechercher dans les documents de la cause l'origine et la nature du terrain litigieux, pour caractériser la possession et reconnaître si elle est utile ou de simple tolérance, et pour la repousser s'il reconnaît que le chemin est la propriété exclusive du demandeur. Req. rej., 24 avril 1866, Bournichon.

602. *En ce qui concerne la prescription.* — Il faudra tenir que l'existence d'un chemin d'exploitation est susceptible d'être établie par la prescription, au profit des propriétaires riverains. C. cass., 12 décembre 1853, Pierron ; Dalloz, *Servitudes*, nº 914 ; 20 février 1866, S. 66, 1, 193 ; 21 novembre 1866, S. 68, 1, 216 ; 26 décembre 1871, S. 72, 1, 115 ; 1er juillet 1873, S. 73, 1, 413 ; 2 février 1875, S. 75, 1, 79 ; 7 février 1883, S. 84, 1, 320, D. 84, 1, 128 ; 6 novembre 1888, S. 89, 1, 309, D. 89, 1, 230. Demolombe, t. 2, nº 644 ; Aubry et Rau sur Zachariæ, t. 3, p. 81, § 251.

Mais pour opérer cette prescription, il faut des faits de possession de nature à impliquer la manifestation de l'intention d'acquérir la propriété ou co-propriété ; et le passage exercé pendant plus de trente années ne pourrait, sans autres faits caractéristiques d'appropriation, créer un droit de propriété, même partiel, sur l'héritage d'autrui, alors surtout que ce passage pourrait être considéré comme l'exercice d'un droit spécial concédé dans un acte. C. cass., 21 août 1871, S. 71, 1, 241.

C'est au juge du fond à apprécier souverainement si la possession est suffisamment caractérisée pour servir de base à la prescription. C. cass., 10 mai 1881, D. 83, 1, 245.

603. *En ce qui concerne l'application de l'article 701 du Code civil.* — L'article 701 du Code civil permet au propriétaire du fonds servant, si l'assignation primitive de la servitude est devenue plus onéreuse pour lui, ou si elle l'empêche de faire des réparations avantageuses, d'offrir au propriétaire de l'autre fonds un endroit aussi commode pour l'exercice de ses droits, et celui-ci ne peut refuser ce déplacement. Du moment où le chemin d'exploitation est considéré comme assujetti à un usage commun, l'article 701, qui n'est applicable qu'aux servitudes, ne saurait trouver ici son application. C. cass., 16 avril 1851 ; Paris, 15 mars 1856, Boucher, suivi de rejet, à la date du 15 février 1858, S. 58, 1, 347.

Le contraire a été jugé cependant par la Cour de Lyon le 5 janvier 1849, S. 50, 2, 66. Cette Cour ayant considéré le chemin comme appartenant aux riverains et n'étant grevé que d'une servitude de passage au profit des fonds desservis. Dans le même sens : Paris, 15 mars 1856, S. 57, 2, 61, D. 57, 2, 11 ; Cass., 15 février 1858, S. 58, 1, 347, D. 58, 1, 125 ; 2 mai 1888, S. 88, 1, 381.

604. *En ce qui concerne l'expropriation pour cause d'utilité publique.* — Tous les copropriétaires ont le droit de réclamer une indemnité à raison du préjudice que leur cause l'expropriation du sol du chemin commun, et lorsque l'expropriation a été poursuivie contre quelques-uns d'entr'eux exclusivement, on ne peut repousser leur action en leur opposant la déchéance édictée par l'article 21 de la loi du 3 mai 1841, alors que la compagnie expropriante a pris possession du terrain sans se préoccuper d'aucun des communistes, en considérant ce terrain comme dépendant de la propriété communale. Limoges, 2 juillet 1862, S. 63, 2, 35.

604². *Limites du droit de jouissance. Règle générale.* — S'il est de principe que chaque usager peut se servir du chemin d'exploitation en toute liberté pour tous les besoins de son héritage, ce n'est toutefois qu'à la condition de ne pas le faire servir à des usages autres que ceux auxquels il est destiné, et de ne porter aucune atteinte au droit égal et réciproque des autres communistes. Ainsi jugé en matière de voie de communication, Bordeaux, 17 juillet 1889, *Gaz. trib.* du 9 novembre. D'autre part, l'un des co-usagers, ne peut empêcher un autre de se servir du chemin, s'il ne commet pas un véritable abus de jouissance; on ne peut considérer comme tel le fait de l'un des communistes de laisser stationner sur la voie des voitures destinées aux transports, si elles n'y restent que le temps nécessaire pour les chargements et déchargements. Paris, 14 juin 1890, *La Loi*, 24 août.

605. *Droits de jours, de vue, d'issue et d'égout des toits.* — Bien que le caractère de propriété indivise soit attribué aux riverains, il ne s'en suit pas qu'ils soient, par rapport au chemin, dans la situation de deux propriétaires distincts limitrophes et qu'ils doivent se comporter vis-à-vis du chemin indivis comme devrait se comporter un propriétaire à l'égard de la propriété voisine, notamment pour l'établissement de jours, vue et issues. Le propre de cette propriété commune est de subir de pareilles servitudes, et les riverains peuvent en user ainsi pour leur utilité et pour leur agrément, à charge seu-

lement de ne pas nuire à l'usage général et au passage
qui appartient aux autres. Grenoble, 28 novembre 1868,
S. 69, 2, 252 ; C. cass., 19 juin 1876, S. 77, 1, 297. Voyez
cette question examinée en ce qui concerne l'ouverture
de vues sur les chemins publics quelle que soit leur
largeur, sous l'article 7, § 5.

606. *Limites de l'usage ; étendue du chemin.* — Le
chemin du quartier étant censé la copropriété de tous
les riverains, il s'en suit que cette copropriété porte,
non point seulement sur une partie de ce chemin, mais
sur l'ensemble, quelle que soit son étendue, et que l'on
ne peut par suite point empêcher l'un des communistes
de se servir de ce chemin sur tout son parcours, sans
qu'il soit obligé de rapporter un titre (Dalloz, v° *Voirie
par terre,* n° 1458 ; *Actions poss.,* n° 459 ; *Servitudes,*
n° 910 et suiv.).

607. *Limites de l'usage ; acquisitions successives.* —
La présomption de droit dont il vient d'être parlé, dit
l'arrêt de la Cour de Douai du 9 janvier 1838, Faucon ;
présomption qui suppose une convention primitive de
voisinage, ne s'applique qu'aux propriétés riveraines ;
si le communiste, de même que le sociétaire, à la différence de celui qui n'a qu'un simple droit de servitude,
peut user du droit commun dans toute l'étendue des besoins du champ, pour le service duquel il a été conjoin-
tement établi, il ne peut toutefois, sans dépasser les
bornes primitivement arrêtées par la convention, étendre

l'usage de ce chemin à tout autre corps de terre qu'il lui plairait d'ajouter plus tard à l'héritage riverain. L'équité, comme interprète naturelle du droit en pareille matière, peut pour des motifs de nécessité autoriser en ce cas une extension d'exercice peu dommageable, et qui respecte la destination de la chose commune, mais en même temps aussi, elle veut, pour compensation de l'avantage concédé et de la diminution quelconque apportée à la communion, une indemnité proportionnelle.

608. *Division entre plusieurs de la terre de l'un des communistes.* — Le propriétaire d'un immeuble riverain d'un chemin commun, en vendant son héritage transmet sa part de propriété commune sur le chemin qui sert à son exploitation. Mais il n'est pas tenu de céder cet héritage en bloc et de se substituer un seul acquéreur. Par voie de vente, comme par voie de partage, l'immeuble peut être divisé en parcelles séparées, et chaque détenteur de ces parcelles acquiert une part correspondante de la propriété du chemin commun. C. cass., 19 juin 1876, S. 77, 1, 267.

609. *Questions de propriété; compétence.* — Nous répéterons ici avec tous les auteurs, que c'est à l'autorité judiciaire à vider toutes les questions de propriété auxquelles peuvent donner lieu les chemins d'exploitation, et que c'est également à elle à reconnaître le caractère même du droit, et par suite de déclarer si c'est un chemin commun, ou une simple servitude, ou un

passage de tolérence (Dalloz, n° 1459). Parmi les nombreux arrêts qui ont fait l'application du principe, je
citerai notamment l'arrêt de la Cour de cassation du
10 novembre 1875, S. 77, 1, 317.

610. *Portée juridique de la décision intervenue sur
une contestation née entre quelques-uns des intéressés
au chemin.* — En citant plus haut M. Petit, je disais
avec lui que si, dans son parcours entre son point de
départ et celui d'arrivée, le chemin d'exploitation venait à donner lieu à une contestation entre deux riverains, contestation dans laquelle l'existence et le caractère du sentier seraient mis en question, la solution qui
interviendrait serait une preuve dont tous les riverains
pourraient se prévaloir pour établir l'existence et le caractère du chemin ; mais j'ajoutais avec M. Petit, que
toutefois ce jugement ne pourrait pas être opposé à ceux
qui n'auraient pas été partie au procès, comme ayant
l'antorité de la chose jugée. Cette dernière proposition
a été formellement consacrée par l'arrêt de cassation de
la chambre civile du 23 août 1858, S. 59, 1, 57. Déjà la
Cour de cassation avait eu occasion de reconnaitre ce
principe dans l'arrêt du 10 août 1840, Baume, et en matière de droit d'usage par l'arrêt du 25 mars 1837, S. 38,
1, 286.

§ 3. — Exclusion du public.

611. *Usage par le public.* — L'usage de ce chemin
peut être interdit au public, art. 33, § 2. La loi a pris

le soin d'indiquer ce droit, qui découlait de la nature
même du chemin, pour marquer encore plus comment
il se différencie des chemins publics, et pour consacrer,
s'il était nécessaire, ce caractère de propriété privée
qui lui appartient, bien qu'il soit à l'usage de plusieurs.

612. *Prescription au profit du public.* — Mais ce
n'est point là une obligation imposée aux communistes
qui peuvent fort bien tolérer l'usage que des tiers feraient
du chemin, alors qu'il est d'ailleurs assez difficile lorsque ce chemin dessert un grand nombre de parcelles contenant des habitations, de savoir si celui qui use du chemin étranger à ses propres possessions, n'en use pas
pour se rendre chez l'un des communistes. Toutefois l'absence d'une défense et la simple fréquentation du chemin par le public ne pourraient entraîner une prescription du fonds à l'usage commun, au profit des habitants
ou au profit de la commune. Paris, 6 février 1882,
France judic., 1882, p. 749.

ART. 34. — *Entretien.*

Tous les propriétaires dont ils desservent les héritages sont tenus les uns envers les autres de contribuer,
dans la proportion de leur intérêt, aux travaux nécessaires à leur entretien et à leur mise en état de viabilité.

SOMMAIRE

§ 1. — Observations générales.

613. *Adoption du projet.* — L'article 34 de la loi reproduit l'article 31 du projet, sauf que les mots, à leur entretien ou à leur réparation, qui terminaient l'article du projet, sont remplacés dans la loi par ceux-ci : à leur entretien et à leur mise en état de viabilité.

614. *Limites de l'obligation d'entretien.* — Dans le projet du gouvernement, l'article se terminait ainsi : « de contribuer dans la proportion de leur intérêt à leur entretien et à leur réparation ». La commission du Sénat a ajouté au texte du Conseil d'Etat les mots « travaux nécessaires », pour bien préciser que l'obligation qui résultait de la loi n'était pas sans limite. Les propriétaires ne seront pas tenus de faire tous les travaux qui peuvent être réclamés ; mais seulement ceux qui seront reconnus nécessaires à l'entretien des chemins, et à leur mise en état de viabilité.

En substituant l'expression consacrée de « mise en état de viabilité » à celle de « réparation », la commission a voulu indiquer, qu'il n'était pas indispensable que les travaux eussent pour objet de rétablir un état déterminé de viabilité antérieure, dont le demandeur devrait établir la preuve. Cet état de viabilité antérieur doit être présumé par cela même que la destination du chemin est de servir aux communications. L'importance de ces communications varie suivant l'affectation des propriétés desservies, et par suite les conditions de la mise en état de viabilité peuvent se trouver modifiées. Rapport de M. Labiche au Sénat, et de M. Devaux à la Chambre.

615. *Fixation de l'intérêt du riverain.* — La part contributive dont chaque propriétaire est tenu est proportionnelle à son intérêt. Cet intérêt varie suivant de nombreuses circonstances de fait, que le législateur n'a pu déterminer par une formule générale. Les principales de ces circonstances sont : l'étendue de l'exploitation, la longueur du parcours utilisé, enfin tout ce qui constitue l'importance de l'usage. Rapport de M. Legentil au Sénat. et de M. Devaux à la Chambre.

616. *Pouvoir de se retirer de l'association.* — Ce droit résultant de l'application des principes généraux du droit, est écrit dans l'article 37 de la loi de 1881.

§ 2. — Établissement, largeur, entretien.

617. *Établissement ; origine.* — Il est assez difficile de déterminer d'une manière certaine l'origine de la plupart des chemins de quartier. Nous avons déjà signalé comment la jurisprudence et la doctrine la rapportent à une double source. Ou ils sont le résultat d'un accord tacite entre les propriétaires dont ils bordent ou traversent les propriétés, ou bien ils sont dus à une sorte de destination du père de famille ; créés, dans ce dernier cas, par les propriétaires de vastes domaines dont les parcelles étaient réunies dans le temps entre les mêmes mains, ils ont subsisté après le morcellement de ces domaines et ils ont servi à l'exploitation des parties démembrées de ces grandes terres. De nos jours, la division des terres, et leur vente en les morcelant, ont donné naissance à de nouveaux chemins dont la nécessité n'était point appréciable avant la division et la mise en culture. L'ouverture de nouvelles voies générales et publiques de communication a quelquefois donné lieu à

une entente entre divers propriétaires, qui ont établi
des chemins, pour profiter des débouchés nouveaux que
leur donnaient des routes récemment ouvertes.

618. *Syndicats.* — Une loi du 21 juin 1865 est ve-
nue offrir aux propriétaires fonciers des facilités nouvelles pour se grouper afin d'assurer l'exécution et l'entretien des chemins de quartier. L'article 1 de cette loi
est ainsi conçu : « Peuvent être l'objet d'une association syndicale entre propriétaires intéressés, l'exécution
et l'entretien de travaux........ 8° De chemins d'exploitation, et de toute autre amélioration agricole ayant un
caractère d'intérêt collectif. »

Nous avons dit ailleurs, que cette disposition de la
loi de 1865 n'est pas applicable aux chemins ruraux
publics ; mais il résulte des débats auxquels elle a
donné lieu, que c'est précisément pour les chemins dont
nous nous occupons qu'elle a été édictée.

Ce droit avait été déjà réclamé par divers conseils
généraux et notamment par celui de la Meurthe dans la
session de 1840.

Je ne puis analyser l'ensemble des règles qui président à la création et au fonctionnement des associations
syndicales, il me faudrait faire un commentaire de la
loi du 21 juin 1865, et de celle du 22 décembre 1888, qui
l'a modifiée, ce qui sortirait évidemment de mon sujet.

La loi de 1881 n'ayant pas eu à s'occuper des syndicats pour l'entretien des chemins privés et ayant posé
des règles générales de contribution des intéressés,

ceux-ci devront recourir, pour se constituer en syndicat, à la loi de 1865, aujourd'hui 1888, dans tous les cas qui présenteront une véritable importance. Exposé des motifs du 31 octobre 1876, *Officiel*, p. 7805, 1re col.

Les règles concernant les associations syndicales appelées à gérer les chemins ruraux ne sont pas applicables ici. Les droits qui leur sont concédés, notamment pour l'acquisition des terrains, ne peuvent être revendiqués au profit des chemins privés que dans la mesure fixée par la loi de 1888. D'un autre côté ces chemins et les acquisitions faites pour les améliorer restent la propriété commune des riverains et ne deviennent pas des propriétés communales.

319. *Largeur.* — Lorsque la largeur des chemins résulte des actes et accords primitifs qui peuvent être représentés, ce qui sera le cas le plus rare, il faudra s'en tenir à l'application de ces actes.

Si les termes sont vagues, les coutumes locales et les usages seront utilement consultés pour en connaître la portée et l'étendue ; ainsi par exemple, pour l'Isère, les chemins désignés dans les actes sous la dénomination de passages pour garnir et dégarnir, vêtir et dévêtir, s'entendent toujours d'un chemin de voiture, à moins que l'exploitation ne se fasse à dos de mulets dans les localités abruptes et montagneuses (A. Fagès, *Usages et règlements locaux de l'Isère*, p. 129).

A défaut de titres il faudra recourir aux usages, aux coutumes, aux anciens règlements pour déterminer la largeur des chemins.

Suivant Fournel, t. 1, p. 280, en règle générale, le sentier doit avoir 2 pieds ; la sente 1 pied ; le chemin 4 pieds ; la voie, 8 pieds si elle est droite, 16 là où elle est tortueuse.

Suivant la Coutume de Senlis, art. 194, le sentier aurait 4 pieds.

La Coutume de Clermont donne la même largeur au sentier, elle attribue 8 pieds à la carrière, 16 pieds à la voie.

En Provence, le règlement d'Aix du 6 septembre 1729, qui par sa sagesse avait mérité d'être considéré comme un règlement général, donnait au chemin au moins 2 mètres, si ses bords étaient libres; s'il y avait un mur, une haie ou une rive d'un côté, il devait avoir 2,50; la largeur devait être portée à 3 mètres s'il y avait des murs, rives ou haies des deux côtés. Dans les courbes, la largeur est augmentée de 1 mètre ou 1 mètre et demi ; Cappeau, *Droit rural*, t. 1, p. 486, n° 38; Ch. Tavernier, *Usages locaux des Bouches-du-Rhône*, p. 88; jugement de Digne du 28 janvier 1839, confirmé par arrêt de la Cour d'Aix du 16 juin 1839, suivi de rejet, 10 août 1840, S. 40, 1, 847. Suivant l'ancien auteur provençal, Bomy, ch. 9, p. 10, la largeur des sentiers était de 5 pans, 1 mètre 1/4. A Marseille, la largeur du chemin est de 3 m. 75 à 5 mètres, la largeur du viol est de 1 mètre, 1,25 ou 1,75 ; Ch. Tavernier, *loc. cit.*

La Cour de cassation a jugé que la question de savoir si un ancien règlement relatif à la largeur des chemins s'applique à telle ou à telle localité, est une question de fait jugée souverainement par les Cours d'appel. Cet arrêt, à la date du 10 août 1840, Baume, est intervenu dans une affaire où, par arrêt du 16 mai 1839, la Cour d'Aix avait jugé que le règlement du 6 septembre 1729, rendu pour la ville d'Aix, et réglant la largeur des chemins voisinaux ou de quartier, était applicable à toute la Provence, à l'exception du territoire de Marseille.

En Dauphiné, la pratique n'admettait que deux espèces de passage, le sentier et le chemin de voiture ; le premier a, suivant les contrées, 0, 30, 0, 40, 0, 50, 0, 66 ou 1 mètre de largeur, le second 2 ou 3 mètres (A. Pagès, *Usages de l'Isère*, n° 129).

Des arrêts du Parlement de Paris des 15 mai, 22 août 1786, 27 mars et 2 mai 1788 fixent la largeur des chemins à 18 et 24 pieds suivant leur importance, et non compris les fossés.

Les chemins privés, dans la Haute-Garonne, ont 1 mètre de largeur pour passage à pied, 2 mètres pour tombereau attelé, 3 mètres 11 pour char et voiture, le tout franc de fossé (V. Fons, *Usages locaux de la Haute-Garonne*, n° 118).

En Bretagne, d'après l'usage du pays et la jurisprudence des tribunaux, la largeur est de 1 mètre pour passage à pied ou avec brouette, 2 mètres pour passage à cheval ou avec bestiaux, 3 mètres pour passage en voitures et à toutes fins (Nantes, 24 juin 1831 ; Sibille, *Usages de la Loire-Inférieure*, n° 179).

630. *Élargissement.* — Si les chemins, en l'état des

progrès des cultures ou des modifications qu'on a dû leur faire subir, devenaient insuffisants pour remplir le but que s'est proposé de remplir l'agglomération qui les a établis ou qui s'en sert, leur élargissement pourrait être demandé et obtenu à charge d'indemnité (Arrêts du Parlement de Provence de 1782 ; Cappeau, *Législation rurale et forestière*, t. 1, p. 687, n° 39).

Toutes les difficultés naissant à ce sujet seraient du ressort des tribunaux civils.

621. *Entretien, réparations.* — L'entretien des chemins de quartier et les réparations nécessaires pour assurer leur viabilité sont à la charge de ceux qui en jouissent, et qui sont considérés à la fois comme copropriétaires et co-usagers de ces chemins (Bourguignat, *Droit rural*, p. 200, n° 625 ; Toullier, n° 498 : Vaudoré, t. 1, n° 623 ; Cappeau, t. 1, p. 683, n° 35).

Tout intéressé peut y faire les réparations nécessaires pour assurer la viabilité (L. 10 ff, lib. 8, tit. 1 ; Fournel, t. 1, p. 282).

A condition toutefois de ne pas empiéter sur les fonds riverains ; à moins que l'élargissement en ait été concédé par justice, et à condition de ne pas rendre le chemin plus dommageable pour ces fonds (Lib. 1, § 2 ff, lib. 43, tit. 11 ; Fournel, t. 1, p. 283).

Si le chemin a besoin de réparation présentant une certaine importance et qui nécessite le concours des intéressés, des auteurs regrettent que le mauvais vouloir de certains d'entr'eux puisse paralyser les bonnes intentions des autres et empêcher des réparations souvent urgentes et indispensables de se faire (Saint-Martin, *Des chemins ruraux*, p. 25).

Mais la plupart de ceux qui se sont occupés de ces matières pensent qu'à défaut d'entente amiable, le communiste peut s'adresser aux tribunaux pour obtenir le concours de ses cointéressés pour effectuer les réparations nécessaires, et même, s'il a pris l'initiative et qu'il ait directement opéré ces réparations, il peut forcer ceux dont il a géré la chose à lui rembourser les frais faits pour cette gestion (Bourguignat, *Droit rural*, n° 625, p. 200 ; Toullier, t. 3, p. 395 ; Fournel, t. 1, p. 287 ; Cappeau, t. 1, p. 679, n° 30).

Un ancien règlement de Provence de 1757 sur les ponts et chaussées, par son article 3, disposait que la contribution à l'entretien et aux réparations devait avoir lieu à proportion de l'alivrement des biens, à raison desquels on se servait des chemins. De nos jours, on a encore jugé que cette contribution devait être établie à raison de l'étendue en surface de chaque propriété usant de la voie (Jugement de Nantes du 8 mai 1845 ; Sibille, *Usages de la Loire-Inférieure*, p. 313, n° 708).

Toutefois, si le chemin servait à un établissement industriel, cet établissement devrait y contribuer à raison de son importance et non point du sol qu'il occuperait (Nantes, 22 décembre 1840 ; Sibille, p. 314, n° 709).

Un intéressé peut se soustraire à cette contribution en renonçant d'une manière formelle à tout droit de propriété et d'usage sur le chemin (Cappeau, t. 1, p. 682, n° 33).

En cas de désaccord entre les propriétaires, c'est à la justice ordinaire et non à l'administration qu'il faut recourir, soit pour fixer la part contributive de chacun dans les dépenses générales, soit pour obtenir le remboursement de ces dépenses (Cass., 10 juin 1890, S. 91, 1,253 ; 4 avril 1892, D. 92,1,304 ; Sibille, p. 314, n° 710 ; Toullier, t. 3, p. 365 ; Fournel, t. 1, p. 287 ; Cappeau, t. 1, p. 679, n° 30).

621. *Chemin de desserte et de vidange des bois et forêts.* — Par son arrêt du 10 juin 1890 la Cour de cassation a jugé que notre article était applicable à ces chemins.

« ... Attendu, porte l'arrêt de la chambre des requêtes, qu'aux termes de l'article 33 de la loi du 20 août 1881 les chemins et sentiers d'exploitation sont ceux qui servent exclusivement à la communication entre divers héritages et à leur exploitation ;

« Qu'aux termes de l'article 34 de la même loi, tous les propriétaires dont ils desservent les héritages sont tenus les uns envers les autres de contribuer, dans la proportion de leur intérêt, aux travaux nécessaires à leur entretien et à leur mise en état de viabilité ;

« Attendu qu'Hémard et les consorts Antier sont propriétaires de deux forêts, l'une d'une contenance de 335 hectares, appartenant à Hémard ; l'autre, d'une contenance de 714 hectares, appartenant aux consorts Antier ;

« Qu'entre ces deux forêts, sur une longueur de plus de six kilomètres, existe un chemin destiné à leur exploitation ;

« Que des difficultés s'étant élevées entre Hémard et les consorts Antier, relativement à la mise en état de viabilité de ce chemin, des experts, nommés par justice, ont indiqué les travaux à effectuer ; que ces travaux s'élèvent, d'après le devis qu'ils en ont dressé, à la somme de 19, 363 francs, et qu'ils déclarent que ces travaux sont indispensables pour la mise en état de viabilité du chemin litigieux ;

« Que leur rapport ayant été entériné, c'est à bon droit par suite que le Tribunal, considérant qu'il s'agissait uniquement de travaux nécessaires à la mise en état convenable de viabilité du chemin, conformément aux dispositions de l'article 34 de la loi précitée, a condamné Hémard à contribuer dans la proportion de son intérêt à la dépense qu'entraînerait l'exécution de ces travaux.

« Qu'Hémard objecte, il est vrai, « que le chemin litigieux est un chemin de vidange de bois appartenant à des particuliers ; que, pour les chemins de cette nature, il est d'usage que la mise en viabilité et l'entretien ont lieu en comblant seulement les ornières et en nivelant le sol, sans que jamais on y apporte d'autres matériaux que ceux que l'on trouve dans la propriété même ; que l'article 34 de la loi du 20 août 1881 ne s'applique point aux chemins de cette nature, et que, par conséquent, il n'a pu être condamné à contribuer dans une proportion quelconque à des travaux qui ne pouvaient être ordonnés que pour un chemin d'exploitation ordinaire » ;

« Attendu qu'il n'est fait aucune distinction par l'article 34, et que, quelle que soit la nature du chemin, quand les juges par une appréciation souveraine ont constaté que les travaux réclamés sont nécessaires à sa mise en état de viabilité, ils ont par là même justifié l'application de l'article précité ;

« Attendu que les prescriptions de l'article 7 de la loi du 20 avril 1810 n'ont pas été violées ;

« Par ces motifs, rejette...

§ 3.— Droits des riverains ; Impraticabilité du chemin.

622. *Droits des riverains.* — M. Bourguignat dans son *Traité sur le droit rural,* en signalant les droits des riverains sur les chemins d'exploitation, indique que :

Ils peuvent seuls ramasser les boues qui se trouvent sur ces chemins ;

Prendre les eaux pluviales qui en découlent ;

Planter des haies le long de leurs parcours, mais à charge d'observer la distance voulue par la loi.

Construire des fossés le long des chemins sur leurs héritages.

623. *Impraticabilité du chemin.* — M. Pardessus, dans son *Traité sur les servitudes,* t. 1, p. 505, n° 525, pense qu'en cas d'impraticabilité accidentelle d'un chemin d'exploitation, celui qui a le droit d'y passer peut se frayer temporairement un passage sur la propriété riveraine, il se fonde sur les textes que nous avons déjà indiqués et qui établissent ce droit lorsqu'il s'agit des chemins publics. Nous partageons complètement cet avis, le droit reconnu par ces textes se fonde sur une impérieuse nécessité, mais l'exercice de ce droit donne lieu à une indemnité au profit de celui qui est obligé de le souffrir (Fournel, *Voisinage*, t. 2, p. 400, § 207 ; Sibille, *Usages de la Loire-Inférieure*, n° 185).

En pareil cas, si le passage n'est pas dû par application des lois sur la voirie et les attributions des autorités publiques, il est dû par application des règles du droit commun sur l'enclave.

Mais il a été jugé que ce droit ne pouvait être revendiqué de la part de l'adjudicataire d'une coupe, en ce qui concerne les chemins de desserte tracés dans les forêts pour l'exploitation des coupes. C. cass., 4 juillet 1839, S. 40, 1, 420.

Mais le public autorisé par tolérance à fréquenter un pareil chemin pourrait-il se plaindre utilement de son mauvais état d'entretien ? Il paraît que Proudhon, t. 2, n° 644 aurait été d'avis de l'affirmative. Les auteurs du Répertoire publié sous la direction de M. Fuzier-Hermann, v° *Chem. d'exploitation*, n° 43, contredisent Proudhon, et ils me paraissent avoir pleine raison. Si une personne dont le passage est toléré sur un chemin, sur lequel il n'a aucun droit trouve que ce chemin ne lui rend pas les services qu'il n'a pas le droit de réclamer, il n'a qu'à ne pas le pratiquer.

§ 4. — Surveillance administrative; dégradations.

624. *Action du maire.* — M. Proudhon, dans son *Traité du domaine public*, n° 654, a soutenu que le maire pourrait enjoindre par un arrêté aux riverains d'un chemin de quartier de le réparer et, à défaut, ordonner qu'il serait réparé d'office à leurs frais. M. Dumay, dans son travail sur l'ouvrage de Proudhon, ne reconnaît pas au maire un droit aussi étendu, il pense que cet administrateur pourrait bien enjoindre aux cointéressés de faire procéder aux réparations nécessaires, mais qu'il ne pourrait pas les faire effectuer d'office. M. Bourguignat, *Droit rural*, p. 200, n° 624, pense qu'aucun de ces droits n'appartient au maire sur ces voies privées, la seule mesure qu'il pourrait prendre serait d'en ordonner la clôture dans le cas où il existerait des fondrières et des ravins dangereux pour la sûreté et la vie de ceux qui s'y engageraient.

M. Cappeau, dans sa *Législation rurale et forestière*, t. 1, p. 682, n° 34, était de l'avis de Proudhon, toutefois c'est au préfet qu'il réservait l'initiative et l'action que Proudhon attribuait au maire, mais l'époque à laquelle Cappeau écrivait et la confusion qui existait alors dans ces matières explique son erreur, qui ne pourrait être partagée aujourd'hui.

Il est reconnu que les pouvoirs de l'autorité municipale, en ce qui concerne la salubrité et la sûreté publique s'étendent aux voies privées ouvertes au public et pratiquées par lui ; c'est surtout sur les voies privées urbaines que s'exercent ces pouvoirs.

625. *Liberté de la circulation.* — Le maire ne peut enjoindre à un particulier qui a ouvert chez lui un chemin privé d'en laisser la libre disposition au public, jusqu'à ce qu'un chemin vicinal projeté ait été rendu viable. C'est là une atteinte illégale, quoique temporaire, au droit de propriété (Rej. ch. crim., 21 août 1856, Brustier ; 16 mai 1857, Coudeville).

626. *Empiétements, usurpations, dégradations.* — Les empiétements, usurpations et dégradations commis sur les chemins d'exploitation ne sont ni des contraventions, ni des délits du ressort des tribunaux de répression, mais seulement des actes donnant lieu aux actions civiles devant les tribunaux ordinaires ; C. d'Etat, 13 octobre 1809, Jousselin ; 13 mai 1818, Molé ; 12 août 1818, Gauzens ; Cass. crim., 19 nivôse an X, D. *Rép.*, v° *Voirie par terre,* n° 1465 ; Paris, 18 mars 1828, D. *Rép.*, *loc. cit.* ; C. cass., 13 juin 1837, Lapeyrade ; crim., 9 juin 1854, D. 55, 1, 414 ; crim., 3 mai 1861, D. 61, 1, 360 ; 10 novembre 1875, S. 77, 1, 317, D. 76, 1, 328. Dalloz, n° 1465 ; Fournel, t. 1, p. 287 ; Toullier, t. 3, p. 365 ; Cappeau, t. 1, p. 679, n° 30.

A moins que ces faits ne vinssent à présenter le caractère de contraventions ou de délits prévus par les lois pénales, caractérisés par elles et rentrant dans la classe des crimes et délits contre les propriétés en général.

627. *Passage s'exerçant d'une manière anormale.*
— Le fait de passer sur un sentier d'exploitation appartenant aux riverains, peut donner lieu à des condam-
nations en dommages-intérêts, si le sol commun ne
comportant qu'un passage à pied, le passage s'est
opéré avec des charrettes, et celui qui l'a exercé a passé
sur le sol qui était la propriété privée d'un riverain. Juge
de paix d'Ay, *Gaz. des Trib.* du 9 août 1881.

Les articles 147 et 199 du Code forestier, punissent
le passage dans les forêts sans autorisation, hors des
routes et chemins ordinaire ; la Cour de Paris a fait une
application de ces articles dans des circonstances données, par son arrêt du 9 novembre 1892, D. 93, 2, 73.

ART. 35.— *Suppression.*

Les chemins et sentiers d'exploitation ne peuvent être
supprimés que du consentement de tous les propriétaires qui ont le droit de s'en servir.

SOMMAIRE

628. Adoption du projet.
629. Changement d'assiette du chemin.
630. Droit de suppression.
631. Difficultés ; compétence.
632. Perte de droit, prescription.
633. Suppression par le partage de la chose indivise.
634. Expropriation pour cause d'utilité publique.
635. Chemins modifiés, détruits ou créés par suite de l'exécution
    des chemins de fer.

688. *Adoption du projet.* — L'article 35 de la loi est la copie littérale de l'article 32 du projet.

689. *Changement d'assiette du chemin.* — L'article 701 autorise le propriétaire du fonds servant à demander le déplacement de l'assiette de la servitude ; mais cette disposition d'après nous, *supra* n° 603, n'est pas applicable aux droits qui s'exercent à titre de propriété ou de copropriété, dont on ne saurait en aucun cas demander le changement d'assiette et le déplacement. Cela avait été formellement jugé par notre Parlement de Provence, à l'occasion d'un chemin d'exploitation, le 25 juin 1726, dans un procès concernant les Ursulines de Sisteron. M. Demolombe, dans son *Traité des servitudes,* professe avec beaucoup de raison la même opinion, t. 2, n°ˢ 672 et 898, il cite à l'appui les arrêts de Caen des 22 juin 1814, Verel ; 27 janvier 1820, Fallin ; 8 mars 1837, Picqueray. On peut joindre à ces citations l'arrêt de rejet de la Chambre civile du 15 février 1858, Letartre. Un des communistes ne pourrait pas davantage changer l'état des lieux sans le consentement des autres (Rej.,17 novembre 1840, Libert ; Garnier, *Législ. et jurisp. nouvelles sur les ch.,* p. 258).

Le conseil général de Vaucluse a émis plusieurs fois le vœu qu'une disposition législative vînt autoriser les propriétaires à élargir ou rectifier, moyennant une juste et préalable indemnité, les chemins qui servent à l'exploitation de leur domaine (Voyez sessions de 1856, 1857, 1858, 1860, 1861, etc.).

Il a été jugé que la convention à la suite de laquelle les copropriétaires d'une forêt, en la partageant entr'eux établissent de nouveaux chemins pour son exploitation en remplacement des anciens, profite aux tiers qui avaient des droits sur les anciens chemins, et que ces derniers peuvent exercer ces droits sur les nouveaux chemins (Rej. req., 14 juillet 1856, Bourdet).

630. *Suppression.* — Les chemins d'exploitation, étant une propriété privée, peuvent être supprimés du consentement des propriétaires des fonds desservis, sans que personne, pas même les communes, ne puissent s'y opposer ; Paris, 11 mars 1861, Lutzaque ; Dalloz, *Voirie par terre*, n° 1463. A plus forte raison peuvent-ils être fermés à leurs extrémités ou à l'une d'entr'elles par des barrières, fossés et autres obstacles fixes ou temporaires, lorsque ces opérations se font avec le consentement des intéressés.

Mais la loi de 1881 exige, pour que cette suppression ait lieu, le consentement de tous les propriétaires qui ont le droit de s'en servir.

631. *Difficultés; compétence.*—Si la supression d'un chemin de quartier donne lieu à des difficultés entre les intéressés, la solution de ces difficultés est de la compétence des tribunaux civils (C. d'Etat, 5 floréal an XIII, Dossemont). Comme il est dit dans l'article 36 qui suit.

632. *Perte de droit ; prescription.*— Le non-usage

d'un chemin ou sentier d'exploitation par l'un des co-intéressés pendant près de 30 ans ne suffit pas pour lui faire perdre le droit d'y passer, l'article 706 du Code civil n'étant applicable qu'aux servitudes et non au droit de propriété ou copropriété. Il n'en serait autrement que si quelqu'un avait acquis exclusivement la propriété de ce chemin par une possession continue, pendant un temps suffisant et dans les conditions requises pour prescrire cette propriété (Rej. req., 25 avril 1855, Moret).

633. *Suppression par le partage de la chose indivise.* — La règle que nul ne peut être contraint à rester dans l'indivision n'est pas applicable au cas où les intéressés ont destiné un terrain à l'exploitation et à l'accès de leurs propriétés respectives, et où ce terrain est nécessaire à cette exploitation. Dans ce cas, l'un des copropriétaires ne peut faire cesser l'indivision sans le consentement de son communiste, car le partage ou la vente par licitation ne serait autre chose que l'annulation de la chose commune, devenue l'accessoire des terres desservies, sa destruction et non son partage. Ce point ne saurait être aujourd'hui contesté en l'état de l'unanimité de la jurisprudence et de la doctrine, il suffit de citer les arrêts de la Cour de cassation des 10 décembre 1823, 31 janvier 1832, 10 janvier 1842, et notamment l'arrêt de rejet de la chambre civile du 15 février 1858, Letartre ; et Toullier, t. 3, n° 469 ; Duranton, t. 5, n° 149, et t. 7, n° 77 ; Pardessus, *Servit.*, n° 8 ; Vazeille, *Successions*, sur l'art. 815, n° 4 ; Zachariæ, Massé et Vergé, t. 2, § 279, p. 74, note 22.

La nouvelle loi a d'ailleurs consacré cette solution.

634. *Expropriation pour cause d'utilité publique.*
— En cas d'expropriation pour cause d'utilité publique,
on ne peut opposer à ceux des copropriétaires d'un chemin d'exploitation qui n'ont figuré ni dans l'arrêté de
cessibilité ni dans le jugement d'expropriation, la déchéance édictée par l'article 21 de la loi du 3 mai 1841,
contre les parties intéressées qui ne se sont pas fait connaître dans le délai de huitaine fixé par cet article. Dès
lors ces propriétaires sont recevables à faire valoir leurs
droits, même après la prise de possession et l'incorpo-
ration du sol à une œuvre d'utilité publique Toutefois,
le tribunal investi des réclamations de ces copropriétaires, ne peut, en pareil cas, ordonner le rétablissement
des lieux dans leur premier état, il ne peut que reconnaître les droits des réclamants et les renvoyer devant qui
de droit, pour le règlement de l'indemnité qui peut leur
être due ; c'est ensuite à eux, à défaut d'entente amiable,
à remplir les formalités nécessaires pour provoquer ce
règlement par le jury d'expropriation (Limoges, 2 juillet 1862, S. 63, 2, 35).

635. *Chemins modifiés, détruits ou créés par suite
de l'exécution des chemins de fer.* — Je n'entrerai pas ici
dans une publication spéciale et dont le développement
n'a pas exigé moins d'un très gros volume in-8°.

Depuis il a été jugé, le 21 janvier 1881, par le Conseil
d'Etat (com. du Thil), qu'il rentrait dans les pouvoirs

d'appréciation du ministre des travaux publics d'autoriser les travaux nécessaires pour le rétablissement d'un chemin d'exploitation intercepté par un chemin de fer et de régler les conditions dans lesquelles il serait pourvu au rétablissement dudit chemin, ce qui n'est que la consécration de la jurisprudence antérieure du Conseil.

ART. 36. — *Compétence ; mode de procéder en justice.*

Toutes les contestations relatives à la propriété et à la suppression de ces chemins et sentiers sont jugées par les tribunaux comme en matière sommaire.

Le juge de paix statue, sauf appel, s'il y a lieu, sur toutes les difficultés relatives aux travaux prévus par l'article 34.

SOMMAIRE

636. Rédaction du projet.

636. *Rédaction du projet.* — Voici quelle était la rédaction primitive de l'article 36 de la loi sous le n° 33 du projet.

Toutes les contestations relatives à la propriété, à l'entretien et à la suppression de ces chemins et sentiers, sont jugées par les tribunaux comme en matière sommaire.

Le juge de paix statue en premier ressort sur toutes les difficultés relatives à l'entretien de ces chemins.

ART. 37. — *Renonciation au droit au chemin.*

Dans les cas prévus par l'article 34, les intéressés pourront toujours s'affranchir de toute contribution en renonçant à leurs droits, soit d'usage, soit de propriété sur les chemins d'exploitation. —

SOMMAIRE

637. Addition au projet.
638. Principe du droit d'abandon.

637. *Addition au projet.* — L'article 37 contient une disposition qui ne faisait l'objet d'aucune proposition dans le projet et que l'examen par les chambres a fait introduire.

638. *Principe du droit d'abandon.* — Est appliqué dans plusieurs circonstances par nos lois ; ainsi le propriétaire du mur mitoyen est autorisé par l'article 656 du Code civil à s'exonérer de contribuer à son entretien en abandonnant son droit de mitoyenneté.

TITRE II

SERVITUDES DE PASSAGE

—

SECTION Ire

SERVITUDES DE PASSAGE EN GÉNÉRAL

SOMMAIRE

§ 1. — Observations générales.

639. *Ce qu'on entend par servitudes de passage.* — En nous occupant des voies de communications privées, nous n'avons eu jusqu'ici qu'à étudier le régime des che-

mins qui constituaient une propriété ou une copropriété,
ou une communauté d'usage pour ceux qui s'en ser-
vaient; en dehors des passages établis à ce titre, il en
existe à titre de simple servitude. Ces passages sont établis aux termes de l'article 637 du Code civil à titre de
charge imposée sur un héritage, pour l'usage et l'utilité
d'un héritage appartenant à un autre propriétaire.

La servitude de passage est une servitude discontinue,
art. 688, C. civ.

640. *Distinction entre les servitudes de passage conventionnelles et légales.* — La servitude de passage dérive
ou des obligations imposées par la loi, ou des conventions entre les propriétaires, art. 639, C. civ.

La servitude de passage établie par la loi, n'est autre
que le droit de passage existant au profit des fonds enclavés, elle fera l'objet de la seconde section. Dans la
première, j'aurai à m'occuper de la servitude conventionnelle.

641. *Passages exercés accidentellement; renvoi.* —
Il est encore en dehors des passages exercés sous le bénéfice de la convention et de la loi, des passages exercés en suite d'une nécessité de fait, par exemple pour
élaguer les arbres et tailler les haies placés sur la limite
des héritages, récolter les fruits ou les ramasser lorsqu'ils sont tombés sur les fonds voisins, faire les réparations aux constructions établies sur la ligne divisoire
des deux fonds; il en sera parlé, *infrà*, à l'occasion des
enclaves, et à l'occasion du *tour d'échelle*.

619. *Passage sur un fonds pour y ramasser les fruits tombés du fonds voisin.* — Le nouvel article 673 du Code civil, tel qu'il a été amendé par la loi du 20 août 1881, porte :

« Celui sur la propriété duquel avancent les branches des arbres du voisin peut contraindre celui-ci à les couper.

« Les fruits tombés naturellement de ces branches lui appartiennent.

« Si ce sont les racines qui avancent sur son héritage, il a le droit de les y couper lui-même.

« Le droit de couper les racines ou de faire couper les branches est imprescriptible. »

L'article 672 est applicable dans les procès commencés avant la loi de 1881, qui le modifie. C. cass., 25 janvier 1883.

Avant cette loi, MM. Aubry et Rau sur Zachariæ, t. 3, p. 4, § 238, soutenaient bien que ce droit tel que l'avait réglé le Droit romain, *L. uni. D. de glande legenda*, 42, 28, n'existait pas sous notre législation ; mais ils admettaient qu'on pouvait s'introduire sur le fonds voisin pour la récolte des fruits tombés des branches qui s'étendent sur ce fonds, à charge d'indemnité. C'était d'ailleurs l'avis de Merlin, *Rép.*, v° *Arbre*, § 8 ; Toullier, t. 2, n° 517 ; Proudhon, *Du Dom. privé*, t. 2, n° 585 ; Pardessus, *Servit.*, n° 196.

M. Demolombe, *Servit.*, t. 1, n° 515, p. 581, ne croit pas que le maître de l'arbre puisse invoquer, à titre de servitude légale, le droit d'entrer sur le fonds voisin

pour y recueillir les fruits tombés de l'arbre qui se trouve
sur son propre fonds, aucun texte n'établissant une servitude de ce genre ; mais il se demande s'il n'est pas
fondé du moins à prétendre que le voisin, en tolérant l'extension sur son fonds des branches qu'il aurait eu le
droit de faire couper, n'a pas tacitement consenti, soit à
remettre lui-même au propriétaire de l'arbre les fruits
qu'elles produiraient, soit à le laisser venir sur son fonds
pour en faire la récolte, à la charge d'indemnité en cas
de dommage. Cette conséquence, ajoute-t-il, nous paraîtrait naturelle et équitable, sauf au voisin s'il la trouve
gênante, à demander l'élagage des branches elles-mêmes.

Cette solution nous paraîtrait d'autant plus acceptable
sous la loi actuelle, n'était la rigueur de son texte, que
le voisin conservant toujours le droit de faire ébrancher
les arbres, peut, quand il lui plaît, s'exonorer de cette
charge, qui est moins une servitude qu'une obligation
de bon voisinage. Car les fruits peuvent descendre d'un
fonds sur un autre, non seulement lorsque les arbres
qui les portent sont sur la limite extrême et que les
branches dépassent cette limite, mais encore lorsque
ces arbres sont assez en arrière de cette limite ; la déclivité des terrains, la violence des vents ou des pluies
peuvent notamment amener ce résultat, et on ne peut,
ce nous semble, empêcher un voisin d'aller prendre sa
chose sur le terrain qui longe son héritage, à charge de
réparer le dommage causé, s'il en cause ; et je n'entends
par dommage qu'un dommage réel résultant par exem-

ple de l'introduction sur le terrain voisin dans des conditions habituelles et du simple piétinement de ce terrain.

Le droit pour le riverain d'aller prendre sur le fonds voisin les fruits tombés de ses arbres était admis par Marcadé, art. 972, n° 5, que les terres fussent closes ou non, mais à charge de réparer le cas échéant les dommages causés ; c'est l'avis de Lassaulx, Pardessus, Toullier, Garnier, *Législ. et jurisp. nouvelles sur les chemins*, p. 275 ; Neveu-Derotrie, p. 85 ; Sibille, *Usages de la Loire*, n° 584 ; *Usages de l'Hérault*, p. 25 ; *du département de l'Eure*, art. 150.

M. Garnier, *loc. cit.*, pense que le propriétaire pourrait passer et stationner momentanément sur le fonds voisin pour cueillir les fruits venus sur les branches qui s'étenderaient sur ce fonds, s'il n'était pas possible de les cueillir d'ailleurs, y tailler les haies et les arbres placés sur les limites des deux héritages. Cet avis est conforme à divers usages locaux, mais il nous paraît difficile à concilier avec les nouvelles dispositions des articles du Code civil que nous rapportons. Ce droit doit dans tous les cas être restreint aux terres non closes d'après Merlin, Delvincourt et Duranton.

MM. Vazeille et Troplong pensent que ces fruits deviennent la propriété de celui sur le fonds duquel ils se trouvent, et qu'il peut les ramasser et en disposer. Cela ne me paraît pas justifié. Dans certaines localités, les fruits se partagent entre les deux propriétaires, moitié est attribuée au propriétaire de l'arbre comme conséquence de cette propriété, moitié au propriétaire du fonds où les fruits sont recueillis, pour lui tenir compte à la fois du dommage causé en opérant cette récolte, et du dommage que cause à ses récoltes, par l'ombre et les racines, le voisinage de l'arbre qui les a produits ; cela a lieu notamment pour les fruits provenant des grands arbres forestiers tels que les chênes. Partout où des usages de cette nature existent, non comme établissant des servitudes, mais comme réglant des rapports de voisinage, ils doivent être respectés, car ils constituent des conventions implicites de possession des héritages, ils établissent des règles de jouissance qui fixent les droits de chacun, préviennent toutes les difficultés que l'arbitraire et l'incertitude feraient naître, et entretiennent les relations fort utiles de bon voisinage.

Quant aux fruits provenant d'une haie mitoyenne ou des arbres qui s'y trouvent, ils sont recueillis à frais communs et partagés aussi par moitié, soit qu'ils tombent naturellement, soit que leur chute ait été provoquée, soit qu'ils aient été cueillis. Mais chaque propriétaire a le droit d'exiger que les arbres mitoyens soient arrachés, art. 670, C. civ. ; loi du 20 août 1881.

Il n'est permis d'avoir des arbres, arbrisseaux ou arbustes près de la limite de la propriété voisine, qu'à la distance prescrite par les règlements particuliers actuellement existants, ou par des usages constants et reconnus, et, à défaut de règlements ou d'usages, qu'à la distance de deux mètres de la ligne séparative des deux héritages pour les plantations dont la hauteur dépasse deux mètres, et à la distance d'un demi-mètre pour les autres plantations.

Les arbres, arbustes et arbrisseaux de toute espèce peuvent être plantés en espaliers de chaque côté du mur séparatif, sans que l'on soit tenu d'observer aucune distance, mais ils ne pourront dépasser la crête du mur.

Si le mur n'est pas mitoyen, le propriétaire seul a le droit d'y appuyer des espaliers. Art. 671 ; loi de 1881.

Le voisin peut exiger que les arbres, arbrisseaux et arbustes plantés à une distance moindre que la distance légale soient arrachés ou réduits à la hauteur déterminée dans l'article précédent, à moins qu'il n'y ait titre, destination du père de famille ou prescription trentenaire.

Si les arbres meurent ou s'ils sont coupés ou arrachés, le voisin ne peut les remplacer qu'en observant les distances légales. Art. 672 ; loi de 1881.

643. *Propriétaire d'un essaim d'abeilles.* — Peut le poursuivre et le reprendre sur le fonds où il s'est reposé. Aubry et Rau sur Zachariæ, t. 3, p. 33, § 244.

644. *Propriétaire d'objets enlevés par les eaux.* — Peut aller les reprendre sur le fonds où ils ont été entraînés. Aubry et Rau sur Zachariæ, t. 3, p. 33, § 244.

645. *Qu'entend-on par passage de tolérance.* — Tout le monde se rend compte de ce qu'on entend par passage de tolérance ; je viens de lire ce qu'écrivait là-dessus M. le président Petit dans un mémoire présenté à la Société d'agriculture, sciences et arts du département du Nord, et comme je crains que ma mémoire, dans ce cas exceptionnellement trop fidèle, ne vienne à reproduire involontairement tout ce qu'a écrit de vrai et juste sur ce sujet ce magistrat, je copie littéralement dans son mémoire la page qui suit, pour en laisser le mérite à son véritable auteur : « Un passage de tolérance ne peut pas prétendre à la qualification de chemin. C'est un passage accidentel sur une propriété labourée tous les ans que le premier venu exerce ; c'est un passage qui sert à tout le monde et qui ne sert à personne en particulier ; c'est le résultat d'une habitude que l'obligeance fait tolérer, qu'on finit par respecter, et qu'ensuite il serait bien difficile de déraciner dans les campagnes, car si le propriétaire a la persévérance de labourer chaque année la piedsente et de manifester son opposition, soit par la plantation d'épines, soit par le creusement de petits fossés pour en interdire l'accès, la force de l'habitude l'emporte et bientôt la piedsente est reformée, sinon au même endroit, toujours dans la même direction. Le propriétaire renouvelle ses précautions, ou bien se résigne sans en prendre aucune, peu importe, le passage n'en est jamais qu'un passage de tolérance, parce qu'il conserve toujours les vices de son origine et que le temps ne peut pas les faire disparaître.

« Les passages de tolérance, dit Proudhon, ce sont tous ces petits chemins ou sentiers qu'on voit pratiqués près des communes, à travers champs, par des habitants qui, pour s'épargner quelques centaines de pas, veulent couper au plus court vers leurs habitations ou vers la voie publique, sans aucune nécessité pour eux.

« Il est admis dans les campagnes que le passage est libre à travers les champs dépouillés de leurs récoltes, pour arriver aux champs qui ont encore la leur. Tous les cultivateurs traversent les champs de leurs voisins sans scrupule et sans opposition, toutes les fois que les besoins et les aisances de la culture l'indiquent, pourvu qu'il n'en résulte aucun dommage pour le propriétaire du champ sur lequel le passage est exercé.

« Voilà des faits de passage de tolérance que tous les cultivateurs se permettent et souffrent réciproquement. »

Un passage sur le fonds d'autrui, quelque longue qu'en ait été la jouissance, est présumé exercé par tolérance, alors qu'il n'est produit aucun titre constitutif du droit. Bordeaux, 27 mars 1841, Cordes ; Dalloz, vᵒ *Servitude*, nᵒ 902.

646. *Condition juridique.* — Il est admis pour tous, que l'exercice de ce passage, quel que soit le temps et les circonstances dans lesquelles il peut se produire, ne peut devenir la base constitutive d'un droit quelconque, et celui qui l'a souffert, quel que soit le temps qu'ait duré sa tolérance, et même celui de ses devanciers, peut toujours faire cesser ce passage juridiquement, s'il peut lui être quelquefois difficile d'arriver à ce résultat en fait. Bruxelles, 4 février 1806, Degrotte ; Agen, 23 juillet 1845, Pezet ; Angers, 26 juillet 1854, Foulard ; C. cass., 5 août 1859 ; 6 décembre 1871, S. 72, 1, 27 ; Nîmes, 4 mars 1890, D. 91, 2, 59. Bourguignat, *Propriété des chemins ruraux*, p. 10 ; Neveu Derotrie, *Lois rurales*, p. 329 ; Merlin, *Rép.*, v° *Chemins de souffrance* ; Garnier, *Chem.*, p. 301, et *Législ. et jurispr. nouv. sur les chem.*, p. 121 ; Proudhon, *Dom. pub.*, n° 634 ; Pardessus, *Servit.*, n° 216.

Un maire ne pourrait ordonner qu'un pareil chemin resterait à la disposition du public pendant un certain temps, contrairement à la volonté du propriétaire (Ch. crim., rej., 16 mai 1857, Coudeville).

§ 2. — Établissement de la servitude de passage.

SOMMAIRE

647. *Nécessité d'un titre pour établir une servitude.* — L'article 691 du Code civil porte : les servitudes continues non apparentes et les servitudes discontinues apparentes ou non apparentes ne peuvent s'établir que par titre. La possession, même immémoriale, ne suffit pas pour les établir, sans cependant qu'on puisse attaquer aujourd'hui les servitudes de cette nature déjà acquises par la possession, dans les pays où elles pouvaient s'acquérir de cette manière.

Il en résulte que la preuve d'une servitude de passage doit résulter d'un titre. Cass., 16 juillet 1891, D. 93, 1. 30.

Qu'elle ne peut résulter uniquement d'une preuve orale ou de simples présomptions. C. cass., 28 janvier 1874, S. 76, 1, 252.

648. *Liberté des stipulations quant à ce.* — Il est permis aux propriétaires d'établir sur leurs propriétés, ou en faveur de leurs propriétés, telles servitudes que

bon leur semble, pourvu néanmoins que les services
établis ne soient imposés ni à la personne, ni en faveur
de la personne, mais seulement à un fonds et pour un
fonds, et pourvu que ces services n'aient d'ailleurs rien
de contraire à l'ordre public ; art. 686, C. civ.

649. *Règles générales concernant les servitudes de
passage.* — Il est nécessaire que les fonds soient voisins,
mais il n'est pas indispensable qu'ils soient contigus.

Il faut que les deux fonds appartiennent à deux propriétaires différents.

On peut stipuler une servitude en faveur d'un immeuble qu'on ne possède pas, mais qu'on espère posséder ou
acquérir. Montpellier, 28 juin 1849, com. de Perpignan ;
Toullier, t. 2, n° 578 ; Pardessus, t. 2, n° 261 ; Marcadé,
Revue critiq., t. 2, p. 211 ; Duranton, t. 5, 443 ; Demolombe, t. 2, n° 694, p. 697.

Les servitudes peuvent être établies à temps et sous
condition.

Les articles 686 et suivants du Code civil indiquent les
règles qui président à l'établissement des servitudes établies par le fait de l'homme, aux droits du propriétaire
du fonds auquel la servitude est due, aux modes d'extinction des servitudes. Je ne puis rapporter ici en détail
toutes ces règles, ce serait faire un commentaire sur les
servitudes, ce qui ne saurait entrer dans mon cadre. Je
me bornerai à signaler l'application de quelques-unes de
ces règles à la servitude de passage.

650. *Titre; preuve; commencement de preuve par écrit.* — La servitude de passage étant une servitude discontinue, aux termes de l'article 688 du Code civil, ne peut aux termes de l'article 691 du même Code s'établir que par titres, comme nous l'avons rappelé tantôt.

Mais pour le mot titre, il ne faut pas entendre ici seulement l'acte écrit, l'instrument destiné à constater le titre, à fournir la preuve de son titre, de son droit, mais la cause efficiente et interne du droit lui-même.

De sorte que la preuve du droit pourra être faite autrement que par un titre écrit et même par témoins, s'il y a un commencement de preuve par écrit. C'est ce qui a été jugé, spécialement pour une servitude de passage, par arrêt de rejet de la chambre des requêtes du 16 décembre 1863, Peynaud; Agen, 16 février 1869, S. 69, 2, 263; C. cass., 2 juillet 1870, S. 70, 1, 400. C'est ce que professent: Demolombe, *Servit.*, t. 2, nᵒˢ 729 et 730, p. 231; Solon, id., nᵒ 379; Demante, *Cours analyt.*, t. 2, nᵒ 545 bis; Ducaurroy, Bonnier et Roustain, t. 2, nᵒ 346; Massé et Vergé sur Zachariæ, t. 2, § 334, note 3; Mourlon, *Répétitions écrit.*, t. 1, p. 861; Delsol, t. 1, p. 460; Aubry et Rau sur Zachariæ, § 250.

On peut trouver le commencement de preuve par écrit dans les mentions de l'acte de vente portant, que l'immeuble est vendu avec les servitudes actives et passives qui y sont attachées; alors que l'exercice de la servitude était manifestée par des traces apparentes et que l'acquéreur voisin des lieux acquis en connaissait parfaitement l'origine, et a dû considérer les clauses de l'acte non

comme des clauses de style insignifiantes, mais comme
ne pouvant s'appliquer qu'à la servitude litigieuse. Agen,
12 février 1869, S. 69, 2, 263.

La Cour de cassation, le 16 juin 1890, S. 90, 1, 385,
Pand., 90, 1, 464, a rejeté un pourvoi contre un arrêt qui
avait admis, que les servitudes discontinues peuvent s'é-
tablir à défaut de titre égaré, par présomption ou témoi-
gnages appuyés d'un commencement de preuve par écrit,
sans avoir à justifier que la perte du titre avait eu lieu
par force majeure. En fait on s'était fondé pour réclamer
un droit de passage, sur un acte sous seing privé, dont on
ne pouvait produire que la copie relatée dans une signification faite antérieurement par celui qui s'en prévalait.

La preuve d'une servitude constituée par titre peut
être établie par un aveu et par serment. Duranton, t. 2,
n° 565 ; Pardessus, t. 2, n° 269 ; Demolombe, t. 2, n° 755 ;
Aubry et Rau sur Zachariæ, t. 3, p. 76, § 250.

Il suffit, porte l'arrêt de la Cour de cassation du 25 janvier 1893, S. 93, 1, 244, *Pand.*, 93, 1, 207, pour justifier
l'existence d'une servitude de passage, qu'on en trouve
l'aveu judiciaire, ou extra-judiciaire dans un acte émané
du propriétaire du fonds asservi, ou de son auteur ; et par
une application souveraine, le juge du fond peut trouver
cet aveu dans des documents relatifs à un procès autre
que le procès actuel ; mais dans lequel le propriétaire du
fonds asservi ou son auteur, aurait reconnu l'existence
de la servitude de passage ; « à défaut d'un titre primordial
ou d'un acte recognitif dans les conditions de l'article 695,
C. civ., l'existence d'une servitude discontinue peut être

établie par l'aveu du propriétaire du fonds asservi ou de son auteur que cet aveu soit judiciaire ou extra-judiciaire. »

Il a été jugé plusieurs fois que l'article 1337, C. civ. n'était pas applicable en notre matière : Cass., 16 novembre 1829, 2 mars 1836, S. 36, 1, 247 ; 23 mai 1855, S. 57, 1, 123.

Mais l'arrêt qui se fonderait uniquement sur une preuve orale et de simples présomptions, pour reconnaître une servitude de passage, manquerait de bases légales et devrait être cassé. C. cass., 28 janvier 1874, S. 76, 1, 252.

651. *Titre ; décision contre le domaine de l'État.* — Une servitude de passage reconnue sur un fonds, alors que ce fonds faisait partie de l'ancien domaine de la couronne, n'est point un démembrement de la propriété, contraire au principe de l'inaliénabilité de ce domaine, encore bien que cette reconnaissance résulte d'un arrêt du Conseil du roi, si elle est intervenue sur appel de sentence et après débat contradictoire. Il y a en pareil cas une décision de Cour souveraine inattaquable et conforme aux lois de l'époque. L'autorité judiciaire en appliquant un pareil acte n'excède pas ses pouvoirs, puisque cet acte constitue une décision judiciaire. Elle ne les excéderait pas davantage, s'il constituait un acte administratif, qu'il s'agirait d'appliquer et non d'interpréter (Req. rej., 6 décembre 1864, de la Rochefoucault).

Depuis la loi des 22 novembre-1er décembre 1790 dont

l'article 13 est très précis, l'ancienne controverse qui
avait existé sur le point de savoir si l'exception de la
chose jugée pouvait être opposée au domaine ne peut plus
se présenter.

652. *Titre* ; *décision du jury d'expropriation.* —
L'indemnité d'expropriation devant, à peine de nullité,
être claire, précise et de nature à ne donner lieu plus
tard à aucun litige entre l'expropriant et l'exproprié, et
devant consister uniquement en une somme d'argent ;
le jury, lorsqu'il la détermine, ne saurait y faire;rentrer
autre chose, en créant sur la propriété qui a été expro-
priée une servitude de passage, au profit de celle qui est
restée entre les mains du propriétaire dépossédé. C.
cass., 15 janvier 1877, S. 79, 1, 40.

Ce qui ne signifie pas que, pour rétablir les communications, les concessionnaires de travaux publics ne peuvent pas consentir volontairement au profit des expropriés, avec l'agrément de ceux-ci, pour rétablir les
communications, des droits de passage sur les chemins
qu'ils établissent dans ce but sur les parcelles expropriées. Mais ce que peuvent faire les concessionnaires
n'est point permis au jury, qui doit fixer l'indemnité
en prenant en considération les dommages causés par
les travaux tels que leur exécution est prévue et réglée.

653. *Titre* ; *réglementation complète de la servitude.*—Certaines coutumes exigeaient que les servitudes

fussent *nommément et spécialement déclarées, tant pour l'endroit, grandeur, hauteur, mesure, que pour l'espèce, sinon ne valaient* ; Cout. d'Orléans, art. 227 ; de Calais, art. 20 ; de Paris, art. 215. Cette disposition, de nature à prévenir les difficultés d'exécution qui peuvent naître de la constitution des servitudes, n'est point aujourd'hui prescrite à peine de nullité, et la servitude n'en serait pas moins valable, pourvu qu'il soit possible de la déterminer, alors même qu'elle n'aurait pas été détaillée et décrite d'une manière complète (Demolombe, t. 2, nº 731, p. 232 ; Solon, nº 374).

Il suffit même pour que la servitude existe, de la commune intention des parties, reconnue par voie d'interprétation du contrat (Ch. civ., rej., 5 novembre 1856, Maillebian ; rej. req., 26 janvier 1858, Frichot).

Mais cette interprétation étant laissée à l'appréciation du juge, il a pu décider, que la clause d'un acte de partage portant que les fonds sont divisés et partagés respectivement avec leurs droits d'entrée, issues, etc. ne peut être considérée comme titre suffisant pour établir une servitude de passage d'un fonds sur un autre, alors qu'elle n'a pas été constatée par ce titre, ou par un autre (Grenoble, 4 mai 1824, Rolland).

La présence d'un tiers à l'acte de vente d'un immeuble joignant sa propriété, n'emporte pas de sa part reconnaissance tacite de l'existence légale sur son propre fonds, et en faveur du fonds vendu, d'une servitude continue manifestée par des signes apparents, lorsque cette servitude n'est point indiquée dans l'acte, et que la présence du tiers est motivée par le règlement d'autres droits (Lyon, 9 mars 1842, Constant).

De ce que des copartageants ont déclaré qu'une mare faisant partie des objets à partager leur resterait commune, on doit induire un droit de passage sur l'héritage qui l'entoure, au profit de celui à qui a été réservé un droit de communauté sur cette mare, alors surtout que l'acte a d'abord été interprété en ce sens par les parties (Bourges, 8 frimaire an XI, Rat).

La clause insérée dans un acte de partage, d'après laquelle les copartageants s'accorderont mutuellement les uns aux autres le libre passage et issue avec charriot sur les parties de terre qui leur sont respectivement échues, est un pacte qui établit une servitude de passage, non seulement en faveur des copartageants, mais encore en faveur de leurs héritiers et ayants cause (Bruxelles, 16 janvier 1823, Declerck).

634. *Titre; nature de l'acte.* — La servitude peut résulter d'un contrat intéressé ou soit onéreux et commutatif, tel qu'une vente, un échange, un partage, une transaction ; ou d'un acte de libéralité entre vifs ou testamentaire (Demolombe, *Servitudes*, t. 2, n° 729, p. 230 et n° 732, p. 233).

On peut léguer en usufruit à quelqu'un le droit de passage sur un fonds qui appartient au testateur pour arriver à la propriété du légataire, l'article 686 du Code civil est inapplicable dans ce cas (Proudhon, *Usufruit*, t. 1, n° 369 ; Salviat, *id.*, t. 1, p. 65).

Sous l'ancien droit, on avait discuté la question de savoir à qui, du propriétaire assujetti ou du propriétaire du fonds dominant, il appartenait de déterminer le mode de la servitude, quand le titre constitutif ne l'avait pas fixé, et plusieurs auteurs distinguaient pour la solution à donner à cette question, suivant que la servitude était constituée à titre onéreux ou à titre gratuit ; le Code civil ne s'est pas préoccupé de cette distinction, pas plus que ne l'avaient fait Cujas ni Dumoulin, de l'opinion desquels Cœpola s'était écarté ; et il s'est borné à dire que le passage doit être fixé dans l'endroit le moins dommageable à celui sur le fonds duquel il est accordé ; c'est le même principe qui avait fait dire à Cujas et à Dumoulin, que l'option appartenait toujours au propriétaire servant.

655. *Titre ; conséquences de droits concédés.* — L'article 696 du Code civil porte que lorsqu'on établit une servitude, on est censé accorder tout ce qui est nécessaire pour en user. Ainsi la servitude de puiser de l'eau à la fontaine d'autrui emporte nécessairement le droit de passage. Il en est de même du droit de cuire son pain au four d'un voisin, de rouir les lins et chanvres dans son réservoir, etc.

Il a été jugé que la servitude établie par l'article 643 au profit des habitants d'une commune sur les eaux d'une source prenant naissance sur un fonds particulier, lorsque ces eaux leur sont nécessaires, leur donne incontestablement le droit d'accéder à la fontaine où

coulent ces eaux, mais n'emporte pas une servitude de
passage pour accéder à ces eaux au point où elles nais-
sent ; Ch. civ. cass., 5 juillet 1864, Rateau ; Bordeaux,
6 décembre 1864, Lamartinière ; Agen, 31 janvier 1865,
Rateau ; Daviel, *Cours d'eau*, t. 3, n° 790 ; Bonnier et
Roustain, *Com. Code civ.*, t. 2, n° 269 ; Massé et Vergé
sur Zachariæ, § 318, note 13 ; Bourguignat, *Droit rural*,
n° 722 ; Demolombe, *Servit.*, t. 1, n° 96 ; Garnier, t. 3,
n° 746 ; Curasson, t. 2, p. 265 ; Jay, n°⁵ 44 et 45 ; toutefois cette opinion a pour adversaires Proudhon, *Dom.
public*, n° 1381 ; Perrin et Rendu, *Code de la contiguïté*,
n° 1569 ; Lespinasse, *Moniteur des tribunaux*, 1864,
p. 217.

Le droit d'aqueduc ou de canal sur le terrain d'autrui, et même le droit de surveillance sur les eaux du
canal, impliquent une servitude de passage sur ce terrain, mais à charge de n'en user que dans la mesure
strictement nécessaire pour l'usage du droit principal
qui lui sert de base. C. cass., 18 avril 1854, S. 54, 1, 607 ;
Riom, 24 janvier 1856, S. 56, 2, 591 ; Lyon. 3 août 1871,
S. 72, 2, 264.

On a cependant jugé qu'un droit de passage pouvait ne
pas être une conséquence du droit de canal ou d'aqueduc, non plus que du droit de surveillance des eaux.
C. cass., 18 juillet 1843, S. 43, 1, 834.

656. *Limitation de l'usage de la servitude par titre.*
— Lorsqu'il résulte du sens des titres et de l'intention
des parties, que l'acte constitutif de la servitude de pas-

sage ne l'a pas établie à titre de droit général et absolu au profit du fonds dominant, qu'elle a été limitée et restreinte à un passage pour voitures et pour les usages domestiques et bourgeois de la maison édifiée sur le fonds dominant, le propriétaire de ce fonds, s'il le transforme en une exploitation industrielle ou commerciale, ne peut se servir de la servitude de passage pour les besoins de ce commerce ou de cette industrie. C. cass., 28 décembre 1880, S. 81, 1, 454.

Pour déterminer les limites de la servitude d'après l'intention des parties, il faut se reporter aux besoins du fonds dominant au moment de la constitution de la servitude; Dumoulin, *De divid. et individ.*, partie 3, n° 83; Demolombe, *Servit.*, t. 2, n° 850. Toutefois il ne faudra pas toujours se contenter de la constatation en fait, de l'état matériel et ancien des lieux, il faudra encore rechercher si, d'après la teneur des actes et l'intention des parties, la concession n'a été faite que pour donner satisfaction à l'état des lieux existant au moment de la concession de la servitude, ou si elle a été faite d'une manière générale et absolue pour servir à l'immeuble dominant, quelles que fussent les transformations que ses propriétaires successifs pussent lui faire subir. Metz, 6 juin 1866, S. 67, 2, 147.

857. *Destination du père de famille.* — Si le propriétaire de deux héritages, entre lesquels il existe un signe apparent de servitude, dispose de l'un des héritages sans que le contrat contienne aucune convention relative à la

servitude, elle continue d'exister activement ou passive-
ment en faveur du fonds aliéné ou sur le fonds aliéné
(C. civ., art. 694).

Il a été jugé spécialement à l'égard d'une servitude de
passage, que cette disposition devait recevoir son application, que l'article 694 était applicable non seulement
au cas où la disposition du père de famille porte sur deux
héritages distincts, mais encore à celui où elle a pour
objet la division en deux ou plusieurs parties du même
corps de propriété; qu'elle s'applique aux dispositions
à titre gratuit comme aux dispositions à titre onéreux;
enfin, qu'elle s'applique non seulement au cas où la disposition, au lieu d'être directe, ne comprend l'héritage cédé
que par voie de conséquence; par exemple, lorsque le fils
donataire d'une quotité de biens sans désignation spéciale, par l'effet d'un partage fait avec son père, en exécution de la donation, est mis en possession de l'héritage
dominant. Cass., ch. civ., 17 novembre 1847, Robert.

Cet arrêt, comme je l'ai fait remarquer, a été rendu
dans une espèce où il s'agissait spécialement d'une servitude de passage.

Il a été jugé en principe :

Que l'article 694 est applicable au cas de servitude discontinue comme au cas de servitude continue, par les
arrêts de Toulouse, 21 juillet 1836; Caen, 15 novembre
1836; Cass., 26 avril 1837; Douai, 1er juillet 1837; Cass.,
24 février 1840; Limoges, 4 août 1840; Cass., 8 juin 1842,
30 novembre 1853, 7 avril 1863, S. 63, 1, 369; 27 mars
1866, S. 66, 1, 215; sic, Merlin, Répert., vo Servitudes,

§ 19 ; Pardessus, *Servitudes*, n° 289 et 300 ; Carou, *Actions possessoires*, n° 270 ; Demolombe, *Servit.*, t. 2, n° 821 ; *contrà*, Lyon, 11 juin 1831, 21 avril 1837 ; Maleville, sur l'art. 694 ; Toullier, t. 3, n° 613 ; Delvincourt, t. 1, n° 533 ; Favard, *Rép.*, v° *Servit.*, sect. 3, § 4, n° 3 ; Garnier, *Actions possess.*, p. 324, *Jurisp. nouv. sur les ch.*, p. 280 ; l'opinion contraire avait été émise par cet auteur dans son *Traité des ch.*, p. 499. Voyez encore sur la question, Sacase, *Rev. de législ.*, t. 3, de 1851, p. 247, et Rivière, *Jurisp. de la Cour. de cass.*, n° 193 et suiv.

L'article 694 s'applique au cas de division en plusieurs lots d'un même corps de propriété, comme au cas où il y a deux héritages distincts ; Cass., 26 avril 1837, 24 février 1840, 17 novembre 1847, 7 avril 1863 ;

Au cas de vente volontaire comme au cas d'adjudication sur expropriation forcée. Bourges, 17 janvier 1831 ; Cass., 30 novembre 1853 ;

Aux dispositions à titre gratuit comme aux dispositions à titre onéreux. Cass., 17 novembre 1847.

L'article 694 est encore applicable lorsque la séparation n'a eu lieu qu'après le décès du propriétaire, au moyen d'un acte de partage intervenu entre ses héritiers ; C. cass., 7 avril 1863 ; 22 avril 1873, S. 73, 1, 276 ; Demolombe, n° 819, et Lataillhède, *Recueil des lois et arrêts de Sirey*, année 1858, 2e partie, p. 657. Dans le cas de partage, il n'est pas nécessaire que le signe ait été apparent lors de la mort du *de cujus*, il suffit qu'il l'ait été au moment du partage. C. cass., 27 mars 1866, S. 66, 1, 215. Toutefois il a été jugé au contraire que l'article 694 n'est applicable qu'au cas où la réunion des deux héritages dans la même main a cessé, par un acte quelconque de disposition de la part du propriétaire, et qu'il ne s'applique pas au cas où les deux héritages n'ont été séparés que par l'effet du partage de la succession. Toulouse, 11 août 1854 ; Metz, 3 juin 1858 ; Dupuich, *Revue prat.*, t. 13, p. 209. Mais pour qu'on puisse considérer qu'il existe entre les deux héritages un signe apparent de la servitude permettant d'appliquer l'article 694 du Code civil, il faut qu'il existe à la fois un signe apparent n'ayant rien d'équivoque, présentant la marque certaine de la servitude, et que le contrat ne contienne aucune convention relative à cette servitude. Rouen, 19 novembre 1874, S. 76, 2, 310.

L'arrêt qui déclare qu'un passage pratiqué sur un immeuble d'une femme mariée, pour la commodité d'un immeuble voisin appartenant à son mari, n'avait qu'un caractère provisoire et de commodité personnelle entre époux et ne constituait pas un assujétissement permanent : que par suite les acquéreurs du bien du mari ne pouvaient y trouver une base juridique tirée du titre, de la prescription ou de la destination du père de famille, ne tombe pas sous la censure de la Cour de cassation. Cass., 10 novembre 1891, ép. Doisseron, *Pand.* 92, 1, 383.

Une route for. ...re traversant les deux héritages peut ne pas être considérée comme le signe apparent indiqué par l'article 694 du Code civil. Rouen, 19 novembre 1874, cité.

658. *Usage d'un fonds commun.* — L'usage d'un fonds commun, une cour, par exemple, lorsqu'il consiste à user de ce fonds pour un passage de voitures, sans préjudice pour le communiste, ne constitue pas l'établissement d'une servitude, mais l'exercice d'un droit de propriété. C. cass., 16 février 1870, S. 79, 1, 447.

659. *Prescription.* — Les servitudes continues non apparentes, et les servitudes discontinues apparentes ou non apparentes ne peuvent s'établir que par titres. La possession, même immémoriale, ne suffit pas pour les établir ; sans cependant qu'on puisse attaquer aujourd'hui les servitudes déjà acquises par la possession, dans les pays où elles pouvaient s'acquérir de cette manière (Art. 691, C. civ.). C. cass., 2 avril 1856, S. 56, 1, 774 ; 25 juin 1860, D. 60, 1, 284.

Ces règles sont incontestablement applicables aux servitudes de passage ; Cœpolla, *Des servit.*, tract. 2, cap. 3, n° 18 ; Pardessus, *Servit.*, 216 ; Garnier, *Des ch.*, p. 291 ; Demolombe, t. 2, p. 310 ; Vazeille, t. 1, n° 95 ; Dalloz, *Servit.*, n° 1135.

Ainsi, on ne peut prescrire une servitude de passage sur un fonds, fût-on détenteur d'une des clefs de la porte qui sur le fonds, prétendu asservi, donnerait accès au passage. Trib. de Saint-Marcellin, 14 mars 1848, Barbier ;

Alors même qu'il existerait sur le voisin une porte qui fût un signe apparent de cette servitude. Rej., 24 novembre 1835, Branhauban ;

Qu'il aurait été jeté un ponceau sur un ruisseau servant de séparation entre les deux propriétés. Nîmes, 1er juillet 1845, Gondareau ;

Que le passage aurait été exercé pendant longtemps par les habitants d'une commune ; Riom, 11 juillet 1821. Bonfils ; req., 27 mai 1834, com. de Viezieux. Il en serait autrement si, au lieu de l'acquisition du droit de passage, il s'agissait de la prescription de la propriété même du sol. Cass., 7 février 1883, S. 84, 1, 320 ; Nîmes, 4 mars 1890, D. 91, 2, 59.

Mais si la servitude de passage ne peut s'acquérir par prescription, d'un autre côté, lorsqu'elle est établie par titre, l'endroit sur lequel elle s'exerce peut être fixé par la possession. Req., 9 novembre 1824, Meslier.

Suivant l'article 708 du Code civil, le mode de la servitude peut se prescrire comme la servitude elle-même et de la même manière, cette règle n'est pas moins applicable à la prescription acquisitive qu'à la prescription extinctive. Il en résulte qu'une servitude de prise d'eau et d'aqueduc étant susceptible d'exister avec ou sans un droit de passage pour en assurer ou faciliter la jouissance, ce droit peut s'y joindre accessoirement par prescription comme un mode de son exercice. C. cass., 20 janvier 1880, S. 80, 1, 261.

660. *Prescription au profit des communes.* — Nous avons dit que les habitants pouvaient acquérir par prescription les chemins privés et les faire passer de ce domaine dans le domaine public communal ; nous

ne reviendrons pas sur ce sujet pour déterminer les conditions auxquelles cette prescription peut s'acquérir,
nous nous bornons à faire observer qu'elle doit emporter
la prescription de la propriété du sol du chemin. Mais les
communes ne pourraient se prévaloir de la prescription
d'une simple servitude de passage, une pareille servitude
ne pouvant pas plus être acquise par les habitants ou
les communes que par les simples particuliers, comme
nous venons de le voir, au moyen de la prescription. Cette
opinion, contraire à ce que soutient, il est vrai, Proudhon
au n° 631 de son *Traité du domaine public,* est adoptée
par Isambert, Pardessus, Garnier, *des Chemins,* p. 291 ;
Vazeille, *des Prescriptions,* t. 1, n° 95 ; Demolombe, *des
Servit.,* t. 2, n° 797 ; et par les Cours belges, voyez J. Sau-
veur, *Revue de dr. adm. en Belgique,* t. 2, p. 1023 et
suiv. ; Tielemans, *Répertoire de droit administratif,*
v° *Chemin privé* ; Liège, 6 juillet 1842 ; Gand, 20 juillet
1843 ; les arrêts de la Cour de cassation belge des 3 juillet 1843 et 28 juillet 1854 et la discussion sur l'article 12
de la loi du 10 avril 1841, sur les chemins vicinaux, dans
la Chambre des représentants à Bruxelles. C'était l'avis
des anciens auteurs : Cœpolla, *de Servit.,* tract. 2, cap. 3.
C'est dans ce sens que s'est prononcée la jurisprudence
française : Grenoble, 27 janvier 1843, S. 44, 1, 168 ; C.
cass., 15 février 1847, S. 47, 1, 450.

Ce n'est pas que nous entendions soutenir que les
communes ne peuvent posséder des servitudes de passage au profit des habitants par suite de titre ou de convention, mais pas plus que les simples particuliers elles

ne peuvent acquérir un pareil droit par prescription.

Il y aurait titre autorisant la prescription pour la commune dans le cas d'enclave. C. cass., 11 avril 1881, *France judic.*, 1881, p. 417, où l'on pourra consulter le rapport de M. le conseiller Babinet. Dans le même sens, C. cass., 9 janvier 1883, D. 83, 1, 176.

661. *Servitudes acquises avant la promulgation du Code civil.* — Notre article, en repoussant la possession comme moyen d'acquérir les servitudes de passage, défend d'attaquer aujourd'hui les servitudes de cette nature déjà acquises par ce moyen, dans les pays où il était légal avant la promulgation du Code civil.

Il résulte de divers arrêts, que les servitudes pouvaient autrefois s'acquérir par la possession immémoriale.

En Corse ; Bastia, 6 juin 1855, Pachiarelli.

Dans le ressort des parlements de Dijon et Bordeaux ; rej., 9 novembre 1824, Chiron ; 13 novembre 1822, Thomasson.

Dans le ressort de Toulouse ; cass., 5 floréal an XII, Ducréjols.

Dans la Franche-Comté ; rej., 2 ventôse an IX, Conscience.

Dans l'Alsace ; rej., 23 mai 1832, Schlestadt ; 15 avril 1833, Lacroix ; toutefois, en ce pays, dans certains cas, la possession trentenaire pouvait suffire. Colmar, 8 juillet 1806, Judlin.

En Bretagne ; rej., 30 avril 1833, Launay ; Aulanier,

Usages des Côtes-du-Nord, p. 103, n° 110. Dans cette province on admettait aussi la prescription de 40 ans ; trib. de Nantes, 10 février 1821, 19 juillet 1821, 8 janvier 1822, 11 juillet 1822, 13 janvier 1826, 5 juillet 1832, 7 août 1835, 29 mai 1840 ; Poullain du Parc, t. 3, p. 295, n° 7 ; Sibille, *Usages de la Seine-Inférieure*, n° 174.

A Troyes ; rej., 18 février 1840, Micheau.

La Coutume du Berry admettait la prescription trentenaire, s'il y avait ou contradiction. Cass., 8 août 1837, Béthune.

La Coutume d'Anjou l'admettait également, art. 449.

Dans certains pays, on ne pouvait acquérir que par titre la servitude de passage ; par exemple, en Dauphiné ; Sabatery, *Précis de la jurisp. du Parlem. de Grenoble*, p. 230, n° 12 ; A. Pagès, *Usages de l'Isère*, p. 128.

Mais pour exciper d'une prescription utile, comme acquise sous une législation qui l'admettait, il faut justifier qu'elle a été complètement acquise sous cette législation, et ne pas se borner à établir que, commencée sous elle, elle s'est continuée et achevée sous l'empire du Code civil. C. cass., 25 juin 1860, D. 60, 1, 284.

D'un autre côté, certaines coutumes n'admettaient pas qu'une servitude de passage pût s'acquérir par prescription.

Celle de Paris, art. 186, C. cass., 28 juin 1882, S. 82, 1, 464, D. 83, 1, 16 ; Ferrière, *Cout. de Paris*, t. 2, p. 1517. Avant sa révision, cette coutume admettait la prescription par très longue possession.

Celle de Vitry-le-François, même arrêt.

Et en général toutes les localités qui ne permettaient pas expressément l'acquisition de ces servitudes par prescription, et qui étaient dès lors régies par la Coutume de Paris. Même arrêt, Paris, 18 février 1837 ; Dalloz, *Rép.*, v° *Servitudes*, n° 1082.

662. *Y a-t-il des exceptions au principe de l'imprescriptibilité.* — Cette question est posée, soit dans le cas où le propriétaire du fonds a exercé la servitude, après l'avoir acquise de bonne foi et par titre certain et régulier, de celui qu'il croyait être le propriétaire du fonds prétendu servant, soit dans le cas où il y a eu contradiction formée contre le droit du propriétaire du fonds assujetti, soit enfin dans le cas où ces deux conditions se trouvent remplies. Dans les deux derniers cas surtout la question est très controversée et l'affirmative a de nombreux partisans ; nous croyons toutefois devoir nous ranger du côté de la négative, parce que cette opinion nous paraît plus conforme aux prescriptions formelles de la loi. C'est dans ce dernier sens que s'est prononcé M. Demolombe, *Servitudes*, t. 2, n°s 787 et suiv., p. 293 et suiv. On peut citer à l'appui l'arrêt de rejet de la chambre civile du 16 juillet 1849, Léo ; mais cette décision ne résout cependant point directement la difficulté que nous indiquons.

663. *Mesures d'instruction ; influence que peut avoir la possession.* — Si la possession ne peut fonder le droit, elle peut servir à éclairer les juges appelés à l'apprécier, et c'est sous le bénéfice de ce principe qu'on a admis, que les tribunaux pouvaient y avoir égard dans l'appréciation des difficultés déférées à leur jugement ; rej., 9 novembre 1824, Chiron ; et qu'avant de statuer, ils pouvaient ordonner des rapports d'experts et des enquêtes portant sur ces faits de possession. Rennes, 23 décembre 1820, Lebourg.

664. *Renaissance de la servitude.* — La servitude de passage peut renaître, si les causes qui ont empêché momentanément son exercice viennent à cesser ; ainsi, un propriétaire en passant en vertu d'un droit de servitude sur un fonds, aboutissait à la voie publique, des travaux effectués par l'administration ont rendu l'abord de cette voie impossible, le propriétaire du fonds dominant n'a pas cru devoir se plaindre et demander le rétablissement de cet accès qu'il avait sur la voie publique, et il a cessé de passer sur ce point ; mais, quelques années plus tard, le propriétaire du fonds servant fait lui-même des travaux qui rétablissent cet accès, il ne pourra pas empêcher le propriétaire du fonds dominant de se servir de ce passage, alors même que l'assiette du chemin aurait été un peu changée ; Bordeaux, 14 août 1855, Augrand. Le principe a été posé également dans les arrêts de la Cour de cassation des 7 et 24 mai 1851 et dans les arrêts de Paris, 11 novembre 1833, et Dijon, 9 janvier 1852.

665. *Titre recognitif.* — Le titre constitutif de la

servitude, à l'égard de celles qui ne peuvent s'acquérir par la prescription, ne peut être remplacée que par un titre recognitif de la servitude et émané du propriétaire du fonds asservi (Art. 965, C. civ.). La force probante de ce titre n'est pas subordonnée au concours des conditions indiquées dans l'article 1337 du Code civil. C. cass., 16 novembre 1829, S. 29, 1, 408 ; 2 mars 1836, S. 36, 1, 247 ; 23 mai 1855, S. 55, 1, 123 ; Toullier, t. 10, n° 312 ; Demolombe, t. 2, n° 757 ; Pardessus, n° 269 ; Solon, n° 369 ; Aubry et Rau sur Zachariæ, t. 3, p. 75, n° 250.

De simples énonciations contenues dans un ancien acte, ne sont pas suffisantes, à défaut de titre primordial on recognitif, pour prouver l'existence d'une telle servitude ; ici ne s'applique pas la règle *in antiquis enun-tiativa probant* ; Bordeaux, 28 mai 1834 ; Pardessus, n° 268 ; Demolombe, t. 2, n° 763. Il en serait autrement si le titre ancien contenant ces énonciations avait été passé avec le concours des auteurs du propriétaire du fonds asservi ; Pau, 7 mars 1864. Dans ce cas cette pièce serait un véritable titre.

La présence à l'acte du propriétaire du fonds dominant est-elle indispensable ? Pau, 7 mars 1864, S. 64, 2, 49 ; Demolombe, t. 2, n° 757 ; Marcadé, sous l'article 1350, n° 2 ; Aubry et Rau, t. 3, § 250, p. 76, répondent négativement ; la Cour de cassation a hésité à sanctionner cet avis dans son arrêt du 16 décembre 1863, S. 64, 1, 125.

L'énonciation incidente dans un procès-verbal de

bornage du fait qu'un des fonds doit passage à l'autre
ne peut être considéré comme constituant la reconnaissance d'une servitude, surtout lorsqu'il est constaté par
les juges qu'à l'époque où le procès-verbal a été signé,
le chemin servant à l'usage des deux fonds, était depuis
son origine, une voie d'exploitation appartenant en commun aux deux héritages, on ne saurait en conséquence
envisager ce procès-verbal de bornage, comme titre recognitif d'une servitude, sans dénaturer l'acte, sous prétexte de l'interpréter, et sans encourir la censure de la
Cour de cassation. Cass., 19 mai 1894. *Bull.*, n° 77,
p. 122, D. 94, 1, 508.

666. *Transcription des actes établissant une servitude de passage.*— On était unanime pour reconnaître
que l'acte constitutif d'une servitude n'avait pas besoin
d'être transcrit. Mais aujourd'hui, depuis la loi du 23
mars 1855, c'est la règle opposée qui doit être suivie,
puisque l'article 2 de cette loi porte : sont également
transcrit tout acte constitutif d'antichrèse, de servitude,
d'usage et d'habitation. Toutefois en rapprochant l'article 2 de l'article 1er, il faut lire tout acte entre vifs ;
Aubry et Rau sur Zachariæ, t. 3, p. 74, § 250. Les actes
de partage ne doivent pas, il est vrai, être transcrits,
dans celles de leurs dispositions relatives à la formation
des lots et à leur attribution, mais il en est autrement
des dispositions par lesquelles une servitude de passage
est créée sur une parcelle de terre pour l'exploitation
d'une autre parcelle. Dans ce cas la formalité de la

transcription est nécessaire, les tiers n'ayant pas moins d'intérêt à connaître les servitudes qui proviennent d'un accord entre voisins. Cette règle ne peut souffrir d'exception en aucun cas. Pau, 16 janvier 1875, S. 75, 2, 216. C'est l'avis de Verdier, t. 1, nᵒˢ 88 et 228, et Ducret, p. 11, dans leurs ouvrages sur la transcription.

667. *Questions de compétence.* — Une demande en dommages-intérêts pour non-exécution d'une convention concernant l'établissement d'une servitude de passage ayant principalement pour objet l'exécution de cette convention, a les caractères d'une action réelle et non d'une action personnelle et mobilière, elle ne saurait être dès lors de la compétence du juge de paix. C. cass., 9 mai 1870, S. 70, 1, 304.

D'une manière générale toutes les questions concernant les servitudes de passage sont de la compétence de l'autorité judiciaire. C. d'Etat, 21 novembre 1808, 18 août 1811, 27 mai 1816, 10 décembre 1817, 23 juillet 1819; Cass., 21 février 1811, 31 mai 1837, 9 décembre 1857, 8 février 1858, 28 mai 1873, 26 juillet 1873. Voy. *infrà*, nᵒ 674.

668. *Demande en reconnaissance d'une servitude sur les propres d'une femme mariée.* — Une demande en reconnaissance de servitude de passage sur des immeubles propres à une femme mariée, ne peut être poursuivie contre le mari seul, sans violer l'article 1428 du Code civil. C. cass., 22 avril 1873, S. 73, 1, 270.

669. *Pouvoir d'appréciation des juges du fond.* — Lorsqu'il s'agit d'apprécier la portée d'un droit de servitude concédé d'après les titres, les circonstances de la cause et l'intention des parties, la Cour de cassation reconnaît aux juges du fond un pouvoir souverain et presque sans contrôle. C. cass., 7 mars 1876, S. 76, 1, 204 ; 28 décembre 1880, S. 81, 1, 454 ; 29 octobre 1889 ; 10 novembre 1891, *Pand.*, 92, 1, 383 ; 25 janvier 1893, S. 93, 1, 244.

Je dis presque sans contrôle, car s'il était justifié pour la Cour, en ce qui concerne l'application de l'acte constitutif, que les juges, loin de l'appliquer, l'ont manifestement violé, la Cour n'hésiterait pas à casser, il y aurait en pareil cas violation de l'article 1134 du Code civil.

Elle casserait à plus forte raison s'il y avait violation de la loi, par exemple s'il y avait violation de la chose jugée antérieurement. Cass., 6 mars 1889, *Bull.*, n° 53, p. 105.

§ 3. — Actions possessoires.

SOMMAIRE

670. Possession sans titre.
671. Recevabilité de l'action.
672. Cumul du pétitoire et du possessoire.
673. Appréciation de droits au fond.

670. *Possession sans titre.* — Les servitudes continues non apparentes et les servitudes discontinues apparentes et non apparentes ne pouvant s'établir que

par titre, il s'ensuit que la possession d'une servitude
de passage, lorsqu'elle ne repose sur aucun titre, doit
être considérée uniquement comme le résultat de la tolérance du propriétaire du fonds sur lequel elle s'est
exercée et ne peut, à cause de sa précarité, servir de
base à une action possessoire, qui est recevable dès qu'elle
s'appuie sur un titre. C. cass., 25 juin 1860, D. 60, 1,
284 ; 12 mars 1888, S. 90, 1, 411 ; 13 mars 1889, S. 89, 1,
257 ; 30 juillet 1889, S. 91, 1, 405, D. 90, 1, 427 ; 1 février
1893, D. 93, 1, 208 ; 14 avril 1893, D. 93, 1, 415. Des travaux apparents destinés à faciliter l'exercice de la servitude, faits sur le fonds servant par le propriétaire du
fonds dominant, alors même qu'ils aient pu donner au
passage le caractère d'une servitude apparente, ne pouvaient lui enlever celui d'une servitude discontinue et
créer le titre exigé par l'article 691 du Code civil. C.
cass., 6 décembre 1871, S. 72, 1, 27.

Il n'en serait autrement que si l'action en maintenue
possessoire était fondée, non sur le droit de passer,
mais sur la propriété du sol du chemin. C. cas., 18 mars
1873, S. 73, 1, 303 ; 1er juillet 1873, S. 73, 1, 413 ; 18 juillet 1877, S. 79, 1, 14 ; 13 juin 1881, S. 82, 1, 264. Alors
il ne s'agirait plus de servitude, mais de propriété. C'est
ce que nous avons déjà indiqué.

Il n'y a pas titre lorsque l'acte invoqué à l'appui de la
servitude de passage est étranger au demandeur. C. cass.,
15 juillet 1878, S. 79, 1, 272. Voy. *Suprà*, nos 647 et suiv.

Le passage nécessaire sur un terrain pour conduire
des bestiaux à un abreuvoir peut être considéré, non com-

me une servitude de passage, mais comme un mode de jouissance d'une chose commune, et l'action possessoire peut être intentée pour la conservation de ce droit. Cass., 23 mars 1836, S. 36, 1, 867, D. 36, 1, 142.

671. *Recevabilité de l'action.* — En général la possession annale d'une servitude discontinue ne donne point ouverture à l'action possessoire, parce que, pour les servitudes de cette nature, la possession ne pouvant jamais conduire à l'acquisition du droit lui-même, est réputée précaire ; mais il en est autrement lorsque cette possession repose sur un titre produit, en ce cas, en effet, elle ne peut avoir un caractère de précarité. Le juge du possessoire n'est pas seulement juge du fait matériel de la possession ; la possession civile qu'il doit considérer étant mêlée de fait et de droit, le juge doit en vérifier les caractères légaux, aussi bien que le fait matériel lui-même, et, pour faire cette appréciation, il peut consulter les titres produits, et y avoir égard, en s'abstenant de prononcer sur la validité de ces titres, pour apprécier le caractère non précaire de la possession, et maintenir la jouissance annale qui s'appuie sur ces titres. On ne peut lui reprocher d'ailleurs de cumuler ainsi le possessoire et le pétitoire. C. cass., 27 mars 1866, S. 66, 1, 215 ; 23 mars 1874, S. 74, 1, 218 ; 7 décembre 1885, S. 88, 1, 252 ; 6 novembre 1889, S. 90, 1, 413 ; 5 mai 1890, *Pand.*, 90, 1, 463 ; 1ᵉʳ février 1893, D. 93, 1, 208 ; 14 avril 1893, D. 93, 1, 415.

672. *Cumul du pétitoire et du possessoire.* — Lors-

qu'une action a pour objet principal de faire maintenir
le demandeur dans la possession plus qu'annale d'un
droit de passage résultant à son profit d'un acte, spécialement d'un acte de partage, le juge du possessoire, en
déclarant que le passage n'est pas exercé par le trajet le
plus court conformément à l'acte de servitude, au lieu
de s'arrêter à l'exécution donnée au partage et aux faits
de possession qui avaient pu en être la conséquence légitime, et en fondant sa décision exclusivement sur les
dispositions du contrat, n'a pu statuer ainsi qu'en em-
piétant sur le fond du droit, et en violant l'article 25 du
Code de procédure civile. C. cass., 23 août 1871, S. 71,
1, 131.

Il y a cumul du pétitoire avec le possessoire dans un
jugement qui, pour statuer, se fonde sur ce que l'une des
parties tenait de ses titres le droit de créer le chemin
qu'il venait d'ouvrir chez son voisin. C. cass., 1ᵉʳ juin
1881.

D'un autre côté, ce n'est point cumuler le possessoire
et le pétitoire que d'apprécier le titre dans le but seul de
caractériser la possession. C. cass., 27 mars 1866, S. 66,
1, 215 ; 1ᵉʳ août 1872, S. 72, 1, 315.

Lorsque le demandeur au possessoire se prévaut de
l'existence d'un titre, mais qu'il y a doute sur le point
de savoir si le point où le passage s'opère est bien celui
qui est fixé par ce titre, l'action est-elle recevable ? si le
juge estime que le passage dont le demandeur est en
possession est bien celui sur lequel les contractants
ont entendu établir la servitude, il doit maintenir cette

possession, Cass., 4 juillet 1838, S. 38,1,882; 29 juin 1887,
S. 90,1,464; 13 mars 1889, S. 89, 1, 257; 5 mars 1894,
Pand., 95,1,32; puisque c'est au juge en pareil cas à constater la conformité du titre avec la possession, Cass.,
16 juillet 1888, S. 89,1,108, on a jugé que l'action, ayant
pour objet principal de faire maintenir un demandeur
dans sa possession, plus qu'annale d'un passage résultant à son profit d'un acte, ne saurait être écartée par le
juge du possessoire, sur le motif seul que le passage réclamé n'aurait pas été exercé conformément au titre
constitutif, ce qui serait confondre le possessoire et le
pétitoire. Cass., 9 août 1886, S. 88, 1, 252; 23 août 1871,
S. 71,1,531; 29 juillet 1887, S. 90,1,464.

Lorsque le défendeur au possessoire, d'une action
ayant pour objet le rétablissement dans son état primitif d'un passage dont il avait déplacé l'assiette, suc-
combe, il doit exécuter le jugement sur le possessoire,
avant d'agir en justice pour obtenir conformément à
l'article 701 du Code civil le transport de l'exercice de la
servitude dans un endroit différent de celui qui lui avait
été précédemment assigné. Cass., 26 avril 1892, S. 92,1,
408, D. 93,1,121, *Pand.*, 92,1,367.

673. *Appréciation des droits au fond.* — L'action
qui a pour unique objet d'obtenir le maintien du demandeur dans la possession annale qu'il prétend avoir d'un
droit de passage, et de faire ordonner la démolition d'un
bâtiment qui empêche l'exercice de ce droit, ne permet
au juge du possessoire saisi de cette demande que de

rechercher si le demandeur est effectivement en possession depuis plus d'une année, en vertu d'un titre, sur le terrain où ont été élevées les constructions, d'une servitude de passage, et de maintenir ce demandeur dans sa possession, si elle réunit toutes les conditions exigées par la loi. Il ne peut, sans examiner si la possession alléguée est ou non justifiée, débouter le demandeur de son action en complainte, par le motif que le terrain resté libre en dehors des constructions était d'une largeur suffisante pour exercer la servitude de passage telle qu'elle est établie par le titre constitutif. En déterminant ainsi l'assiette et la largeur du passage suivant la nature de la servitude et les énonciations du titre constitutif, sans tenir compte de la possession, le juge du possessoire méconnaît sa compétence et viole l'article 25 du Code de procédure civile. C. cass., 15 mai 1878, S. 79, 1, 116.

§ 4. — Droits et obligations du propriétaire auquel le passage est dû et de celui qui le doit.

SOMMAIRE

674. *Détermination du passage et de l'exercice de la servitude; pouvoir des juges.* — La détermination du passage, lorsqu'elle est faite dans le titre, doit être exactement suivie; si le droit seul de passage est concédé, les parties auront à s'entendre, et à défaut, elles devront recourir à justice pour faire fixer cet emplacement. Nous avons vu plus haut, qu'une controverse s'était élevée parmi les anciens auteurs sur le point de savoir, si c'était au propriétaire du fonds servant ou au propriétaire du fonds dominant à déterminer le mode de servitude. Nous avons indiqué la distinction que quelques-uns d'entre eux avaient voulu établir suivant que la servitude avait été constituée à titre gratuit ou à titre onéreux; je ne reviendrai pas sur ces distinctions qui n'ont pas été sanctionnées par notre Code civil; il s'est borné à déclarer que le passage doit être fixé dans l'endroit le moins dommageable à celui sur le fonds duquel il est accordé. Nous expliquerons plus loin comment doit être entendue et appliquée cette disposition de la loi.

Ce sera encore aux tribunaux à déterminer, en prenant en considération les usages auxquels les parties sont censées s'être référées à défaut de stipulation précise, l'étendue des droits concédés, la largeur et la nature du passage, les conditions dans lesquelles il doit s'exercer.

En cas de stipulations au moyen de formules d'un usage spécial dans une province ou une commune, les usages locaux doivent également éclairer le juge sur la portée des accords des parties (Sibille, *Usages de la Loire-Inférieure*, n° 179).

Par suite de leur droit d'interprétation des contrats, les juges peuvent décider que le titre constitutif d'une servitude de passage portant, que ce droit s'exercera avec bœufs et charrettes pour le transport des foins, pailles et bois de chauffage, la servitude doit être réputée comprendre, dans l'intention des parties contractantes, le droit de passer suivant tout autre mode moins onéreux, tel que celui à pied ou à cheval, et pour tous les besoins quelconques du fonds dominant. Req., rej., 28 juin 1865, Coupré.

Au surplus, une très grande latitude est laissée aux tribunaux dans toutes ces matières, lorsqu'il s'agit de l'interprétation du titre, comme le justifient les documents que nous venons de citer, auxquels on peut encore joindre les arrêts de Rennes, 18 novembre 1817, Leglas ; Bourges, 3 janvier 1819, Bourdiaux ; Bordeaux, 26 avril 1830, Cavignac ; Paris, 3 avril 1837, Pajot ; Bourges, 13 novembre 1838, Charpin ; req., 1er février 1841, Berton ; 8 novembre 1842, Rébuffat ; 1er mars 1843, Moreau. Voyez encore sur ces questions, *suprà*, n° 667 et suivants, et Dalloz, *Rép.*, v° *Servitudes*, n° 1002 et suiv.

675. *Étendue, largeur du passage.* — La largeur du passage doit être réglée par le titre, à défaut, d'après les circonstances, les usages locaux ; c'est là une question laissée forcément à l'appréciation des tribunaux. Bourguignat, *Droit rural*, p. 201, n° 631. La possession peut servir à éclairer l'étendue de la servitude. Cass., 9 novembre 1824, Chiron ; Solon, *Servitudes*, n° 402.

Dans les pays de droit écrit, où la loi romaine était en vigueur, le passage avec charrette comporte une largeur de 8 pieds ; avec bestiaux de 4 pieds ; pour les piétons 2 pieds.

Dans les pays coutumiers, la largeur varie suivant les dispositions de la coutume.

Le droit de passer avec voitures et bœufs n'entraîne pas nécessairement le droit de passer avec bestiaux pour les conduire au pâturage. Bordeaux, 25 mai 1830, Tarrade.

Le droit de passer avec voitures et bestiaux peut ne pas comprendre, dans certains cas, le droit de passer uniquement à pied. Trèves, 20 mars 1811, Multer.

Si le titre qui constitue la servitude, l'établit de telle sorte qu'en fait elle soit impraticable dans les conditions indiquées, il faut réduire le droit dans des conditions où son exercice soit possible : ainsi, si par legs on a concédé au propriétaire d'un fonds le droit de passer avec charrettes sur un fonds voisin, le bénéficiaire conservera le droit de passer à pied, alors même qu'il serait établi que le passage avec charrettes est impossible. Pardessus, n° 270.

Une servitude peut absorber complètement l'usage
d'un fonds asservi ; par exemple, une servitude de passage
peut, d'après les actes qui l'ont établie, être déclarée,
même à l'égard du propriétaire du fonds assujetti, exclusive pour lui du droit de passer sur ce même fonds. Req.,
rej., 25 juin 1834, Saint-Albin.

Lorsque le titre constitutif de la servitude de passage
n'oblige pas le propriétaire du fonds servant à maintenir
la largeur existante au moment de l'établissement de la
servitude, celui-ci est libre de la diminuer, sauf aux tribunaux à apprécier si cette diminution laisse au passage
une largeur suffisante pour sa destination. Paris, 3 avril
1837, Pajot.

676. *Ouvrages à faire pour user de la servitude et
la conserver*. — Celui auquel il est dû une servitude de
passage a droit de faire tous les ouvrages nécessaires
pour en user et pour la conserver (C. civ., art. 697). Ces
ouvrages sont à ses frais et non à ceux du propriétaire
du fonds assujetti, à moins que le titre d'établissement
de la servitude ne dise le contraire (C. civ., art. 698).
Demolombe, t. 2, nº 640.

Ainsi celui dont la propriété est traversée par un canal artificiel appartenant à un tiers, et qui a le droit, à
titre de servitude, de traverser ce canal pour aller d'une
partie de sa propriété dans l'autre, peut jeter un pont
sur ce canal pour faciliter l'exercice de la servitude,
pourvu que ce pont porte des deux côtés sur sa propriété
et ne cause aucun préjudice au propriétaire du canal.
Req., rej., 12 janvier 1841, Cordier.

En vertu du droit que le propriétaire du fonds dominant a de faire les travaux nécessaires pour user de la servitude, il peut aplanir les terres pour construire ou entretenir le chemin nécessaire pour exercer sa servitude de passage, construire, si besoin est, des degrés ou marches, émonder les branches qui embarrasseraient la voie, et au besoin faire abattre les arbres eux-mêmes. Demolombe, *Servitudes*, t. 2, n° 833, p. 358.

Pourrait-il paver un chemin, le rendre plus solide en y étendant des cailloux? Pomponius ne l'y autorisait que si son titre le lui permettait, l. 4, § 5, ff. *si servit. vind.*, l. 3, § 12, ff. *de itin. actuque priv.* Dans notre droit il n'y a pas de règle absolue, ce sont des questions de fait et d'interprétation dont la solution peut varier suivant les espèces. Demolombe, *loc. cit.*

Ces ouvrages doivent être faits de la manière la moins dommageable et la moins incommode, être exécutés en temps opportun et conduits avec suffisante rapidité. C. cass.; 4 février 1873, S. 73, 1, 53.

Le propriétaire du fonds dominant n'est d'ailleurs point tenu de faire ces ouvrages, à moins qu'il ne soit obligé à les exécuter par un titre, Paris. 17 février 1893, *Gaz. trib.*, 14 mai ; ou que l'inexécution de ces travaux entrepris et non terminés, ou non entretenus, ne vînt à nuire au fonds servant.

Alors même que le propriétaire du fonds servant ne se serait point engagé à exécuter les travaux nécessaires pour l'exercice de la servitude, il devrait les faire si, par son fait ou sa faute, l'exercice de la servitude avait été entravé. Mais il n'y aura faute de sa part, en pareil cas, que s'il avait fait un usage illicite de la chose asservie. Ainsi l'existence d'une servitude de passage sur la chaussée d'un moulin n'emporte pas par elle-même, et en l'absence de titres, à la charge du propriétaire du fonds servant, l'obligation de faire un mur de soutènement de cette chaussée, dans l'intérêt du bénéficiaire de la servitude, les travaux d'entretien nécessités par l'action corrosive des eaux du bief du moulin, de pareils travaux sont à la charge du bénéficiaire de la servitude, cette action corrosive étant inhérente à la nature de l'héritage assujetti, et ne pouvant être imputée à faute au propriétaire de cet héritage. Req., rej., 7 décembre 1859, ville de Clamecy.

Dans le cas même où le propriétaire du fonds assujetti est chargé par le titre de faire à ses frais les ouvrages nécessaires pour l'usage et la conservation de la servitude, il peut toujours s'affranchir de cette charge, en abandonnant le fonds assujetti au propriétaire du fonds auquel la servitude est due (C. civ., art. 699).

Cet abandon s'entend de la partie du fonds assujetti, sans qu'il soit nécessaire d'abandonner le fonds entier : c'est du moins ce que professent : Maleville, t. 2, p. 148 ; Toullier, t. 2, n° 680 ; Duranton, t. 5, n° 615 ; Solon, n° 476 ; Marcadé, sur l'article 699 ; Massé et Vergé sur Zachariæ, t. 2, § 338, note 8, p. 205 ; Demante, *Cours analyt.*, t. 2, n° 555 ; Ducaurroy, Bonnier et Roustain, sur l'article 699. Mais ce n'est point l'opinion de Pardessus, t. 2, n° 316 ; Delvincourt, t. 1, p. 166, note 6, et Demolombe, t. 2, n° 882, qui cite un arrêt de Caen, du 17 mars 1846, Bazoie, inséré dans le recueil des arrêts de cette Cour, t. X, p. 479.

Si le propriétaire se sert lui-même des lieux disposés pour l'exercice de la servitude, et ce dans un intérêt personnel, il doit contribuer à l'entretien de ces lieux. Ainsi lorsqu'un chemin servira à la fois à un fonds dominant pour l'exercice de la servitude de passage, et au fonds servant pour l'exploitation de ce fonds, les réparations que nécessitera la conservation et l'entretien de ce chemin seront à la charge des propriétaires des deux fonds, proportionnellement à leur intérêt. Cass., 2 février 1825, Foresta ; Pardessus, t. 1, n° 66 ; Solon, n° 576 ; Daviel, *Cours d'eau*, t. 2, n° 908 ; Demolombe, *Servit.*, t. 2, n° 637, p. 120, et n° 888, p. 410.

Lorsque après avoir partagé en deux lots une propriété indivise, les lots se trouvant séparés par un chemin stipulé commun, les copartageants ont fait construire un aqueduc conduisant les eaux qui inondaient ce chemin dans un réservoir creusé dans un des lots, le propriétaire de ce lot est tenu d'assurer l'exercice de cette servitude et de supporter toutes les conséquences résultant pour lui et ses successeurs de l'inexécution de cette obligation. Rennes, 9 février 1891, D. 93, 1, 244.

677. *Travaux faits en vertu d'autorisations administratives.* — Les autorisations administratives dont un propriétaire doit quelquefois se pourvoir pour établir des travaux et constructions, ne sont délivrées que sous la réserve des droits des tiers. Ces tiers sont dès lors autorisés à s'opposer à l'exécution des travaux, s'ils portent atteinte à un droit de propriété ou de servitude, et l'autorisation administrative, quant à ce, doit être considérée comme si elle n'existait pas.

Les tribunaux de l'ordre judiciaire sont seuls compétents pour statuer sur ces questions.

Comme pour statuer sur l'importance et la nature des réparations à allouer à celui dont les droits de propriété ou de servitude ont été méconnus.

Ces principes sont incontestables et leur application aux matières spéciales dont nous nous occupons ici ne peut présenter de difficultés. Il n'en existe que dans le cas où il s'agit de l'usage d'une voie publique et lorsque la nature du droit prétendu par le riverain de cette voie publique est discuté, et les questions qui se présentent alors ont été examinées dans la première partie de ce travail.

678. *Division du fonds dominant.* — Si l'héritage pour lequel la servitude a été établie vient à être divisé, la servitude reste due pour chaque portion, sans néanmoins que la condition du fonds assujetti soit aggravée. Ainsi, par exemple, s'il s'agit d'un droit de passage, tous les copropriétaires seront obligés de l'exercer par le même endroit (C. civ., art. 700).

679. *Modification des lieux par le propriétaire du fonds servant.* — Le propriétaire du fonds débiteur de la servitude ne peut rien faire qui tende à en diminuer l'usage, ou à le rendre plus incommode. Ainsi il ne peut changer l'état des lieux (C. civ., art. 701).

Gêner l'exercice de la servitude en mettant en culture les terrains incultes sur lesquels le passage s'exerçait. Metz, 19 janvier 1858, Raiser.

680. *Droits du propriétaire du fonds servant.* — Le propriétaire du fonds servant conserve la propriété de son fonds, perçoit tous les produits utiles sur la parcelle où s'exerce le passage, et en dispose, à la condition de ne pas entraver ou rendre plus incommode l'exercice de la servitude. C. civ., art. 701. Rouen, 22 mai 1832; Aix, 19 janvier 1855, S. 56, 2, 666, D. 57, 2, 32; Cass., 27 octobre 1890, *Pand.*, 92, 1, 209; Aubry et Rau, t. 3, § 254; Laurent, t. VIII, n° 272.

Il peut se servir lui-même du passage, à charge dans ce cas de contribuer à l'entretien du chemin. Il peut planter, semer, bâtir, ouvrir des jours, des vues et des issues sur le terrain où s'exerce la servitude, toujours à charge de respecter son libre exercice. Demolombe, t. 2, n° 637.

681. *Peut-on clore son champ soumis à une servitude de passage ?* — On a répondu que le passage doit toujours être libre, sans porte ni barrière, qu'on ne pouvait forcer le propriétaire du fonds dominant à se charger d'une clef et à répondre des inconvénients qui pourraient résulter de ce qu'il aurait oublié de fermer la

porte ou la barrière, Duranton, t. 5, n° 434 ; cette opinion absolue semble ne pas avoir rallié à elle la majorité
des opinions, et généralement on est d'avis que la faculté
de se clore, écrite dans l'article 647 du Code civil, existe
même pour les fonds grevés d'une servitude de passage,
à moins d'interdiction formelle dans le titre constitutif ;
mais les tribunaux, tout en respectant le droit de clôture
du fonds servant, devront veiller, en pareil cas, à ce que,
aux termes de l'article 701, il ne soit rien fait qui tende
à diminuer ou à rendre plus incommode, au préjudice
du fonds dominant, l'usage de la servitude. Jugements
de Nantes des 2 août 1827 et 24 juin 1831 ; arrêts de
Bordeaux, 4 mai 1832, S. 33, 2, 283 ; Cass., 31 décembre
1839, Hébert ; Besançon, 14 novembre 1844, Jacquard ;
Cass., 28 juin 1853, Audrin ; Rouen, 16 août 1856, S. 57,
2, 67 ; C. cass., 24 juin 1867, S. 67, 1, 325 ; 15 février
1870, S. 70, 1, 300 ; Lyon, 3 août 1871, S. 72, 2, 254 ;
Caen, 23 décembre 1871, S. 72, 2, 111 ; Caen, 20 janvier
1891, S. 91, 2, 202 ; Pardessus, t. 1, n° 234 ; Solon,
n° 329 ; Demolombe, t. 2, n° 638 ; Vaudoré, t. 1, n° 659 ;
Bourguignat, *Droit rural*, p. 202, n° 633 ; Limon, *Usages
du Finistère*, p. 118 ; Sibille, *Usages de la Loire-Inférieure*, n° 182 ; Demante, *Cours analyt.*, t. 2, n° 501 *bis* ;
Aubry et Rau sur Zachariæ, t. 2, p. 176, § 191.

Mais si les tribunaux appréciaient que la clôture au
moyen de barrières fermant à clef, alors même qu'une
clef serait remise au propriétaire du fonds dominant,
rendrait, dans les circonstances de la cause, moins commode l'exercice de la servitude, ils devraient ordonner

la suppression des barrières, et leur décision souveraine échapperait à la censure de la Cour de cassation. Req., rej., 28 juin 1853, Audru ; S. 53, 1, 57.

682. *Construction le long et au-dessus du passage.* — Le propriétaire du fonds grevé de la servitude de passage peut construire le long de l'endroit où s'exerce cette servitude et au-dessus, pourvu qu'il laisse une hauteur et une largeur suffisantes pour que le passage puisse s'effectuer commodément, sans être privé de l'espace, de l'air et de la lumière nécessaires. Paris, 14 août 1851, Lemaigre ; Aix, 19 janvier 1855, Beaume.

683. *Changement d'assiette de la servitude.* — Le propriétaire du fonds débiteur de la servitude ne peut transporter l'exercice de la servitude dans un endroit différent de celui qui lui a été primitivement assigné. Cependant si cette assignation était devenue plus onéreuse pour le propriétaire du fonds assujetti, ou si elle l'empêchait de faire des réparations avantageuses, il pourrait offrir au propriétaire de l'autre fonds un endroit aussi commode pour l'exercice de ses droits, et celui-ci ne pourrait pas le refuser. C. civ., art. 701.

Mais il faut que la modification n'apporte aucune gêne à l'exercice de la servitude, sinon elle ne peut être autorisée. Rej., 19 avril 1842, Mitre ; Montpellier, 23 juillet 1846, Tourloulon ; Metz, 19 janvier 1858, Raiser ; Pau, 10 novembre 1862, Bernachi.

Ces règles sont applicables même aux servitudes établies avant la publication du Code. Pau, 9 février 1835,

Marc et Miegeville. Ce même arrêt juge que c'est par l'état du fonds dominant à l'époque où la servitude a été établie, qu'on doit décider si le déplacement est ou non préjudiciable au propriétaire de la servitude, et qu'on ne doit avoir aucun égard aux innovations opérées ou projetées depuis cette époque. Nous sommes peu disposés à adopter cette solution contestable en principe et d'une application très difficile, car elle nécessite une constatation quelquefois impossible à faire, et nous sommes portés à croire que la Cour de Pau ne l'a adoptée que parce que, dans l'espèce qui lui était soumise, il s'agissait moins d'innovations exécutées que d'innovations projetées. Dans le même sens, Massé et Vergé sur Zacharia, § 339, p. 207.

La faculté de demander le changement de l'assiette primitive d'une servitude n'est ouverte qu'au propriétaire du fonds servant et non au propriétaire du fonds dominant. Ch. civ., cass., 16 mai 1838, S. 38, 1, 570 ; Duranton, t. 5, n° 623 ; Pardessus, t. 1, n° 61 ; Demolombe, t. 2, n° 845 ; Massé et Vergé sur Zacharia, § 339, t. 2, p. 207.

Cette faculté s'applique aux servitudes conventionnelles, comme aux autres espèces de servitudes. Pau, 9 février 1835, S. 35, 2, 460 ; C. cass., 16 juillet 1878, S. 79, 1, 268 ; Massé et Vergé sur Zacharia, § 339, t. 2, p. 207 ; Fournel, *Voisinage*, t. 2, p. 411, § 207. L'opinion contraire est soutenue par Tardif dans son travail sur Fournel ; consulter aussi Montpellier, 23 juillet 1846, S. 47, 2, 464.

Quid, si dans l'acte constitutif il a été renoncé expressément au droit de demander le déplacement? Demolombe, *Servit.*, t. 2, n° 905, soutient que cette clause ne serait pas valable, et que la faculté continuerait d'exister, sauf aux juges à se montrer plus sévères lorsqu'on en réclamerait l'exercice, et l'auteur cite dans ce sens: Pau, 3 juin 1831, S. 31, 2, 234, et 9 février 1835, S. 35, 2, 460, et Massé et Vergé sur Zachariæ, t. 2, p. 207. Voy. Aubry et Rau sur Zachariæ, t. 3, p. 100, § 254.

Il a été jugé que les travaux nécessités par le changement d'assiette d'une servitude, par suite d'une modification dans le fonds servant, sont à la charge exclusive du propriétaire du fonds dominant, lorsque ce changement était le résultat d'un cas de force majeure, et nous croyons qu'on n'a fait en cela qu'appliquer très justement l'article 698 du Code civil. Ch. civ. cass., 11 décembre 1861, Michel. Il en serait de même si le changement d'assiette de la servitude avait été provoqué par le propriétaire du fonds dominant et dans son intérêt exclusif, les frais auxquels donnerait lieu cette modification dans l'état des lieux provoquée par lui et dans son intérêt, devraient rester à sa charge.

Lorsque le débiteur de la servitude demande que l'assiette en soit déplacée et que le créancier de la servitude consent au déplacement, à la condition que les frais seront à la charge du débiteur, la décision qui sanctionne ces conclusions ne saurait être critiquée comme violant les articles 697 et 698 du Code civil. C. cass., 8 mai 1882.

Lorsque le propriétaire qui concède la servitude de passage s'est réservé de bâtir sur le chemin où elle est concédée, il peut user de ce droit, quel que soit le temps écoulé depuis cette concession; et, d'un autre côté, le propriétaire qui n'a pas cessé d'user du passage a droit à ce qu'on lui en assure un nouveau. Montpellier, 10 août 1865, S. 66, 2, 19.

684. *Aggravation de la servitude par le fait du propriétaire du fonds dominant.* — Celui qui a un droit de servitude ne peut en user que suivant son titre, sans pouvoir faire, ni dans le fonds qui doit la servitude, ni dans le fonds auquel elle est due, des changements qui aggravent la condition du premier. C. civ., art. 702.

Il n'y a pas aggravation dans le sens de la loi, si, à la suite des constructions élevées sur le fonds dominant, les transports et la circulation se sont accrus. Caen, 25 août 1842, Azo; Agen, 4 juillet 1856, Bousquet. Voyez toutefois : Lyon, 27 juin 1849, Valorge, et Bordeaux, 22 décem. re 1851, Mathó.

Si les bâtiments construits sur le fonds dominant ayant été élevés, la population qui y a été amenée est plus nombreuse. Rouen, 11 mars 1846, Coste. Alors même que l'agrandissement du bâtiment aurait eu pour cause l'adjonction d'un terrain voisin nouvellement acquis, s'il est établi en fait, que cet agrandissement, loin d'avoir accru la fréquence du passage, a eu au contraire pour effet de la diminuer. Req., rej., 28 juin 1865, Couprie.

Si l'étendue du fonds dominant s'est accrue à la suite d'alluvions et d'attérissements. Pardessus, n° 59.

Si, par des suppressions de clôture, d'autres fonds ont été ajoutés au fonds dominant, lorsque la servitude n'est pas étendue à ces fonds limitrophes. Req., rej., 5 janvier 1858, de Bourneville.

Mais il en serait autrement si l'exercice de la servitude était appliqué au profit de fonds voisins du fonds dominant et en faveur desquels elle n'avait pas été stipulée. Même arrêt, et C. cass., 15 avril 1868, S. 68, 1, 395; Pardessus, n° 65.

Si, consentie pour un fonds, elle était abandonnée pour celui-là et attribuée à un autre, alors surtout que cela constituerait une aggravation. C. cass., 5 mai 1868, S. 68, 1, 247.

Lorsque le passage étant attribué un à jardin, le propriétaire du fonds dominant élève une maison le long du passage et y établit des issues. C. cass., 8 avril 1868, S. 68, 1, 334.

Lorsque le passage donnant lieu à l'établissement d'un pont sur le bief d'un moulin, ce pont est établi au moyen de piles construites dans ce bief, et reconstruit ensuite de nouveau d'une manière onéreuse pour le fonds servant. C. cass., 4 février 1873, S. 73, 1, 53.

Lorsque le passage consenti d'une manière restreinte et limitée pour un passage donnant satisfaction à des usages domestiques et d'habitation bourgeoise, est affecté aux besoins d'une exploitation industrielle et commerciale. C. cass., 28 décembre 1880, S. 80, 1, 454.

Celui qui a un droit de passage par un portail peut faire à ses frais une petite porte dans un des ventaux de la grande, pour faciliter le passage habituel. Rej., 4 février 1850, Gatinet.

On peut également ouvrir une porte dans une haie de clôture sur un sentier où on a le droit de passer, pour pénétrer plus directement sur ce sentier. Rej., 17 mai 1843, Villotte.

685. *Appréciation de l'aggravation et de la convenance du déplacement.* — La question de savoir si le bénéficiaire de la servitude a contrevenu à la disposition de l'article 702 du Code civil, qui interdit au propriétaire du fonds dominant d'aggraver la servitude au préjudice du fonds servant, est du domaine du juge du fond. C. cass., 15 avril 1868, S. 68, 1, 395 ; 28 décembre 1880, S. 81, 1, 454 ; 15 mars 1892, S. 92, 1, 309, *Pand.*, 93, 1, 41.

C'est encore au juge du fond à déclarer s'il y a lieu à déplacement de la servitude, et dans quelles conditions ce déplacement doit s'effectuer. C. cass., 16 juillet 1878, S. 79, 1, 268 ; 19 juin 1882, D. 83, 1, 289.

§ 5. — Extinction de la servitude.

SOMMAIRE

686. *Changement dans l'état des lieux.* — Les servitudes cessent lorsque les choses se trouvent en tel état qu'on ne peut plus en user. C. civ., art. 703.

Elles revivent si les choses sont établies de manière qu'on puisse en user, à moins qu'il ne se soit déjà écoulé un espace de temps suffisant pour faire présumer l'extinction de la servitude, ainsi qu'il est dit à l'article 707 du Code civil. C. civ., art. 704.

Le changement d'état des lieux n'emporte extinction de la servitude que si l'héritage dominant n'a plus profit et utilité à s'en servir, et non si les principaux usages ont seuls disparu. Ainsi, le droit de passer à pied, à cheval et avec charrettes entre deux fonds ruraux, doit continuer à subsister pour le passage à pied, bien que le passage avec des charrettes et à cheval soit devenu inutile. Cass., 9 décembre 1857, Gosselin; Pardessus, n° 296; Demolombe, n° 970; Duranton, t. 5, n° 657; Marcadé sur l'article 703, n° 669.

La servitude de passage qui avait cessé d'exister par suite de l'exhaussement de la voie publique, empêchant toute communication entre cette voie et le sentier par lequel s'exerçait le passage, revit si le propriétaire du fonds servant a, par des travaux pratiqués sur son fonds, rétabli l'accès de la voie publique, alors même que le sentier aurait par suite du nouvel état de choses subi une certaine déviation dans la partie aboutissant à cette voie. Bordeaux, 14 août 1855, Augrand.

687. *Confusion de propriétaires.* — Toute servitude est éteinte lorsque le fonds à qui elle est due et celui qui la doit sont réunis dans la même main. C. civ., art. 705.

688. *Prescription.* — La servitude est éteinte par le non-usage pendant trente ans. C. civ., art. 706.

Les trente ans commencent à courir du jour où l'on a cessé d'en jouir, lorsqu'il s'agit de servitudes discontinues. Art. 707.

Le mode de la servitude peut se prescrire comme la servitude même et de la même manière. Art. 708.

Si l'héritage en faveur duquel la servitude est établie appartient à plusieurs par indivis, la jouissance de l'un empêche la prescription à l'égard de tous. Art. 709.

Si parmi les copropriétaires, il s'en trouve un contre lequel la prescription n'ait pu courir, comme un mineur, il aura conservé le droit de tous les autres. Art. 710.

La servitude de passage sur un sentier est éteinte par le non-usage pendant trente ans après la suppression de ce sentier, encore qu'il ait été exercé sur le terrain quelques actes de passage rares et isolés, qui, dans ce cas, ne sont plus considérés que comme des actes de tolérance. Cass., 23 juillet 1860, Fèvre.

Le passage à pied sur un terrain où on a le droit de passer à cheval et en voiture conserve le droit entier, si le terrain présente des traces de passage avec voitures. Cass., 5 juin 1860, Boudet.

La prescription n'est point acquise alors que, pendant le temps nécessaire pour l'acquérir, on n'a point passé sur l'emplacement indiqué par le titre, si pendant le même temps on a passé sur un autre point du fonds asservi, à moins que l'assignation ne dût être considérée comme limitative et comme inhérente à la constitution de la servitude. Caen, 27 août 1842, S. 43, 2, 101 ; 15 mars 1848 ; 16 décembre 1848, S. 49, 2, 664, et 24 juillet 1865, S. 66, 2,191 ; Lyon, 12 juillet 1865, Martin ; Aubry et Rau sur Zachariæ, t. 3, § 255, p. 109 ; Demolombe, t. 2, n° 1031 ; toutefois, MM. Duranton, Pardessus, Belime, Marcadé et Massé et Vergé sur Zachariæ, sont d'un avis contraire. La Cour de cassation, par l'arrêt de rejet de la chambre des requêtes du 6 décembre 1864, S. 65, 1,79, a jugé que la servitude de passage ne pouvant s'acquérir que par titre, le mode d'exercice de la servitude doit toujours être en relation de conformité avec le titre qui la constitue ; qu'il suit de là que si le titre mentionne taxativement le point de l'héritage servant, par lequel doit se pratiquer le passage, cette servitude limitée et circonscrite dans son mode d'action, peut s'éteindre par le non-usage pendant trente ans, sans que l'usage même trentenaire soit efficace pour conquérir légalement le droit de passer par un autre point du fonds assujetti, parce que ce passage nouveau ne serait pas conforme au titre ; mais que la situation change, lorsque le titre concède la servitude dans des termes généraux, qui n'impliquent pas son exercice sur une partie spéciale du fonds servant, car, dans ce dernier cas, le titre est obéi, même alors que l'assiette de la servitude a été changée.

Si on ne peut invoquer des actes de possession pour acquérir une servitude discontinue, incontestablement on peut invoquer ces actes pour prouver qu'on a conservé la servitude. Rej., 13 janvier 1840, Bouissy. Et les faits de passage, invoqués par le bénéficiaire d'une servitude de passage pour l'exploitation du fonds, sont présumés jusqu'à preuve contraire avoir eu lieu pour l'exploitation du fonds dominant. Caen, 24 juillet 1865, Lecesne.

Il ne faut pas confondre ici la servitude de passage avec la copropriété d'un passage, le non-usage ne suffisant pas pour perdre cette dernière par la prescription. Cass., 25 avril 1857, Moret.

La prescription de dix et vingt ans établie par l'article 2265 du Code civil au profit du tiers-détenteur de bonne foi est-elle applicable en matière de servitudes? MM. Ducaurroy, Bonnier et Roustain, t. 2, n° 368 ; Taulier, t. 2, p. 466 ; Delvincourt, t. 2, p. 582 ; Duranton, t. 5, n° 691 ; Vazeille, *Prescription*, t. 1, n° 419 et t. 2, n° 523 ; Troplong, *id.*, t. 2, n° 853, ont adopté l'affirmative ; mais l'opinion contraire est plus généralement admise ; la Cour de cassation l'a sanctionnée dans ses arrêts des 20 décembre 1836, 28 mars 1837, 16 avril 1838, 18 novembre et 31 décembre 1845 et 14 novembre 1853; elle est professée par MM. Demolombe, Massé et Vergé, Aubry et Rau, Toullier, Pardessus, Solon, Coulon, Favard de Langlade, Gilbert.

689. *Restriction du droit par suite du non-usage.* — Le droit qui peut être perdu par suite de prescription peut être aussi restreint par l'usage limité. Ainsi son titre donnait au propriétaire du fonds dominant le droit de passer soit à pied, soit à cheval, soit en voiture et à toute heure de jour et de nuit, et de faire tous les travaux nécessaires pour l'exercice de cette servitude. Ce propriétaire, au lieu de faire des travaux de cette nature et d'exercer son passage en voiture, et la nuit et le jour, ne l'a exercé et n'a pu l'exercer, par suite de l'état des lieux pendant trente ans, qu'à pied et pendant le jour, ce droit ainsi restreint continue seul à subsister; il a perdu, par le non-usage et la prescription, le droit de passage en voiture et la nuit. C. cass., 29 août 1882.

690. *Faculté de modifier le passage.* — Lorsque dans le titre constitutif de la servitude de passage celui qui l'a concédée s'est réservé le droit de bâtir sur l'emplacement du chemin où le passage a été concédé, il n'est pas déchu de ce droit pour être resté trente ans sans l'exercer. D'un autre côté, si le propriétaire du fonds servant a conservé la faculté de bâtir inhérente à son droit de propriété, le propriétaire du fonds dominant ayant conservé la servitude de passage, les deux parties n'ont à

s'opposer aucune prescription ni déchéance, et tandis
que l'un pourra bâtir sur le chemin affecté au passage,
l'autre pourra exiger qu'on lui livre un passage dans les
mêmes conditions sur une autre partie du fonds servant.
Montpellier, 10 août 1865, S. 66, 2, 19.

691. *Point de départ de la prescription.* — L'extinction de la servitude peut résulter du non-usage pendant
le temps déterminé pour la prescription libératoire.
Mais quel sera le point de départ de la prescription,
sera-ce le dernier acte de jouissance effective ou l'é-
poque où le propriétaire dominant, étant dans le cas
d'user de la servitude, ne l'aura pas fait ? J'accepte cette
dernière date, la question reviendra d'ailleurs à l'occasion de l'extinction de la servitude du tour d'échelle par
prescription. Mais je ne comprends pas que, lorsqu'un
propriétaire a un droit de passage, pour l'exploitation de
taillis qui ne peuvent être coupés que tous les quinze ans,
on puisse lui reprocher, pendant les quatorze ans et demi
qui suivent la coupe, de n'avoir pas usé de son droit de
passage. Si la quinzième année, au lieu de faire suivre
à la vidange de sa coupe les chemins asservis, il passe
sur d'autres, à partir de ce moment il fait acte d'abandon.
Mais auparavant, quel acte de jouissance veut-on qu'il
fasse et comment le non-usage forcé peut-il être confondu avec l'abandon d'un droit ?

692. *A qui incombe la preuve de la prescription.* —
La partie qui, en qualité de demanderesse, réclame en

vertu d'un ancien titre et d'une possession ancienne la servitude, sans en avoir la possession actuelle à l'époque de l'introduction de la demande, est seule dans l'obligation de prouver que, dans les trente années antérieures à cette époque, elle a exercé la servitude de manière à avoir interrompu la prescription. En effet, dans l'impossibilité où cette partie demanderesse se trouve de joindre la possession actuelle à la possession ancienne, elle ne peut s'aider de la présomption légale que l'ancienne possession se soit continuée dans le temps intermédiaire ; d'où la conséquence que le titre demeuré ainsi sans exécution, au moins pendant les trente années antérieures à l'introduction de la demande, est sans effets, et qu'à la partie intimée, sans rien prouver, *Sufficit vincere per non jus actoris.* C'est la reproduction littérale de l'arrêt de rejet de la Cour de cassation du 15 février 1842, S. 42, 1, 347, rendu sur les conclusions conformes de M. Delangle. Douai, 20 novembre 1858.

Si, au contraire, le bénéficiaire de la servitude est en possession, par cela seul qu'il possède actuellement en vertu de son titre, il est censé avoir possédé depuis que ces titres existent, et c'est à celui qui lui oppose la prescription à justifier son exception.

C'est dans ce sens que se sont prononcés, en matière de droits d'usage ou de servitude, Merlin, *Question de droit*, v° *Usage*, § 9, n° 3 ; Pardessus, *Servitudes*, t. 2, n° 308 ; Toullier, *Théorie du C. civ.*, t. 2, p. 465 ; Massé et Vergé sur Zachariæ, t. 2, § 341, p. 210 ; Demolombe, *Servitudes*, t. 2, n° 1015, et les autorités qu'il indique p. 571.

On cite en sens contraire les arrêts de Paris du 2 juillet 1836, S. 36, 2, 510, et Rouen, 20 mars 1868, S. 69, 2, 113. Est-ce avec raison ?

693. *Expropriation pour cause d'utilité publique.* — La servitude cesse encore lorsque l'un des fonds est mis hors du commerce par suite d'expropriation pour cause d'utilité publique. Bourges, 23 juillet 1890, D. 92, 2, 444.

Le propriétaire du fonds servant doit, dans les délais prescrits par la loi du 21 mai 1841 sur l'expropriation pour cause d'utilité publique, faire connaître ceux qui ont des servitudes sur les parcelles expropriées, à peine de rester seul chargé de l'indemnité à laquelle ils pourraient avoir droit. C. cass., 23 décembre 1873, S. 74, 1, 182 ; alors même que le propriétaire exproprié aurait vendu son immeuble au moment où la dénonciation des servitudes devait être faite à l'expropriant et sauf son recours contre cet acquéreur, mais sans pouvoir se soustraire à l'action du bénéficiaire de la servitude. Même arrêt.

En cas d'arrangement amiable entre le propriétaire et l'expropriant, le bénéficiaire de la servitude conserve ses droits à indemnité, le cas échéant, contre ce dernier. C. d'Etat, 19 janvier 1850, Nouvellet ; 18 août 1849, Mouth. Au surplus, l'article 21 de la loi du 3 mai 1841, n'impose aux propriétaires expropriés le devoir de faire connaître et d'appeler ceux qui peuvent avoir à réclamer des servitudes, qu'autant que ces derniers tiennent leurs droits des titres mêmes du propriétaire ou d'autres dans lesquels il serait intervenu. Lorsque ces droits dérivent de titres ou d'actes étrangers au propriétaire, c'est aux intéressés eux-mêmes qu'il incombe de se faire connaître sous peine de déchéance. La disposition de la loi étant générale et absolue, est exclusive par conséquent de toute distinction ; et dès lors la déchéance est encourue vis-à-vis de l'ancien propriétaire du fonds qui en était grevé, comme vis-à-vis l'expropriant. C. cass., 8 décembre 1868, S. 69, 1, 130.

SECTION II

PASSAGE DÛ AUX TERRES ENCLAVÉES.

694. *Objet de cette section.* — Dans la première section, j'ai exposé les règles générales concernant la servitude de passage conventionnelle. Le Code a admis une servitude de passage légale, résultant de l'enclave, c'est de cette dernière dont il me reste encore à m'occuper. J'aurai à signaler quelques dispositions spéciales à cette servitude légale, et en même temps à revenir sur des règles applicables à la fois aux servitudes de passage, soit légales, soit conventionnelles. Ces nouvelles observations permettront de rappeler d'une manière plus complète l'état de la doctrine et de la jurisprudence sur les questions les plus controversées en ces matières.

CODE CIVIL, NOUVEL ARTICLE 682. — *Du droit de passage en cas d'enclave.*

Le propriétaire dont les fonds sont enclavés, et qui n'a sur la voie publique aucune issue, ou qu'une issue insuffisante pour l'exploitation, soit agricole, soit industrielle, de sa propriété, peut réclamer un passage sur les fonds de ses voisins, à la charge d'une indemnité proportionnée au dommage qu'il peut occasionner.

SOMMAIRE.

§ 1. — Modification apportée au Code civil.

695. *Disposition du Code civil et du projet devenu la loi de* 1881. — L'ancien article 682 du Code civil était ainsi conçu : Le propriétaire dont les fonds sont enclavés et qui n'a aucune issue sur la voie publique, peut réclamer un passage sur les fonds de ses voisins pour l'exploitation de son héritage, à la charge d'une indemnité proportionnée au dommage qu'il peut occasionner.

Il suffit de rapprocher ce texte du texte du nouvel article rapporté plus haut pour relever les modifications qu'il a reçues.

696. *But des modifications apportées à l'article* 682. — Le projet du gouvernement ne modifiait pas l'article 682 du Code civil, c'est la commission du Sénat qui a proposé les changements de rédaction qui sont passés dans la loi. Elle a pensé qu'il était utile, puisqu'on remaniait divers articles de cette section du Code civil, de résoudre législativement deux questions qui s'étaient élevées sur l'application de la loi.

Ainsi, d'après l'ancien texte, le passage est accordé au propriétaire pour l'exploitation de son héritage, et plusieurs jurisconsultes, parmi les plus autorisés, en ont conclu que le propriétaire ne pouvait réclamer le passage que pour l'exploitation des produits naturels du sol, et non pour le service d'une exploitation commerciale ou industrielle qui s'y établirait.

Cette interprétation est aussi contraire à l'intérêt public qu'à l'intérêt privé des propriétaires enclavés car il importe à tous que leurs fonds puissent recevoir tous les emplois et rendre tous les services dont ils sont susceptibles. Dans ce but on a proposé de dire expressément, dans une nouvelle rédaction de l'article 682, que le propriétaire enclavé peut réclamer un passage pour l'exploitation soit agricole, soit industrielle de sa propriété.

En second lieu, le texte du Code n'accordait de passage qu'au fonds qui n'avait aucune issue sur la voie publique. On s'était dès lors demandé si le passage pouvait être exigé par le propriétaire qui avait une issue si insuffisante et si impraticable qu'elle fût ; de nombreuses difficultés s'étaient élevées à cet égard.

Ainsi la Cour de Toulouse avait déclaré qu'un sentier étroit et dangereux, impraticable pour les charrettes, où une bête de somme isolée ne pouvait même passer, constituait cependant une issue viable pour le piéton, et excluait par suite l'existence de l'état d'enclave défini par l'article 682. Cette décision a été cassée par un arrêt de la Cour de cassation du 16 février 1835, qui juge qu'en droit, le propriétaire est enclavé s'il n'a qu'une issue étroite et dangereuse, et qu'il doit obtenir une issue suffisante pour l'exploitation de son héritage, S. 35. 1, 806 ; voir aussi Cass., 4 janvier 1875, D. 76. 1, 501. On pourrait citer beaucoup d'autres espèces analogues ; les recueils d'arrêts en contiennent un grand nombre et témoignent par là de la fréquence des contestations auxquelles ce texte avait donné lieu.

La jurisprudence lui avait donné l'interprétation rationnelle et favorable qu'il devait recevoir ; mais il n'en restait pas moins utile de corriger dans le texte ce qu'il y avait de trop absolu. Sans doute le passage ne peut être exigé que lorsqu'il est nécessaire ; s'il existe une issue, le propriétaire ne peut réclamer une issue nouvelle ou différente, sous prétexte qu'elle lui serait plus commode ou plus profitable ; mais il faut que le fonds enclavé puisse être desservi suivant sa nature et les besoins de son exploitation. Si donc le propriétaire n'a qu'une issue insuffisante pour satisfaire aux exigences de sa culture ou de son industrie, il faut qu'il puisse obtenir le passage qui lui est nécessaire pour le service de son fonds. Désormais il n'y aura plus de doute possible, le passage, en cas d'enclave, pourra être réclamé par toute exploitation, sans distinction aucune, non seulement lorsque le fonds n'aura aucune issue, mais quand il ne pourra communiquer avec la voie publique que par une issue insuffisante pour les besoins de son exploitation. Et il n'y a pas à distinguer entre les cas divers où le passage doit être reconnu insuffisant ; alors même que l'insuffisance proviendrait d'une destination nouvelle donnée au fonds ou d'un changement d'exploitation, le propriétaire a le droit de demander un élargissement de passage dans la mesure de ses nécessités nouvelles, et si l'élargissement était impossible à cause de la disposition des lieux, un passage nouveau sur une des parcelles voisines. C'est ce que la jurisprudence admettait déjà, V. Dalloz, v° *Servitudes*, n° 835, et c'est ce qui devient désormais incontestable avec le texte nouveau. Rapport de M. Clément

au Sénat . *Officiel* du 12 mars 1877, p. 1870, 2ᵉ col .
Voyez *infrà*, nᵒˢ 701 et suiv.

§ 2. — Passage dû au fonds enclavé.

697. *Du passage au cas d'enclave*. — Le droit de
passage en cas d'enclave, dont on trouve la consécration
dans certains textes des lois romaines, avait été admis
par l'ancien droit français avant qu'il fût sanctionné par
notre Code civil, Il le place au rang des servitudes que
la loi établit dans l'intérêt des particuliers ; mais il est
évident qu'il était également réclamé dans un intérêt
public, car il est de l'intérêt général qu'une partie du territoire ne soit pas frappée d'inutilité et ne reste pas im-
productive, par suite de l'impossibilité où l'on serait
d'y aborder. De sorte que la servitude légale de passage
en cas d'enclave se fonde sur un intérêt particulier et
sur l'intérêt général à la fois, et en quelque sorte sur le
droit naturel.

698. *Peut-il se produire avant tout consentement
ou décision de justice?* — Le fait de l'enclave donne ouverture par lui-même à un droit de passage fondé sur la
nécessité, consacré par la loi ; sauf le droit des propriétaires des fonds soumis à cette servitude à une juste indemnité. D'où il suit, que le passage pratiqué en pareil cas,
mais avant l'accomplissement de toute formalité, ne peut
être considéré comme un passage effectué sans droit et
constituant une contravention. C'est un fait légal ; mais

comme il ne peut se produire qu'à charge d'indemnité, il donne naissance à une action civile en détermination de cette indemnité. Ch. crim., cass., 25 avril 1846, S. 46, 1, 798 ; 16 septembre 1853 et 7 juillet 1854 ; 22 janvier 1857, S. 57, 1, 495 ; 2 mai 1861, S. 62, 1, 109 ; 7 mai 1879 à mon rapport, *France judiciaire*, 1880, p. 60, S. 80, 1, 73 ; 22 novembre 1879, S. 80, 1, 231 ; 27 décembre 1884 ; Garnier, *Législ. nouv. sur les ch.*, p. 267 ; Massé et Vergé sur Zachariæ, t. 2, p. 189.

699. *Passage accordé d'urgence par le juge du référé.* — Le juge du référé, après avoir constaté que le demandeur qui réclame un passage pour un fonds enclavé était dans l'impossibilité actuelle d'exploiter sa propriété, par un passage autre que celui qui lui était contesté, peut après avoir reconnu l'urgence, autoriser provisoirement le demandeur à se servir du passage contesté en réservant tous droits et moyens des parties au fond ; ce qui permettra ultérieurement au défendeur de faire valoir tous ses droits devant les tribunaux, et de soutenir notamment que l'enclave n'existe pas, ou que le passage doit s'exercer ailleurs. C. cass., 10 avril 1872, S. 72, 1, 289.

700. *Ce droit ne peut se fonder sur un usage.* — Toutefois, si ce droit résulte d'une nécessité consacrée par la loi, et s'il est exercé même avant tout consentement des parties ou autorisation de justice, sans constituer une contravention, son exercice ne peut se continuer qu'à charge de remplir les formalités préalables que nous allons indiquer, notamment à charge d'indemnité ; et on ne pourrait s'exonérer de ces obligations, si on n'a ni titre ni prescription qui le supplée, en excipant d'un usage local, d'après lequel les propriétaires de fonds contigus se livreraient réciproquement passage pour l'exploitation de leurs fonds. Cette règle est posée dans un ancien arrêt de la Cour de cassation du 31 décembre 1810 ; je la trouve rappelée d'une manière encore plus formelle dans l'arrêt de cassation de la chambre civile du 30 novembre 1864, Nourry.

§ 3. — Détermination des cas d'enclave.

701. *Circonstances de lieu constituant l'enclave.* — Bien que l'ancien article 682 porte que le fonds enclavé était celui qui n'avait *aucune issue* sur la voie publique, la doctrine et la jurisprudence étaient d'accord pour reconnaître que le législateur n'avait pas voulu que ces mots fussent pris strictement et à la lettre, et que cet article admettait au contraire une interprétation rationnelle et favorable aux nécessités de la culture. C'est ainsi qu'on a considéré comme enclavé un fonds qui, pour être exploité suivant que l'exigerait la nature de ses produits, n'aurait pas une issue assez praticable, assez large, suffisamment sûre.

Spécialement, il a été jugé qu'il suffisait pour constituer l'enclave, qu'un fonds n'ait pas une issue suffisante pour son exploitation. Colmar, 26 mars 1816, Weeber ; Req. rej., 23 août 1827, Schneider ; Ch. civ. cass., 16 fé-

vrier 1835, S. 35, 1, 806 ; 31 juillet 1844, Bremontier ;
Rej., 8 mars 1852, Lefèvre ; C. cass., 4 janvier 1875, D.
75, 1, 501 ; 30 janvier 1884, D. 84, 1, 364 ; Merlin, *Rép.*,
v° *Servit.*, § 4 ; Demolombe, t. 2, n° 610, p. 91 ; Garnier,
Législ. et Jurisp. nouv. sur les ch., p. 260 ; Marcadé sur
l'art. 685, t. 2, p. 607 ; Sauger, *Louage*, n° 577 ; Massé et
Vergé sur Zachariæ, § 331, t. 2, p. 188 ; Aubry et Rau,
§ 243, t. 3, p. 26 ; Bourgnignat, *Droit rural*, p. 93,
n° 298 ; Favard, v° *Servit.*, sect. 2, § 7, n° 1 ; Paillet sur
l'art. 682 ; Dalloz, n° 820.

L'issue sur une rivière dont le passage présente des
dangers sérieux ne fait pas disparaître l'enclave. Bordeaux, 9 mai 1838, Hautier ; Req. rej., 31 juillet 1844,
S. 44, 1, 845 ; Lyon, 27 mars 1844, Lardon ; Angers,
14 janvier 1847, Perdriau ; Req. rej., 25 novembre 1845,
Lecouteux ; Rej., 1er avril 1857, Leroux ; Garnier, *Législ.
nouvelle sur les ch.*, p. 260 ; Marcadé sur l'art. 685 ;
Massé et Vergé sur Zachariæ, § 331, t. 2, p. 188 ; Sauger,
Louage, n° 576. Aubry et Rau disent qu'un cours d'eau
sur lequel il n'existe ni pont ni bac ne constitue pas
une issue dans le sens de l'article 682, § 243, t. 3, p. 26 ;
c'est l'avis de Merlin, *Rép.*, v° *Voisinage*, § 4, n° 4, qui
cite dans ce sens un arrêt du parlement de Paris du
26 juin 1612. L'arrêt de Lyon du 27 mars 1844, Lardon,
admet le même principe ; mais on cite dans un sens opposé les arrêts du parlement de Bretagne des 23 mai 1731,
12 août 1763, et un jugement de Nantes du 31 août 1819.

Le fonds est enclavé s'il n'a qu'une issue sur un torrent n'offrant qu'un trajet peu sûr et peu commode et

même impraticable une partie de l'année. Bastia, 2 août 1854, Negri.

Le marchepied ou chemin de halage constituant une servitude légale qui a une destination spéciale, l'intérêt de la navigation comme celui des propriétaires des fonds assujettis à cette servitude, s'oppose à ce qu'il puisse être converti en un chemin d'exploitation ; en conséquence, le fonds qui n'aurait d'autre issue que par un chemin de halage, doit être réputé en état d'enclave, et le propriétaire de ce fonds peut réclamer un passage sur l'héritage voisin. Toulouse, 19 janvier 1825, S. 25, 2, 119 ; Bordeaux, 15 janvier 1835, S. 36, 2, 334 ; C. cass., belge, 26 octobre 1882, S. 83, 4, 27 ; Trib. de l'empire allem., 17 novembre 1881, Clunet, p. 307 ; Demolombe, t. 2, n° 607, p. 89 ; Garnier, *Législ. nouv. sur les ch.*, p. 262 et *Régime des eaux* ; Dalloz, *Servit.*, n° 822 ; Aubry et Rau, § 243, t. 3, p. 26.

On ne peut refuser le passage sous le prétexte que le fonds enclavé avait anciennement une issue par un chemin vicinal, actuellement envahi ou détruit, et que le propriétaire de ce fonds pourrait en obtenir le rétablissement, ou demander passage sur les terrains limitrophes de ce chemin. C. cass., 16 février 1835, S. 35, 1, 806.

Le fait d'être entouré d'un terrain communal affecté à la jouissance en commun des habitants, ne fait pas cesser l'enclave, alors surtout que la mise en état de viabilité d'un chemin sur le terrain nécessiterait des dépenses hors de proportion avec la valeur de la terre enclavée. Riom, 8 mars 1888, D. 90, 2, 58.

Il y a enclave dans le sens de la loi, lorsque la seule issue possible, sans emprunter le champ voisin, ne serait praticable qu'au moyen de dépenses qui excéderaient la valeur de l'héritage et n'aboutiraient qu'à créer un passage encore dangereux. Paris, 24 mai 1844, hosp. de Paris, suivi d'arrêt de rejet du 25 novembre 1845 ; Req., 14 avril 1852, Gueneschaud.

Il y a enclave lorsque le propriétaire est obligé de faire des travaux excessifs et sans rapport avec la valeur de sa terre pour la mettre en communication avec la voie publique. Mais il en est autrement si les dépenses qu'il a à faire pour obtenir ce résultat, sont de minime importance, et s'il se plaint des rampes qu'il a à gravir chez lui, alors qu'elles tiennent à la nature de la localité et que celles qu'il aura à franchir sur les chemins publics auxquels il doit aboutir ne sont pas moindres. Caen, 16 mars 1861, D. 61, 2, 168.

Une île est enclavée lorsque les juges du fond constatent que le gué est souvent tout à fait impraticable. C. cass., 11 avril 1881, *France judiciaire*, 1881, p. 417.

Il y a enclave lorsqu'une parcelle ne peut communiquer avec la voie publique sans emprunter un passage chez les voisins, à cause de la déclivité excessive du sol qui ne permet ni d'y faire monter, ni d'y faire descendre les chariots. C. cass., 15 janvier 1868, S. 68, 1, 321, D. 68, 1, 165.

Il y a enclave lorsqu'un terrain est sans issue sur une voie publique ; et on doit assimiler aux terrains sans issue, celui qui, quoique joignant la voie publique, ne

peut y donner accès sans que les attelages soient exposés à des dangers de nature à entraver l'exploitation,
dans le cas surtout où, pour maintenir une pareille
issue, il faut faire des dépenses hors de toute proportion
avec la valeur de la propriété enclavée. C'est ce que porte
un arrêt de la Cour de cassation de Belgique, du 26 octobre 1882, D. 83, 2, 103.

Le principe nous paraît exact, mais il ne faudrait pas
abuser de la dernière considération, qui semble vouloir
régler le sort de la terre asservie d'après la plus ou
moins grande valeur du fonds dominant, quoique cela
soit également admis par la jurisprudence des tribunaux français. Caen, 16 mars 1861, D. 61, 2, 167; C.
cass., 17 janvier 1882, D. 82, 1, 416.

102. *Issue insuffisante.* — Le nouvel article apporte
à l'ancien une modification que la jurisprudence avait
consacrée. Il faut assimiler à l'absence d'issue le fait
d'une issue insuffisante, puisque l'issue insuffisante
serait une entrave à l'exploitation complète du fonds.
Ainsi, une propriété qui a besoin pour son exploitation
d'un passage avec charrette, et qui n'a d'autre issue sur
la voie publique qu'un sentier de piéton, devra être
considérée comme enclavée, soit que l'ancien passage
doive être élargi, soit qu'un nouveau passage, en cas
d'impossibilité d'élargissement de l'ancien, soit pris sur
les fonds voisins. Il en serait de même au cas où, par
suite de la déclivité du sol, le passage ne pourrait être
utilisé par des voitures chargées. Rapport de M. Leroy

à la Chambre. C'est dans le même sens que s'était prononcée la Cour de cassation en appliquant l'ancien article 682. C. cass., 16 février 1835, S. 35, 1, 806, D. 35, 1, 169 ; 14 mai 1879, S. 79, 1, 254 ; 17 janvier 1882, S. 82, 1, 206.

703. *Issue non suffisamment praticable.* — On a assimilé à un fonds sans issue, le fonds qui n'aurait pas une issue praticable, par exemple celui qui serait séparé de la voie par une crête à pic qu'on ne pourrait franchir qu'au moyen d'une route d'une déclivité telle qu'elle deviendrait impraticable. C. cass., 8 mars 1852, S. 52, 1, 314.

On a considéré également comme ne constituant pas une issue de nature à faire cesser l'enclave, celle qui ne permettrait d'aborder qu'un chemin communal fort long, complétement détérioré depuis longtemps, et qui, à raison de sa situation et des difficultés que présentait sa mise en état, ne pouvait être rendu à la circulation qu'au moyen de dépenses hors de proportion avec l'indemnité qui pouvait être mise à la charge du fonds enclavé pour s'assurer une sortie. Paris, 24 mai 1844 ; C. cass., 14 avril 1852 ; Nîmes, 27 mai 1891, *Gaz. trib.*, 27 septembre. Voy. *infrà*, n. 706.

704. *Circonstances insuffisantes pour constituer l'enclave.* — Il n'y a pas enclave donnant droit d'exiger un passage sur l'un des héritages voisins, lorsque le fonds prétendu enclavé a une issue praticable sur la voie publique, quelque longue ou difficile qu'elle soit. Demolombe, t. 2, n° 608, p. 89 ; Delvincourt, t. 1, p. 389 ; Pardessus, n° 218 ; Toullier, t. 3, n° 547 ; Duranton, t. 5, n° 417 ; Solon, n°ˢ 318 et 319 ; Dalloz, *Servitude*, n° 818 ; Sauger, *Louage*, n° 577 ; Massé et Vergé sur Zachariæ, t. 2, § 331, p. 188 ; Fournel, *Du voisinage*, t. 2, p. 307 ; Cappeau, *Législ. rur. et forestière*, t. 2, p. 114, n° 52. C'était l'avis des anciens auteurs : Papon, *Arrêts*, liv. 14, tit. 1, n° 3 ; Lonet et Brodeau, lettre F ; Maynard, liv. 4, ch. 49 ; Julien, *Stat. de Provence*, t. 1, p. 506 ; Pocquet de Livonnière sur Anjou, art. 449.

Ainsi, si le propriétaire peut arriver à la voie publique par un chemin anciennement pratiqué à travers un marais, bien que ce chemin soit détérioré, long et coûteux à réparer. Req. rej., 31 mai 1825, Malescot.

S'il peut y arriver par un ancien chemin de desserte qu'on peut rendre à une viabilité complète au moyen d'une rectification peu dispendieuse, et de travaux de réparation aisés à faire. Besançon, 23 mai 1828, Thibaut ; C. cass., 27 avril 1868, S. 68, 1, 433.

Si l'exploitation peut se faire par des passages pratiqués depuis longtemps, présentant une longueur moins grande à parcourir que le passage réclamé, bien que leur usage présente des inconvénients. Rouen, 16 juin 1835, Gueffe.

Si le passage peut s'effectuer par une lande grevée de la servitude de passage, alors même que l'issue par cette voie est difficile, si d'ailleurs elle est susceptible d'être réparée au moyen de travaux dont le prix serait à peu près égal au coût de l'indemnité à accorder au propriétaire du fonds sur lequel on réclame le passage. Rennes, 22 mars 1826, Mauviel.

Si le fonds est séparé de la voie publique par un fossé d'irrigation, qui, en l'état, est un obstacle à ce que le propriétaire du fonds arrive à la voie publique, lorsque cet obstacle peut être levé au moyen de travaux faciles et peu coûteux. Colmar, 26 mars 1831, Münch ; Sauger, *Louage*, n° 581.

Il en est de même si le fonds n'est séparé de la voie publique que par un ruisseau guéable en tout temps. Req. rej., 30 avril 1855, Bardel ; Aubry et Rau sur Zachariæ, t. 3, § 243, p. 26 ; Demolombe, t. 2, n° 608, p. 89.

La propriété qui aboutit à un fonds communal n'est pas réputée enclavée. Cass., 31 mai 1825, Malescot ; Proudhon, *Droit d'usage*, n° 788 ; Sauger, *Louage*, n° 580. Voyez toutefois l'arrêt de Riom du 8 mars 1888, D. 90, 2, 58, cité plus haut.

Le propriétaire du fonds qui use pour l'exploiter d'un libre passage sur l'héritage voisin, ne peut, sous prétexte que ce passage n'est que de pure tolérance, réclamer à titre d'enclave un autre passage sur un autre fonds, tant que celui dont il se sert ne lui est pas contesté. Req. rej., 30 avril 1835, Paupière ; Cass., 27 février 1839, Rostan ; Solon, n° 310 ; Demolombe, t. 2, n° 606, p. 88 ; Dalloz, v° *Servit.*, n° 855.

Il en serait de même si le chemin longeant un fonds

était fréquenté comme chemin public et d'un usage non contesté, le propriétaire riverain ne pourrait obtenir un passage ailleurs, sur un fonds voisin, sous le prétexte que ce chemin ne serait pas public, et même que son usage le soumettrait à des travaux et à des dépenses. Colmar, 10 mai 1831, Mangold.

Egalement, le propriétaire d'un terrain auquel d'anciens titres accordent un droit de passage sur des fonds contigus, dès lors ne saurait être considéré comme enclavé et il ne peut, tant qu'il n'a pas été jugé que ce droit n'existe pas, demander un passage sur un autre héritage. Req. rej., 27 février 1839, Rostan.

Le propriétaire qui peut exploiter d'une manière suffisante son fonds avec des petites voitures ou charrettes, ne peut obtenir un passage sur le fonds voisin sous le prétexte que ce n'est qu'en passant par là qu'il pourrait employer des chariots attelés de plusieurs chevaux. Nancy, 28 janvier 1833, Urbain.

La commodité plus grande qui résulterait d'un autre passage ne suffit pas pour réclamer ce passage sur un autre fonds que celui où il s'exerce. Rouen, 9 mai 1889, *Gaz. trib.*

Il n'y a pas une issue insuffisante constituant l'enclave lorsqu'une propriété peut être desservie par un ancien ravin de plusieurs kilomètres creusé par les eaux, qui s'est progressivement comblé et qui, depuis plusieurs années, est converti en une voie de communication ouverte à tous, bien que dans les mauvais temps cette voie de communication soit envahie par les eaux comme la plupart des chemins ruraux, alors que les eaux ne tardent pas à disparaître, que cette issue est habituellement praticable dans son état actuel et qu'elle serait mise à peu de frais en un état satisfaisant de viabilité; une différence de niveau de 70 centimètres existant entr'elle et le fonds voisin n'est pas à prendre en considération, alors qu'elle peut facilement disparaître au moyen d'une pente ménagée pour y accéder. C. cass., 13 juillet 1880, S. 81, 1, 72, D. 80, 1, 456.

705. *Passage exercé à titre de tolérance.* — Le propriétaire qui a pour l'exploitation de son champ un chemin ou sentier établi sur les terrains dépendant des fortifications d'une ville et dits du génie militaire, et qui n'a jamais été troublé dans la jouissance du passage toléré par le domaine public, ne peut être considéré comme enclavé. Ce n'est que dans le cas où ce passage serait refusé qu'il y aurait lieu d'examiner s'il y a enclave, et quel est le fonds qui devrait le passage. C. cass., 15 juillet 1875, S. 75, 1, 419. Voyez *suprà*, n° 704, *passim*.

706. *Mauvais état d'entretien des chemins publics.* — On ne peut considérer comme enclavée une parcelle qui a un accès sur une voie publique, alors qu'il n'est pas justifié que tout passage soit impossible sur cette voie; qu'il est seulement constaté que ce chemin est en mauvais état par suite du défaut d'entretien. Le mauvais état d'un chemin ne pouvant constituer l'enclave. C'est au propriétaire qui y est intéressé à provoquer la mise en état d'entretien de la part de la commune, et à établir dans tous les cas que ses démarches à ce sujet sont restées infructueuses. C. cass., 31 mai 1825 ; Rennes, 22 mars 1826 ; Besançon, 23 mai 1828 ; Colmar, 26 mars 1831, S. 31, 2, 278 ; Rouen, 16 juin 1835, S. 36, 2, 87 ; C. cass., 4 juin 1866, S. 67, 1, 209 ; Demolombe, t. 2, n° 608 ; Demante, t. 2, n° 537 ; Bourguignat, *Droit rural*, n° 298.

Un propriétaire ne peut réclamer un passage comme enclavé, en se fondant sur l'impraticabilité du chemin rural, appartenant à la commune, qui longe diverses parcelles de sa propriété, s'il est démontré que ce chemin n'est impraticable que dans une très minime partie de son parcours, qu'il n'est pas impraticable dans un sens absolu ; qu'il est seulement en mauvais état par suite d'un défaut d'entretien, que cet état de choses n'est pas un obstacle insurmontable au passage ; qu'il peut y être remédié facilement par des réparations dont les frais seraient inférieurs à ceux que le demandeur devrait payer au propriétaire voisin pour obtenir un passage sur son terrain et pour exécuter les ouvrages nécessaires à l'établissement de la servitude sur ce terrain. Il appartient au demandeur, puisqu'il y a intérêt, de faire auprès de la commune les démarches nécessaires pour qu'elle fasse réparer le chemin ou qu'elle l'autorise du moins à le réparer, et il ne pourra soutenir avec quelque apparence de raison le fait de l'enclave, que s'il prouve que la commune lui interdit le passage sur ce chemin rural, ou si elle refuse de le réparer ou de le laisser réparer.

Ce n'est qu'en présence d'un obstacle de ce genre, obstacle sérieux, qu'un propriétaire peut obtenir un passage comme enclavé, et en justifiant d'une nécessité absolue, qu'il peut porter atteinte à la liberté des héritages. Rennes, 31 janvier 1880, S. 81, 2, 62. Voyez toutefois, *suprà*, n° 703.

703. *Obstacle aux communications résultant spécialement des cours d'eau.* — Un cours d'eau qui est habituellement traversé sans danger par les propriétaires riverains pour aboutir à des voies publiques, ne peut être considéré comme enclavant les terres qu'il longe. C. cass., 30 avril 1855, S. 55, 1, 736, D. 55, 1, 158; Paris. 17 juin 1873, D. 73, 2, 197; C. cass., 27 avril 1881, S. 81, 1, 295; Paris, 12 avril 1883, *France judiciaire*, 1883, p. 591. Poitiers, 13 mars 1889, p. 90, 2, 109, *La Loi* du 26 octobre.

Il en est de même si ce cours d'eau étant important, l'exploitation peut se faire sans trop de frais ni de difficultés en établissant des bacs et bateaux. Paris, 17 juin 1873, S. 74, 2, 119.

Il en est autrement s'il est de nature à intercepter les communications, à les rendre incertaines, vraiment difficiles et dangereuses. Rennes, 24 décembre 1841, suivi de rejet, 31 juillet 1844, S. 44, 1, 845; Angers, 14 janvier 1847, S. 47, 2, 250; Bastia, 2 août 1854, S. 54, 2, 573.

Ou s'il en résulte que le propriétaire n'a, pour accéder à la voie publique, qu'une issue insuffisante aux besoins d'exploitation de son immeuble. C. cass., 17 janvier 1882, D. 82, 1, 416.

C'est là une question de fait et d'appréciation laissée à la décision des juges du fond, et qui est essentiellement variable suivant la nature du cours d'eau.

Une île renfermait un terrain appartenant à une commune et des parcelles à divers particuliers ; le tout desservi par un chemin public, qui n'avait d'issue praticable que par un pont appartenant à un tiers. Ce chemin a été considéré comme à l'état d'enclave et comme constituant à ce titre un fonds dominant à l'égard du pont, et la commune comme personne civile a pu acquérir la servitude de passage sur le pont comme propriétaire du chemin enclavé; elle peut agir en justice dans l'intérêt de tous les ayants droit sans avoir à les mettre en cause. Cass., 11 avril 1881, S. 83, 1, 292, D. 83, 1, 7.

On peut encore consulter divers arrêts cités dans les paragraphes précédents relatifs aux obstacles apportés aux communications par le voisinage des cours d'eau et *infrà*, n° 735.

708. *L'obstacle doit être actuel et non purement possible.* — Ainsi, comme nous l'avons déjà indiqué, *suprà* n° 704 et 705, le propriétaire qui passe sur un fonds où on ne lui conteste pas le passage, à quelque titre que ce passage s'opère, fût-ce même à titre de simple tolérance, ne peut réclamer un passage comme enclavé et il doit être repoussé dans sa prétention, sauf à la reproduire utilement plus tard, si le passage dont il jouit en fait vient à lui être légalement contesté et refusé. Colmar, 10 mai 1831, D. 33, 2, 51 ; C. cass., 30 avril 1835, S. 35, 1, 701 ; 27 février 1839, S. 39, 1, 493 ; 15 juillet 1875, S. 75, 1, 419 ; Solon, *Servitudes*, n° 318 ; Demolombe, t. 2, n° 606 ; Aubry et Rau sur Zachariæ, t. 3, § 243, p. 27.

309. *Enclave temporaire.* — Si le chemin par lequel le propriétaire se rend à son héritage est momentanément inondé ou détruit, et que son fonds soit ainsi temporairement enclavé, il peut temporairement aussi réclamer un passage sur la propriété voisine. Pardessus, n° 226 ; Solon, n° 345 ; Massé et Vergé sur Zachariæ, § 331, t. 2, p. 190 ; Fournel, *Voisinage*, t. 2, p. 400, § 207.

310. *Enclave relative.* — Le fonds peut, alors même qu'il n'est pas enclavé d'une manière absolue relativement à son accès, être enclavé au point de vue de la jouissance des droits affectés à son exploitation.

Ainsi le droit de passage peut être exigé pour accéder à une fontaine publique. Pau, 14 mars 1831, commune de Lahitte ; C. cass., 9 janvier 1883, S. 84, 1, 64 ; Garnier, *Législ. et jurispr. nouv. sur les ch.*, p. 259 ; Dalloz, v° *Servitude*, n° 834.

Il peut être revendiqué par l'acquéreur du droit de tourber un fonds. Amiens, 25 mai 1813, Picard.

311. *Empêchement au passage créé par le propriétaire lui-même.* — Celui qui a un passage suffisant pour communiquer entre sa terre et la voie publique, ne peut se créer un droit de passage sur le fonds de son voisin sous prétexte qu'il est enclavé, alors que c'est lui qui, par ses travaux, a rendu impossible l'accès du chemin dont il se servait. C. cass., 16 mars 1870, S. 70, 1, 192.

Un propriétaire ne saurait être admis à soutenir qu'il est enclavé, lorsque l'état dont il se plaint résulte de son propre fait, et qu'il peut le faire cesser par une installation des plus simples. Trib. Libourne, 21 février 1889, *Pand.*, 89, 2, 258.

Nous donnerons d'ailleurs sous l'article 684 de nouveaux développements à ce sujet.

112. *Enclave résultant d'une expropriation pour cause d'utilité publique.* — L'enclave peut résulter d'une expropriation pour cause d'utilité publique motivée par des travaux qui enlèvent les parcelles expropriées à la libre disposition du public, notamment de l'établissement d'un chemin de fer. C. cass., 20 août 1873, S. 73, 1, 477 ; 9 février 1874, S. 74, 1, 223 ; 21 juillet 1875, S. 75, 1, 428 ; 31 juillet 1876, S. 76, 1, 431.

On ne pourrait opposer au propriétaire enclavé, à la suite de la cession de partie de son terrain nécessaire à des travaux publics, et qui avait accès sur la voie publique avant cette cession, que l'enclave est son fait et résulte de sa faute, car, en pareil cas, la cession amiable, lorsqu'elle est faite sous le coup d'une expropriation pour cause d'utilité publique, n'a d'amiable que le nom et au fond est nécessaire et forcée. Alger, 15 juin 1867, S. 68, 2, 180.

Mais si l'exproprié, dans sa cession, a négligé de stipuler des réserves de droit de passage pour tirer un parti plus avantageux de ses terrains, comme il ne peut être juste que ce soit au détriment des terres voisines, les tribunaux dans le règlement de l'indemnité devront se montrer plus ou moins faciles ou rigoureux, suivant les cas, lorsqu'il s'agira de fixer la somme revenant au propriétaire du fonds asservi, par suite de la manière de procéder de l'enclavé.

713. *Enclave résultant du morcellement des terres; renvoi.* — L'article 684 réglementant l'enclave dans le cas où elle résulte du morcellement des terres, nous renvoyons à cet article ce que nous avons à dire à ce sujet. *Infrà*, nos 741 et suiv.

713ᵃ. *Enclave résultant de mesures politiques ou douanières.* — Ne doivent pas être considérées comme constitutives de l'état d'enclave les mesures politiques et douanières prises par un Etat étranger (l'Allemagne sur la frontière d'Alsace-Lorraine), et qui, si elles ont pu gêner l'exercice du passage pour l'exploitation du fonds situé en France et n'ayant d'issue que sur une voie publique étrangère (allemande), n'ont pas produit un obstacle matériel à ce passage. Cass., 6 janvier 1890, S. 90, 1, 393, D. 90, 1, 63, *Pand.*, 90, 1, 368.

713ᵇ. *Dispense d'impôt au profit de l'enclavé.* — Un enclavé s'est prévalu de cette circonstance pour se refuser à payer l'impôt grevant sa terre. Faut-il dire que sa prétention a été repoussée ? C. d'Etat, 7 février 1890, Delamare, S. 92, 3, 61.

§ 4. — Mode d'exploitation de l'enclave.

714. *Modes d'exploitation de l'enclave.* — Par une modification que la jurisprudence avait consacrée, le nouvel article, quant aux exploitations, comprend d'une manière générale tous les modes d'utiliser le fonds, quelles que soient les transformations que le propriétaire fasse subir à son héritage. Des jurisconsultes avaient prétendu que les termes de l'article 682 ne pouvaient s'entendre que de l'exploitation des produits naturels du sol lui-même. Mais cette interprétation restrictive n'avait pas été admise par la plupart des auteurs, non plus que par la jurisprudence. Le mot d'exploitation est générique, pourquoi refuser dès lors le bénéfice de l'article 682 pour le service d'une usine, d'un atelier ou d'une hôtellerie ? Le doute ne subsistera plus en présence de la nouvelle rédaction, qui donne au propriétaire enclavé le droit de réclamer un passage pour l'exploitation soit agricole, soit industrielle de sa propriété. Rapport de M. Leroy à la Chambre.

C'est dans ce sens que s'étaient déjà prononcées la jurisprudence et la doctrine. Agen, 18 juin 1823, S. 24, 2, 89 ; C. cass., 8 juin 1836, S. 36, 1, 453, D. 38, 1, 95, à l'occasion d'un changement de destination si considérable que le propriétaire avait converti un fonds rural en un embarcadère maritime. C. cass., 27 janvier 1868, S. 68, 1, 433 ; Solon, n° 330 ; Favard, *Servit.*, sect. 2, § 7, n° 3 ; Massé et Vergé sur Zachariæ, t. 2, § 331, p. 189 ; Aubry et Rau sur Zachariæ, t. 3, § 243, p. 27 ; Demolombe, t. 2, n° 611 ; Demante, t. 2, n° 537.

315. *L'exploitation industrielle ; passage souterrain.* — Le passage motivé sur l'enclave peut donc être demandé pour une exploitation industrielle ou commerciale, comme pour une exploitation agricole. Mourlon, *Répétit. écrit.*, t. 1, n° 1801, et Legentil, *Revue pratique*, année 1861, p. 113 et suiv., avaient soutenu la négative ; mais l'affirmative était admise par les arrêts de Bruxelles, 22 mars 1817, Vanderstraeten ; Pau, 14 mars 1831, commune de Lahitte ; rej., 22 mai 1832, Livron ; Grenoble, 28 juin 1833, Carhan ; Paris, 7 décembre 1840, Azam ; C. cass., 7 mai 1879, à mon rapport, *France judiciaire*, 1880, p. 60, S. 80, 1, 73 ; Demolombe, t. 2, n° 612 ; Perrin et Rendu, *Dict. des const.*, n° 3108 ; Astre, *Recueil de l'acad. de législ.*, t. 7, p. 226 ; Jousselin, *Servit. d'ut. pub.*, t. 2, p. 549 ; Sauger, *Du louage*, n° 576 ; Rolland de Villargues, *Rép. du not.*, v° *Passage*, n° 43 ; Dalloz, v° *Servitude*, n° 831 à 833, qu'il faut joindre aux autorités citées dans le précédent paragraphe. C'est dans ce sens que s'est prononcée la Cour de Chambéry, par arrêt du 10 janvier 1863, S. 63, 2, 237, à l'occasion d'une carrière s'exploitant à ciel ouvert ou par galerie souterraine. Dans ce dernier cas, l'arrêt de Chambéry a même jugé que le passage était dû non seulement à la surface du

fonds voisin, mais sur toutes les couches qui le constituent et notamment dans les tranchées ou galeries souterraines qui peuvent couper le fonds. Je crois que c'est
avec plus de respect pour la véritable intention du législateur que la Cour d'Amiens a jugé au contraire, pour
un pareil cas, que le droit de passage en cas d'enclave
n'a lieu qu'à la surface des fonds voisins. Amiens,
2 février 1854, S. 54, 2, 183, D. 54, 2, 232; c'est également ce qu'ont jugé la Cour de Bordeaux, le 16 février
1875, S. 75, 2, 170; la Cour de Nancy, le 4 juillet 1885,
S. 87, 7, 115. D'après l'arrêt de la Cour de cassation
du 10 novembre 1891, D. 92, 1, 83, l'article 682 du
Code civil en accordant un passage sur les fonds voisins,
aux propriétaires de terrains enclavés fait allusion à un
passage s'exerçant sur la surface, mais non au-dessous
de cette surface; c'est l'avis de MM. Massé et Vergé sur
Zachariæ, t. 2, § 331, note 2; de Dalloz, *Servit.*, n° 841.

M. Garnier, *Législation et jurisprud. nouvelle sur
les chemins*, p. 265, pense qu'en ces matières il n'y a
pas de règle fixe à déterminer d'avance, et qu'il faut laisser une certaine latitude aux tribunaux et même à l'autorité administrative.

L'arrêt de Bordeaux, repousse la demande faite par
un carrier de se servir des galeries souterraines établies
par un carrier voisin pour l'exploitation de ses pierres,
en relevant cette considération, que, autoriser un industriel à se servir des galeries établies par l'industriel
voisin sur son fonds, ce serait l'autoriser à établir ces
galeries si elles n'existaient pas, ce qui, dans ce cas, lui

paraîtrait exorbitant. Quant à moi, je crois qu'il est plus
exorbitant encore de permettre à un voisin de se servir
des galeries ouvertes que de lui permettre d'en ouvrir ;
dans le second cas, on ne fait que lui permettre de se
créer un passage non pas sur le fonds voisin, il est
vrai, mais à travers le fonds voisin ; dans le second on
lui attribuerait une sorte de communauté dans une entreprise industrielle qui lui est complètement étrangère,
ce qui me paraîtrait autrement grave et irrégulier. En
effet, les galeries pour l'exploitation des carrières souterraines font essentiellement partie de l'entreprise industrielle en constituant un actif souvent important,
elles sont l'accessoire principal et obligé de l'exploitation ; ouvertes pour une entreprise, elles ne peuvent être
mises à la disposition de l'entreprise voisine. Je parle
ici des carrières sans avoir à m'expliquer sur l'application des lois spéciales sur les mines et minières susceptibles de concession.

316. *Servitude de passage au profit d'un chemin
communal.* — Une servitude de passage peut-elle exister au profit d'un chemin communal qui, à défaut de ce
passage, se trouverait enclavé et sans issue ? M. le conseiller Babinet résout la question affirmativement dans
le rapport qui a précédé l'arrêt des requêtes du 11 avril
1881, et qui est rapporté avec cet arrêt sanctionnant les
conclusions de ce rapport, dans la *France judiciaire* de
1881, p. 417. Toutefois l'arrêt relève cette circonstance
que ce chemin communal conduisait à un paquis com-

munal qui, sans le débouché offert par le passage réclamé chez le riverain, serait resté enclavé et sans issue.

§ 5. — Procédure.

717. *Constatation de l'enclave ; preuve ; procédure.*
— Les juges, pour constater l'existence de l'enclave,
ont à prendre en considération les faits et circonstances
de chaque cause. Ils ne sont pas tenus de recourir spécialement à une expertise. Req. rej., 24 décembre 1835,
Defaye ; Dalloz, *Servitude*, n° 827 ; Demolombe, t. 2,
n° 614, p. 95 ; Pardessus, t. 1, n° 222 ; Duranton, t. 5,
n° 417. L'opinion contraire a été soutenue par M. Favard de Langlade, v° *Rapport d'expert*, sect. 1, § 4,
n° 11, et par Solon, n° 327.

Au surplus, l'appréciation des faits constituant l'enclave est abandonnée à la conscience et aux lumières
des juges. Req., 23 août 1827, Schneider ; Besançon,
23 mai 1828, Thibaut ; C. cass., 27 février 1839, Rostan ; 25 novembre 1845, Lecouteux ; 11 avril 1881, *France
judiciaire*, 1881, p. 417 ; 17 janvier 1882, D. 82, 1, 416 ;
Demolombe, t. 2, n° 609, p. 90 ; Pardessus, t. 1, n° 218 ;
Solon, n°s 319 et 326 ; *infrà*, n° 720.

Bien que toutes les dispositions des arrêts doivent
être motivées, les juges peuvent se borner à affirmer
l'état d'enclave et en déduire les conséquences légales,
sans justifier cet état, lorsque l'état d'enclave qui sert
de base à l'action du demandeur n'est pas contesté par

le défendeur, qui se borne à en contester les conséquences. C. cass., 17 février 1880, S. 80, 1, 364.

Celui qui, en première instance, a conclu uniquement au déboutement de la demande tendant à asservir son fonds à une servitude de passage, par suite de
l'état d'enclave du fonds du demandeur, peut, tout en
persistant dans sa demande en appel, conclure subsi-
diairement à ce qu'il lui soit donné acte, de ce que, si
un droit de passage est reconnu en faveur du demandeur, il consent à ce que ce passage s'exerce sur tel
ou tel point spécifié de son domaine. Ces conclusions
subsidiaires qui ont pour objet d'atténuer les effets et
de modifier les conséquences de la demande principale,
doivent être considérées comme constituant une défense
à cette demande, pouvant dès lors se produire pour la
première fois en appel. C. cass., 17 février 1880, S. 80,
1, 364.

L'état d'enclave ne peut être contesté devant une Cour
de renvoi lorsque la partie de l'arrêt déféré à la Cour de
cassation reconnaissant l'enclave a été rejetée ; dès lors
cette difficulté ayant été considérée comme définitivement
jugée, n'a pas pu être soumise à la Cour de renvoi, qui
n'en a pas été investie. C. cass., 8 mai 1882.

718. *Le propriétaire qui réclame la servitude doit-
il mettre en cause tous les riverains ?* — Le propriétaire
qui réclame la servitude ne peut choisir à son gré le voisin sur lequel elle peut être imposée, cette détermination
devant être faite suivant les règles prescrites par la loi

et en dehors de la volonté du demandeur ; on a essayé
d'en conclure que l'action en pareil cas devait être dirigée contre tous les riverains et qu'elle ne serait pas recevable si elle était dirigée contre l'un d'eux seulement.
Aix, 27 juillet 1822, Trotebas ; Montpellier, 5 août 1830,
Parès. C'était la règle qui paraissait suivie autrefois.
Cappeau, *Lois rurales et forestières*, t. 2, p. 117, n° 54.

M. Demolombe, t. 2, n° 620, p. 100, combat cette opinion et c'est, suivant nous, avec raison. C'est au demandeur à former sa demande dans les conditions voulues
par la loi, et à requérir le passage sur le fonds qui, d'a-
près cette même loi, doit le souffrir ; si sa demande ne
remplit pas ces conditions, il en sera débouté, sauf à appeler tout autre voisin aux débats ou à former une action
nouvelle. Mais si le tribunal reconnaît que le riverain
qui a été appelé en cause est bien celui sur le fonds duquel le passage doit être pris, pourquoi obliger le demandeur à faire figurer à grands frais dans l'instance tous
les riverains qui peuvent être groupés autour de son enclave ? Bordeaux, 15 janvier 1835, Leydet ; Dalloz, *Servit.*, n° 850.

Il en serait autrement si entre le fonds enclavé et la
voie publique il existait plusieurs propriétaires intermédiaires par la voie que demande à suivre l'enclavé, ce
propriétaire ne pourrait se borner à mettre en cause,
celui dont le fonds touche au chemin public en négli-
geant d'appeler dans l'instance les propriétaires intermédiaires sur lesquels le passage devrait d'abord être
exercé, et qui s'y opposent. Caen, 7 novembre 1893, *La
Loi.*

L'enclavé qui réclame le droit de passer sur le fonds indiqué par lui, doit prouver que son droit de passage ne peut être exercé plus utilement sur aucune autre propriété, et il doit être débouté de sa demande si le contraire est établi par les débats. Rennes, 31 janvier 1880, S. 81, 2, 62.

718. *Compétence.* — Toutes les questions relatives à l'application des articles du Code civil concernant l'enclave, sont du ressort de l'autorité judiciaire, quelles que soient les parties en cause. C. cass., 10 avril 1872, S. 72, 1, 209 ; Trib. des conflits, 26 mai 1894, Réder, à moins qu'il ne s'y mêle accidentellement des questions que des lois ont déférées à la connaissance de juridictions spéciales, et qu'il soit commandé en ce cas aux tribunaux, soit de surseoir, soit de se désinvestir.

780. *Pouvoir des tribunaux.* — C'est aux tribunaux à constater les circonstances qui constituent l'enclave et à apprécier si l'enclave en résulte réellement. C. cass., 27 août 1827 ; 7 mai 1879, à mon rapport, *France judiciaire*, 1880, p. 60 ; 27 avril 1881, S. 81, 1, 295 ; 17 janvier 1882, S. 82, 1, 206, D. 82, 1, 416 ; 26 avril 1888, D. 90, 1, 119 ; 26 novembre 1888, S. 90, 1, 309 ; 23 juin 1891, *Pand.*, 92, 1, 308 ; 10 janvier 1893, *Pand.*, 94, 1, 344 ; 18 juillet 1894, Astorg ; Crépon, *Du pourvoi en cass.*, t. 3, n°° 75 et suiv., p. 210 et suiv. *Suprà*, n° 717.

§ 6. — Droit de réclamer le passage.

781. *Par qui le passage peut-il être demandé ?* — L'article 682 ne parle que du propriétaire du fonds enclavé ; mais sous cette désignation on comprend toute personne à laquelle appartient, en vertu d'un droit réel, la faculté d'exploiter ce fonds : l'usufruitier, l'usager, l'emphytéote. Massé et Vergé sur Zachariæ, t. 2, § 331, p. 188 ; Dalloz, *Servit.*, n° 846 ; Demolombe, t. 2, n° 600, p. 82 ; Jousselin, *Servit.*, t. 2, p. 549.

782. *Le passage ne peut être réclamé par un fermier.* — Le droit de passage accordé aux propriétaires des fonds enclavés constitue une servitude légale. Or, d'après l'article 637 du Code civil, une servitude est une charge imposée sur un héritage pour l'usage et l'utilité d'un héritage appartenant à un autre propriétaire ; il s'ensuit que, pour réclamer au profit d'un immeuble la servitude prévue par l'article 682, il faut avoir la propriété de cet immeuble, ou au moins y participer par la jouissance d'un droit réel. Dès lors, le fermier ou colon partiaire, à qui le contrat de louage ne confère aucun droit réel sur la chose louée, n'est pas recevable à revendiquer un droit de passage contre les propriétaires voisins pour cause d'enclave, il n'a d'autre droit que celui de s'adresser au bailleur, pour que celui-ci le fasse jouir de la chose louée en lui procurant les issues nécessaires. C. cass., 16 juin 1880, S. 80, 1, 450 ; 25 mars 1882, D.

82, 1, 275 ; Demolombe, t. 2, n° 600 ; Aubry et Rau sur Zachariæ, t. 3, p. 26, § 243 ; Solon, n° 316 ; Jousselin, *Serv.*, t. 2, p. 549 ; Dalloz, *Servit.*, n° 847.

Cela est vrai, soit qu'il s'agisse d'un droit de passage à perpétuelle demeure, soit que le fermier réclame seulement, sous prétexte d'urgence, un passage provisoire et temporaire, la loi ne faisant à cet égard aucune distinction, et le passage étant toujours réclamé à titre de servitude légale. Même arrêt du 16 juin 1880.

Il importerait peu que le fermier eût en même temps actionné son bailleur et conclu contre lui ; la présence du bailleur au procès, alors surtout qu'il ne prend aucune conclusion pour réclamer le passage en son nom, ne change rien au défaut de qualité qui, dès le principe, rendait irrecevable l'action du fermier contre les voisins. Même arrêt du 16 juin 1880.

723. *Un passage peut être réclamé par une commune pour aboutir à une enclave.* — Que cette enclave soit une terre communale, un pâturage commun, un abreuvoir, une fontaine, etc. C. cass., 11 avril 1881, *France judiciaire*, 1881, p. 417 ; 9 janvier 1883, D. 83, 1, 176, et même si c'était un chemin communal qui fût enclavé, arrêt du 11 avril 1881, S. 83, 1, 222, D. 83, 1, 17 ; *suprà*, n° 707.

§ 7. — Par quels fonds est-il dû ?

724. *Il est dû par tous les fonds clos ou non, cultivés ou non.* — Le passage est dû par les fonds, qu'ils soient clos ou non clos, cultivés ou non, et quelle que soit la nature de la culture à laquelle on les a soumis: terres labourables, prés et jardins. Garnier, *Législ. et jurisp. nouv. sur les ch.*, p. 259; Pardessus, n° 219. Toutefois, dans le choix du passage, les juges auront égard à la situation et à l'état des fonds à asservir, pour rendre la charge le moins incommode possible, comme nous aurons occasion de le faire observer de nouveau plus tard.

195. *Quelles que soient la classe dans laquelle ils sont placés par la loi, et la capacité légale de leurs propriétaires.* — Les fonds, inaliénables de leur nature, n'en sont pas exceptés par la loi; la servitude peut donc peser sur des biens de cette catégorie, tels par exemple que les domaines de la couronne, Req. rej., 7 mai 1829, D. 48, 1, 5; les forêts de l'État, Angers, 20 mai 1842, de Villers; Caen, 1er décembre 1845, S. 46, 2, 128, et autres; C. cass., 19 janvier 1848, D. 48, 1, 5; Montpellier, 18 janvier 1865, suivi de rejet, S. 68, 1, 30; les propriétés communales, C. cass., 10 avril 1872, S. 72, 1, 289; les francs-bords d'un canal faisant partie des travaux de dessèchement d'un marais. C. cass., 11 novembre 1867, S. 68, 1, 30; Garnier, *Jurisp. et législ. nouv. sur les ch.*, p. 259; Dalloz, v° *Servitudes*, n° 858; Demolombe, t. 2, n°s 615, 615 *bis*, 625; Pardessus, t. 1, n° 219; Duranton, t. 5, n° 422; Jousselin, *Serv. d'ut. publ.*, t. 2, p. 552.

A la condition que l'exercice de la servitude soit conciliable avec la destination publique du lieu où on veut l'exercer. C. cass., 11 novembre 1867, S. 68, 1, 30. La même solution doit intervenir à l'égard des biens des mineurs et autres personnes incapables, ainsi que pour les fonds dotaux. Jousselin, *Serv. d'ut. p.*, t. 2, p. 552 ; Demolombe, t. 2, n° 615, p. 97 ; Garnier, *loc. cit.*

Toutefois, pour que le mari puisse valablement consentir à ce que le passage dû à un héritage enclavé, soit pris sur le fonds dotal de sa femme voisin de cet héritage, il faut que ce fonds se trouve formellement dans un des cas prévus par les articles 683 et 684 du Code civil, sinon ce serait une reconnaissance conventionnelle d'une servitude de passage sur le fonds dotal excédant les pouvoirs du mari. Ch. civ., 17 juin 1863, Purey, cassation de l'arrêt de la Cour de Bordeaux du 6 août 1861. Une solution analogue était intervenue dans une affaire où il s'agissait d'un passage que l'on prétendait acquis par la prescription ; la Cour de cassation s'est refusée à admettre le bénéfice de la prescription, sur le motif que ce passage ne remplissait pas les conditions indiquées par les articles 683 et 684 ; 20 janvier 1847, Lézan.

En ce qui concerne les riverains des chemins de fer, il ne nous paraît pas que, sur le motif qu'ils sont enclavés, ils puissent obtenir un passage sur les terrains clos dépendant de ces chemins, les lois de police défendant à toute personne en dehors des employés et agents, ayant quant à ce qualité, de s'introduire dans l'intérieur de ces clôtures, il n'en serait autrement que s'il s'agissait des voies établies pour donner accès aux gares et stations

Voyez quant à ce une espèce ayant donné lieu à plusieurs décisions contradictoires dans le *Journal de droit administratif* de M. Ad. Chauveau, 1867, p. 129; et en ce qui concerne les enclaves riveraines des francs-bords d'un canal navigable, le même recueil, même année, p. 61 et suiv.

§ 8. — Assiette et conditions du passage.

786. *Assiette et conditions du passage; renvoi.* — J'étudierai sous les articles 683 et 685 tout ce qui concerne l'assiette et le mode de servitude du passage pour cause d'enclave, ainsi que ce qui concerne les questions de prescription, modification et extension.

§ 9. — Indemnités.

787. *Indemnité; renvoi.* — Mon examen portera, sous l'article 685, sur les questions concernant les indemnités dues à raison des passages exercés par suite d'enclave.

C. CIV., ART. 683. — *Emplacement du passage.*

Le passage doit régulièrement être pris du côté où le trajet est le plus court du fonds enclavé à la voie publique.

Néanmoins, il doit être fixé dans l'endroit le moins dommageable à celui sur le fonds duquel il est accordé.

728. *Le nouvel article 683 reproduit littéralement les anciens articles 683, 684.* — Le nouvel article 683 tel que le présentait le projet et que l'ont adopté les Chambres, n'est que la reproduction textuelle des anciens articles 683 et 684 du Code civil. En réunissant ainsi sous un même numéro ces deux articles, on n'a eu d'autre but que d'introdu.. ..es dispositions suivantes sans modifier l'ordre régulier des numéros des articles dans le Code civil.

729. *Sur lequel des fonds contigus doit être emplacée la servitude?* — L'article 683 du Code civil dit que le passage doit régulièrement être pris du côté où le trajet est le plus court du fonds enclavé à la voie publique; mais le § 2 ancien article 684 ajoute : néanmoins, il doit être fixé dans l'endroit le moins dommageable à celui sur le fonds duquel il est accordé.

730. *Trajet le plus direct.* — Il résulte de la rédaction même de la loi que le législateur n'a pas voulu faire de cette disposition une règle absolue et invariable, et si le passage doit être pris autant que possible par le trajet le plus court, il est dans les attributions du juge d'apprécier si, en l'état des circonstances de la cause, de la nature des lieux, de la destination qu'ils ont reçue, de la difficulté d'exécuter les travaux nécessaires pour assurer l'exercice de la servitude, du prix de ces travaux, etc., il n'y a pas lieu de fixer un emplacement qui s'écarte de la direction qu'on devrait suivre pour se tenir dans la ligne la plus courte du fonds enclavé à la voie publique. Rej., 1er mai 1811, Leymarié; Besançon, 23 mai 1828, Thibaut; Bordeaux, 15 janvier 1835, Leydet; Nancy, 8 janvier 1838, Robin; req. rej., 29 décembre 1847, D. 48, 1, 204; 9 mars 1858, Duprey; Rennes, 22 janvier 1859, dans le bulletin de cette Cour, 1859, p. 69; C. cass., 7 mai 1879, à mon rapport, *France judiciaire*, 1880, p. 60; Delvincourt, t. 1, p. 158, nos 7 et 9; Favard de Langlade, *Répert.*, vo *Servit.*, sect. 2, §7. no 3; Duranton, t. 5, nos 423 et 425; Jousselin, *Servit. d'ut. p.*, t. 2, p. 554; Demante, *Cours analyt.*, t. 2, no 558; Demolombe, t. 2, nos 621, 622 et 624; Massé et Vergé sur Zachariæ, t. 2, p. 189, § 331, note 9; Aubry et Rau sur Zachariæ, t. 3, § 243, p. 29; Pardessus, nos 219 et 220; Toullier, t. 3, no 548; Solon, nos 325 et suiv.; Bourguignat, *Droit rural*, p. 94, no 301; Cappeau, *Législ. rurale et forestière*, t. 2, p. 116, no 54; Marcadé, sur l'art. 685; Garnier, *Traité des ch.*, p. 485 et 486, et

Législ. nouv. sur les ch., p. 264 ; Fournel, *Voisinage*, t. 2, p. 401, § 207 ; Sibille, *Usages de la Loire-Inférieure*, nº 171 ; Sauger, *Louage*, nº 578, § 83 ; Dalloz, *Servit.*, nº 824. Lorsque l'article 683 C. civ. spécifie qu'en cas d'enclave le passage doit être pris du côté où le trajet est le plus court du fonds enclavé à la voie publique, il a entendu que le caractère de publicité de la voie devrait exister d'une manière reconnue, manifeste pour tous et qu'il ne suffirait pas de la déduire de titres contestés et de faits incertains. Cass., 12 janvier 1881, S. 81, 1, 413 ; Poitiers, 5 mars 1891, S. 92, 2, 47, D. 91, 2, 319 ; Féraud-Giraud, *Voies modifiées par les chemins de fer*, nº 146.

Un arrêt de la Cour de Paris, du 30 juin 1859, D. 61, 5, 455, fait une distinction. Si un seul propriétaire se trouve entre l'enclave et la voie publique, on pourra ne pas suivre sur son fonds la voie la plus directe pour parvenir au chemin public, mais à condition de se tenir toujours sur ce fonds. Mais s'il a divers fonds appartenant à divers propriétaires qui se trouvent entre l'enclave et la voie publique, on devrait toujours rechercher le trajet le plus direct pour déterminer le fonds servant, quelque difficile et incommode que ce passage pût être, pourvu qu'il fût praticable.

731. *Endroit le moins dommageable pour le fonds servant.* — Si le passage doit être pris sur le point le plus direct entre le fonds dominant et la voie publique, il doit également être emplacé dans l'endroit le moins

dommageable pour le fonds servant. Toutefois, la seconde de ces règles n'est pas plus absolue que la première, et il est vrai qu'en déterminant le lieu où s'exercera le passage, on doit prendre surtout en considération les convenances de celui qui doit souffrir, comme
cela résulte de la doctrine et de la jurisprudence; L. 19,
ff., *De servit.*; L. 21, 22 et 26, ff., *De servit. praed.
rust.*; rej., 1er mai 1811, Leymarié; Bordeaux, 15 janvier 1835, Leydet; rej., 29 décembre 1847, Cayol; les
anciens auteurs provençaux, Bomy, ch. 9, p. 9 ; Julien,
Statuts, t. 1, p. 506, et Cappeau, *Lois rur.*, t. 2, p. 117,
n° 55; et encore Bourguignat, *Droit rural*, p. 94, n° 301 ;
Pardessus, n° 220.

On ne saurait soutenir que le passage doit forcément
être fixé dans tous les cas sur la partie la moins dommageable, car le plus souvent ce serait la partie la plus
impraticable, et en reconnaissant un droit on en rendrait l'exercice très coûteux dans certaines circonstances, et presque impossible. C'est aux juges à concilier
autant que possible les deux intérêts qui se trouvent
en présence, celui du fonds dominant et celui du fonds
servant. Demolombe, t. 2, n° 622, p. 101 ; Pardessus, t. 1,
n° 219; Duranton, t. 5, n° 425 ; Zacharie, t. 2, p. 64 ;
Solon, n° 625 ; Demante, t. 2, n° 538; Fournel, *Voisinage*,
t. 2, p. 403, § 207 ; Sauger, *Louage*, n° 586.

138. *Causes de détermination autres que celles prévues par la loi.* — L'arrêt qui constate que l'emplacement
désigné est le trajet le plus court pour arriver du fonds en-

clavé à la voie publique, et qu'il n'est pas plus dommageable, que s'il était établi sur tout autre point du fonds
servant, justifie complètement en droit l'assiette assignée au passage. On ne saurait considérer comme illégale cette considération, qu'il était de l'intérêt d'un
tiers et d'une plus grande commodité pour le propriétaire
du fonds enclavé, que le passage fût maintenu sur ce
point. C. cass., 20 janvier 1880, D. 80, 1, 304, à mon
rapport.

333. *Fixation de l'emplacement par acquiescement à
l'appréciation des experts.* — Il a été jugé que le propriétaire du fonds sur lequel doit être exercé le passage
nécessaire à des propriétés enclavées, qui en première
instance a déclaré s'en rapporter aux experts chargés de
la détermination du lieu le plus propre à l'exercice de ce
passage, et qui, après l'expertise, a conclu à son homologation, n'est plus recevable à contester en appel la détermination faite par les experts, et à demander que le passage s'exerce sur un lieu autre que celui qu'ils ont
indiqué. Req., rej., 30 novembre 1863, Verry.

334. *Fixation de l'assiette et du mode de servitude
par la prescription; renvoi.* — La fixation de l'assiette
et du mode de servitude peuvent encore être déterminés
par l'usage continu pendant trente ans, comme cette
fixation est réglementée, au point de vue de la prescription, par l'article 685, nous réservons ce que nous avons
à dire à ce sujet jusqu'à l'examen de cet article.

735. *Passage sur un pont appartenant à un tiers.*
— Un pont, propriété exclusive d'un usinier, peut être
affecté à l'assiette d'une servitude de passage au profit
de fonds enclavés et privés d'issue sans l'usage de ce
pont, en ce sens que si ce passage s'est exercé pendant
plus de trente ans dans les conditions où la prescription
peut être acquise, il se trouvera soumis à cette servitude, et que préalablement l'action possessoire, pour
arriver à cette constatation, sera recevable. C. cass.,
11 avril 1881, S. 83, 1, 222, D. 83, 1, 17.

Mais si des propriétaires séparés de la voie publique
y arrivent avec plus ou moins de gêne et de difficultés
en traversant un cours d'eau, et que l'un des riverains
sur son fonds et en dehors du lieu où s'exerçait le passage commun, pour échapper à la gêne et aux difficultés
qu'il présentait, établisse un pont pour son usage personnel, les autres propriétaires ne pourront pas y exercer un passage, en se fondant sur les difficultés d'accès
que présente celui qu'ils pratiquaient. C'est à eux à l'a-
méliorer s'ils le jugent utile sans pouvoir profiter des
travaux établis ailleurs et sur son propre fonds par l'un
d'eux.

736. *Déplacement de la servitude ; renvoi.* — Nous
examinerons sous l'article 685, si la servitude de passage, une fois emplacée, peut être déplacée.

CODE CIVIL, ARTICLE 684. — *Enclave résultant du morcellement des fonds.*

Si l'enclave résulte de la division d'un fonds par suite d'une vente, d'un échange, d'un partage ou de tout autre contrat, le passage ne peut être demandé que sur les terrains qui ont fait l'objet de ces actes.

Toutefois, dans le cas où un passage suffisant ne pourrait être établi sur les fonds divisés, l'article 682 serait applicable.

SOMMAIRE

§ 1. — Explications sur le nouvel article 684.

737. *Rédaction du projet.* — Dans le projet, l'article 684, qui a été ajouté aux dispositions du Code civil, était ainsi conçu :

Si l'enclave est la conséquence d'une vente, d'un échange, d'un partage, ou de tout autre contrat, le passage ne peut être demandé que sur les terrains de ceux qui ont souscrit ces actes.

La commission du Sénat a proposé l'addition du second paragraphe.

738. *Explications données à l'appui du projet dans l'exposé des motifs.* — L'article 684 contient une disposition nouvelle. En cas d'enclave, le passage doit régulièrement être pris du côté le plus court et dans l'endroit le moins dommageable. C'est la règle générale, on a proposé d'y faire une exception légitime. Si l'enclave résulte non de la force des choses, mais de la volonté même du propriétare du fonds enclavé traitant avec d'autres propriétaires, ce sont ces derniers qui doivent le passage, lors même qu'il serait moins court.

On ne peut pas admettre qu'il ait suffi de leur volonté pour imposer une charge au voisin.

Si donc l'enclave est la conséquence d'une vente, celui qui a aliéné la propriété sur laquelle il passait, devra, pour exploiter l'autre immeuble qu'il a conservé, s'adresser à son acheteur et non pas à d'autres propriétaires du voisinage. En vendant il devait réserver son droit de passage et ne pas s'enclaver lui-même. L'état des lieux avertissait l'acheteur qu'il devait en être ainsi, tous les deux auront à s'entendre pour réparer la faute ou l'oubli commun.

Il en est de même si l'enclave provient d'un échange: de même encore si c'est le résultat d'un partage. Lors même que l'acte qui a fait cesser l'indivision garderait le silence sur les servitudes qui résultent forcément du partage, on suppose que les co-partageants en ont prévu la nécessité, puisqu'ils ne pouvaient s'en affranchir au détriment d'autrui. Dans tous les cas le passage est dû par ceux qui ont concouru à l'établissement de l'enclave. Exposé des motifs, *Officiel* du 1er novembre 1876, p. 1839, 1re col.

739. *Explications données dans le rapport au Sénat.* — L'article ne contient que des solutions conformes à la jurisprudence actuelle. Lorsqu'un fonds a une issue sur la voie publique, les parties qui le divisent ne peuvent pas imposer à un voisin étranger à la vente, à l'échange ou au partage, l'obligation de fournir un passage à la portion de ce fonds qui ne se trouve enclavée que par l'effet de leurs conventions. Il est donc indispensable que le passage s'exerce comme par le passé et reste dû par la partie du fonds qui accède à la voie publique. C'est du reste, en ce qui concerne la vente notamment, la conséquence nécessaire du contrat. En effet, d'après l'article 1615, l'obligation de délivrer la chose vendue comprend ses accessoires et tout ce qui a été destiné à son usage perpétuel.

Il en résulte qu'en vendant une parcelle enclavée dans une plus grande pièce de terre, le vendeur contracte, vis-à-vis de son acheteur, l'obligation de lui procurer sur le fonds dont il reste propriétaire le passage nécessaire pour l'exploitation de la parcelle vendue. V. Cass., 27 avril 1868, 14 novembre 1859, D. 68, 1, 337 ; 60, 1, 176. La même règle doit être suivie en matière d'échange et de partage, principalement par cette raison également applicable dans tous les cas, que la division ne peut affranchir le fonds du passage nécessaire à l'exploitation de ses parties les plus éloignées de la voie publique, ni surtout avoir pour effet d'obliger les propriétés voisines à supporter le passage. C'est aussi pour ce motif, que lors même que le vendeur s'est réservé la partie enclavée, le passage doit continuer à être pris sur la parcelle vendue et attenant à la voie publique, sans que l'acheteur puisse renvoyer son vendeur à se procurer une issue sur l'héritage voisin, qui lui offrirait un trajet plus court pour communiquer avec la voie publique.

Il est en effet de principe que les conventions ne peuvent pas nuire aux personnes qui n'y ont pas été parties. Le fonds, qui avant la division n'était pas enclavé, reste, au regard des tiers, après le fractionnement opéré par un contrat, comme s'il était demeuré dans son entier. Il en résulte que, si un changement se produit dans la destination ou dans le mode d'exploitation de l'une des parcelles que le contrat a enclavées, et si par suite le passage tel qu'il était pratiqué au lendemain de la division devient insuffisant dans les conditions nouvelles, c'est toujours aux parcelles qui faisaient autrefois partie du même fonds à supporter l'élargissement du passage, et à souffrir l'aggravation de la servitude qui pèse sur elles. Req., 27 avril 1868, D. 68, 1, 337.

C'est seulement au cas où, par suite de la déclivité des terrains ou de tout autre obstacle dans la disposition des lieux, il serait impossible d'établir sur ces parcelles le chemin devenu nécessaire dans le nouvel état de l'exploitation, que le propriétaire pourrait réclamer un passage sur l'un des fonds voisins qui serait alors tenu de le fournir. Req., 25 février 1874, D. 76, 1, 78.

Le nouvel article 684 n'impose pas, comme l'article 682, au propriétaire qui réclame le passage, l'obligation de payer une indemnité proportionnelle au dommage qu'il peut causer. C'est qu'en effet, lorsque l'enclave provient du morcellement de l'héritage, c'est-à-dire d'une vente, d'un échange ou d'un partage, la servitude de passage se trouve être le résultat d'un contrat ; comme le passage est un accessoire nécessaire du fonds et qu'il ne peut pas être réclamé en cas de morcellement sur les propriétés voisines, il est naturel de présumer que les parties se sont tacitement cédées ou tacitement réservées le droit de desservir les portions enclavées, par celles qui accèdent à la voie publique, et que par conséquent ce droit peut être exercé sans aucune indemnité.

Néanmoins, comme en matière de contrat tout est dominé par l'intention des parties, par les termes qui l'expriment, par les circonstances qui l'expliquent, les auteurs de la loi n'ont pas cru devoir exclure l'indemnité en inscrivant à cet égard dans le nouvel article 684 une règle absolue, que les auteurs du Code n'avaient pas voulu poser. L'indemnité pourra donc être réclamée dans certains cas, s'il résulte des actes de disposition que le propriétaire de la parcelle enclavée ne peut exiger le passage qu'à la condition de le payer. Elle sera due à plus forte raison toutes les fois que le propriétaire de la portion enclavée, après avoir joui d'un passage convenu et accepté, changera son exploitation et demandera, par suite, la modification du passage nécessitée par ses besoins nouveaux. Il devra alors nécessairement une indemnité pour cette aggravation de la charge primitive. Rapport de M. Clément au Sénat, *Officiel* du 14 mars 1877, p. 1915, 3ᵉ col., et 1916, 1ʳᵉ col.

340. *Explications données dans le rapport à la Chambre.* — L'article 684 ne fait que consacrer les décisions de la jurisprudence au cas où l'enclave est créée par la division du fonds par suite de vente, d'échange, de partage, ou de tout autre contrat. Il est équitable qu'en pareil cas le passage ne puisse être réclamé que sur les terrains qui ont fait l'objet de ces actes, il n'y a d'ailleurs là que l'application des principes du droit commun. En matière de vente, par exemple, le vendeur ne doit-il pas délivrer et garantir la chose qu'il vend ?

Or, l'obligation de délivrer la chose (art. 1615), comprend ses accessoires et tout ce qui est destiné à son usage perpétuel. Ceux qui créent l'enclave par suite de la division qu'ils font subir au fonds, ne peuvent par leur fait, imposer aux propriétés voisines une charge dont elles n'ont jamais été grevées.

Cependant le dernier paragraphe de l'article 684 apporte une exception à cette règle d'équité. Dans le cas où le passage dû par l'ancien propriétaire deviendrait insuffisant par suite de changements apportés au mode de culture ou d'exploitation de l'héritage enclavé, et ne pourrait être amélioré, les dispositions de l'article 682 seront applicables et les fonds voisins, sauf indemnité, pourront être grevés du passage. Rapport de M. Leroy à la Chambre.

§ 2. — Passage au cas d'enclave provenant de la division d'un fonds.

341. *Cause de l'enclave.* — Aux termes de l'article 682, un fonds est enclavé lorsqu'il n'a aucune issue, ou s'il n'a qu'une issue insuffisante sur la voie publique. Mais est-ce à dire que dans tous les cas où l'enclave existera, le propriétaire du fonds enclavé aurait droit à réclamer le bénéfice de la servitude légale de passage ?

Lorsque l'enclave aura pour cause un cas fortuit ou de force majeure, tel que l'éboulement d'un terrain, le résultat des inondations, ou du changement de lit d'un fleuve ou torrent, le déplacement d'un chemin, ou tous

autres travaux d'utilité publique, l'application de la
servitude nous paraît incontestable. La même solution
est encore applicable si la cause de l'enclave est inconnue.
Demolombe, *Servitudes*, t. 2, n° 601, p. 83.

Mais si l'enclave est le résultat du fait et de la volonté de l'homme, la solution inverse devrait être adoptée.
Ainsi, un fonds aurait une issue suffisante sur la voie
publique, par suite de partage, d'échange, de vente
partielle etc., certaines parties de ce fonds, des parcelles de ce domaine ont été isolées, et les stipulations
de ces actes, ou les oublis qui y ont été commis, empê-
chent les propriétaires de ces parcelles de trouver dans
leurs titres un droit direct pour passer sur les parcelles
vendues, seront-ils admis à demander un passage à
d'autres voisins, à se présenter à eux avec tous les
droits que donne l'enclave? M. Pardessus, t. 1, p. 219,
pense que celui qui a besoin du passage doit d'abord
s'adresser au détenteur des parties du domaine primitif, mais il ajoute que s'il n'est plus recevable à agir
contre eux, il peut s'adresser au voisin chez lequel le
passage pourra être établi le plus commodément; à
l'appui de cette opinion, on cite même un arrêt de rejet
de la Chambre civile de la Cour de cassation du 19 juillet
1843, Chevrier; mais cet arrêt a été rendu dans des circonstances de fait qui détruisent en grande partie la
portée qu'on voudrait lui attribuer, et l'on est généralement d'avis, que dans les cas que nous avons indiqués,
le passage qui est nécessaire aux portions désormais
enclavées du fonds partagé, morcelé, échangé, etc., doit

être pris sur les autres portions ayant conservé accès sur la voie publique. Sinon ce ne serait pas la loi, mais la volonté des contractants qui créerait le droit au passage sur les propriétés voisines. Certainement, comme dit M. Pardessus, le fait de l'un des contractants, son imprudence, son défaut de vigilance ne doit pas avoir pour résultat de frapper sa propriété d'une éternelle inutilité, l'intérêt public en souffrirait. Il pourra donc se faire relever de ses déchéances et obtenir un passage avec ou sans indemnité, selon les cas ; mais sur les portions seules de l'ancien domaine qui lui permettront d'aboutir à la voie publique. Cass., 1er mai 1811, Leymarié ; Caen, 26 mai 1824, Boudreille ; Riom, 10 juillet 1850, Ragues ; Douai, 23 novembre 1850, Carlot ; req. rej., 14 novembre 1859, de Tournon ; C. cass., 14 novembre 1859, D. 60, 1, 176 ; 1er août 1861, D. 62, 1, 162 ; Toullier, t. 3, no 550 ; Duranton, t. 5, no 420 ; Solon, no 328 ; Favard, v° *Servit.*, sect. 2, § 7, no 2 ; Coulon, *Question de droit*, t. 1, p. 313 ; Dalloz, v° *Servit.*, no 853 ; Marcadé, art. 682 ; Demante, t. 2, no 537 ; Ducaurroy, Bonnier et Roustain, t. 2, no 324 ; Demolombe, t. 2, nos 602 et suiv. ; Zachariæ, Massé et Vergé, t. 2, § 331, p. 189.

Cette solution nous paraît encore moins contestable pour le cas où c'est le propriétaire lui-même qui, par ses propres actes, des bâtisses par exemple exécutées sur certains points, a enclavé son fonds, il ne peut se prévaloir de ces faits pour acquérir un droit de passage chez son voisin, Cass., 20 mai 1832, Livron; Demolombe, t. 2, no 605, p. 87. L'arrêt de la Cour de cassation du 8 mars

1852, Lefèvre, semblerait résoudre la question dans un sens inverse ; mais les circonstances de fait de cette affaire font suffisamment ressortir qu'il n'en est rien, et la Cour de cassation, pas plus que la Cour d'appel, ne se sont pas expliquées sur cette circonstance de fait, relevée par l'une des parties, que l'enclave serait résultée de constructions établies chez lui par le propriétaire du fonds enclavé.

Les raisons que nous avons déduites, au commencement de notre commentaire sur l'article 684, ont cependant déterminé le législateur à prévenir les conséquences fâcheuses que pouvait présenter l'application rigoureuse des principes que nous venons d'exposer, et après avoir consacré les principes, il a cru devoir ajouter : toutefois, dans le cas, où un passage suffisant ne pourrait être établi sur les fonds divisés, l'article 682 serait applicable.

342. *Détermination du passage suivant l'origine de l'enclave.* — En prenant en considération les observations que nous venons de présenter sur la cause et l'origine de l'enclave, nous devons ajouter ici que le passage, lorsque l'enclave résultera d'un partage, devra être pris sur les fonds de l'un des copartageants, alors même qu'il serait plus court et plus facile s'il était pris sur un fonds voisin. Caen, 10 janvier 1861, D. 61, 2, 166 ; C. cass., 1ᵉʳ août 1861, S.6 1, 1, 945 ; 24 avril 1867, S. 67, 1, 244 ; 27 avril 1878, S. 68, 1, 433 ; 26 novembre 1888, S. 90, 1, 309 ; Sauger, *Louage et servitudes,* n° 584 ; Aubry et Rau, t. 3, § 243 ; Boileux, t. 2, sur l'art. 682 ; Garnier, *Traité des ch.*, p. 485, et *Légist. nouv. sur les ch.*, p. 263 ; et les arrêts ainsi que les auteurs cités sous le numéro précédent 741. Voyez toutefois Pardessus, n° 219.

Si l'enclave résulte d'un échange, le passage doit être pris sur le fonds de l'échangiste. Rej., 1er mai 1811, Leymarié.

S'il résulte d'une vente sur la partie du fonds restant au vendeur. Agen, 16 février 1814, Saint-Martin ; Caen, 26 mai 1824, Baudreville ; Douai, 23 novembre 1850, Carlot ; rej. req., 14 novembre 1859, de Tournon ; voyez toutefois ch. civ., rej., 19 juillet 1843, Chevrier.

Néanmoins, le cas échéant, on devra appliquer le deuxième paragraphe de notre article, dont nous rappellions tantôt les termes.

743. *Parcelles démembrées de terrains limitrophes de la voie publique et successivement revendues.* — Si, en cas d'enclave résultant de l'aliénation partielle d'un fonds qui, en son entier, avait accès sur la voie publique, le passage doit en principe être fourni à l'acquéreur devenu propriétaire de la partie enclavée par le vendeur resté propriétaire de la portion accédant à la voie publique, quand même le contrat ne se serait pas expliqué à cet égard, c'est par une conséquence des règles de la garantie en matière de vente, le vendeur obligé à la délivrance étant réputé avoir réservé et garanti ce droit comme un accessoire nécessaire de la propriété qu'il a transférée. Il n'en est plus de même, et la règle n'est pas applicable, lorsque l'enclave n'est pas le résultat immédiat de l'aliénation, qu'au moment de la vente de la parcelle elle était à l'état d'enclave, et qu'il était impossible de lui livrer un passage sur le lieu par où on accédait à la voie publique, et qui est couvert de constructions. C'est ce qui a été admis notamment par la Cour de cassation, le 19 juillet 1843, S. 43, 1, 846, par rejet de l'arrêt de Bourges du 5 juillet 1839; le 24 avril 1867, S. 67, 1, 244, par rejet de l'arrêt d'Agen du 4 janvier 1865. La doctrine, non sans raison, résiste à admettre ainsi en principe que celui qui a acquis un champ de l'acquéreur primitif ou du copartageant, a plus de droits que n'en aurait son auteur lui-même ; les circonstances de fait et les nécessités pratiques, ont pu en forcer la consécration dans certains cas, et cette consécration a pu être régularisée en relevant certaines circonstances, mais nous partageons en thèse les scrupules juridiques de MM. Demolombe et Aubry et Rau. Toutefois la rédaction du nouvel article 684, ne peut qu'encourager la jurisprudence à se tenir dans la voie où elle est entrée.

744. *Parcelle exploitée par un passage étranger au domaine dont elle est démembrée.* — Lorsque une parcelle est séparée de la voie publique par des accidents de terrains qui ne permettent pas d'y établir un chemin, il est dû un passage sur les fonds intermédiaires. Il importerait peu qu'il fût établi que cette parcelle a été dé-

membrée d'un plus grand domaine, qui avait un accès
facile sur la voie publique, le propriétaire intermédiaire
sur lequel le passage serait réclamé ne pourrait s'y soustraire, s'il était établi que, même pendant son annexion
au domaine ayant ses accès propres, cette parcelle, à
raison de l'état des lieux, n'a jamais pu être desservie
par les voies pratiquées pour l'exploitation du domaine,
qu'elle l'a été en dehors de ces voies, au moyen de l'em-
prunt d'un passage sur d'autres propriétés. C. cass.,
15 janvier 1868, S. 63, 1, 321, D. 68, 1, 105.

145. *Changement de destination.* — Le propriétaire
d'une parcelle démembrée d'une propriété ayant une
issue sur la voie publique, et qui continue à pouvoir
aboutir à cette voie par un chemin de desserte, ne peut
réclamer un passage comme enclavé, sur l'un des fonds
voisins, en se fondant sur ce qu'un passage de cette
nature lui est nécessaire pour desservir son fonds en l'é-
tat de la nouvelle destination qu'il lui a donnée, en y
créant un établissement thermal, par exemple. Qu'il
puisse demander une extension du droit de passage là
où ce droit existe, soit, mais il ne peut asservir des terres sur lesquelles il n'a aucun droit. Caen, 10 janvier
1861, D. 61, 2, 107 ; C. cass., 27 avril 1868, S. 68, 1, 433.

Cependant s'il était établi que le passage, tel que le
nécessite la nouvelle destination du terrain, ne peut être
obtenu par des modifications et extensions sur le terrain
asservi, qu'il est impossible de réaliser sur cette localité,
il faudrait bien reconnaître que ce terrain et son exploi-

tation sont relativement enclavés et que le propriétaire a droit de demander, là où il peut être établi, le passage dont il a besoin. C. cass., 25 février 1874, S. 74, 1, 271.

CODE CIVIL, ART. 685. — *Assiette et mode de la servitude ; prescription.*

L'assiette et le mode de servitude de passage pour cause d'enclave, sont déterminés par trente ans d'usage continu.

L'action en indemnité, dans le cas prévu par l'article 682, est prescriptible, et le passage peut être continué, quoique l'action en indemnité ne soit plus recevable.

SOMMAIRE

§ 1. — Explications sur le nouvel article 685.

746. *Origine de l'article 685.* — Le nouvel article 685 se compose de deux paragraphes complètement distincts, et qui se trouvaient textuellement dans le projet.

Le premier paragraphe a été ajouté à l'ancien texte de loi, le second est la reproduction textuelle de l'ancien article 685 du Code civil.

747. *Justification du projet d'après l'exposé des motifs.* — Aux termes de l'article 691 du Code, les servitudes discontinues, parmi lesquelles sont rangés les droits de passage, ne peuvent s'acquérir par prescription. En vertu de cette règle, on a soutenu que même en cas d'enclave, la prescription ne pouvait engendrer aucun droit. On répondait à cette argumentation que le passage, en cas d'enclave, n'est pas un passage ordinaire, qu'il est fondé en titre, son titre étant écrit dans la loi. Une circonstance exceptionnelle compliquait la question, dans l'ancien droit la solution n'était pas la même en pays coutumier et en pays de droit écrit. Aujourd'hui la jurisprudence semble être fixée. Seize arrêts uniformes ont décidé que, en cas d'enclave, l'assiette du passage est définitivement établie par la prescription. Nous proposons d'écrire cette règle dans l'article 685 si bien consacrée qu'elle soit par la jurisprudence, il serait à craindre que le silence de la loi nouvelle ne fournît un prétexte suffisant à ceux qui seraient tentés de renouveler le débat ; et le nombre des arrêts que la Cour de cassation a dû rendre pour amener à l'uniformité les justices de paix et les tribunaux de première instance, suffit pour faire comprendre qu'il y a là un inconvénient grave à prévoir et à prévenir. Exposé des motifs, *Officiel* du 1er novembre 1876, p. 1839, 1re col.

748. *D'après le rapport au Sénat.* — L'article 685 du Code se bornait à dire que l'action en indemnité se prescrit par trente ans ; il n'avait pas à s'expliquer sur la prescription acquisitive du droit de passage en cas d'enclave, car ce droit est écrit dans la loi, et n'a pas besoin par conséquent d'attendre du temps un titre que la loi lui donne.

Mais la loi n'indique pas et ne peut indiquer celui des fonds voisins qui peut offrir le trajet le plus court, la partie du fonds sur lequel le passage doit être pris, et la manière dont il doit être exercé. Ces différents points ne peuvent être déterminés que par accord amiable, par un règlement judiciaire, ou par l'assentiment tacite qui s'induit d'une longue possession. La prescription, d'après le nouvel article 685, fixe irrévocablement l'assiette et le mode de passage ; ainsi, quand trente ans se sont écoulés, le propriétaire qui fournit le passage ne peut prétendre qu'il doit être pris, soit sur un fonds voisin, soit sur une autre partie de son propre terrain, et réciproquement, le propriétaire du fonds enclavé ne peut plus réclamer que le passage soit déplacé.

Il faut néanmoins observer que la disposition nouvelle laisse complètement subsister l'article 701 du Code civil d'après lequel le propriétaire du fonds débiteur de la servitude, peut, dans le cas qu'il détermine, offrir au propriétaire de l'autre fonds un endroit aussi commode pour l'exercice de ces droits. Rapport de M. Clément au Sénat, *Officiel* du 14 mars 1877, p. 1916, 1re et 2e col.

§ 2. — Assiette et mode de servitude.

749. *Détermination des conditions diverses du passage ; nature ; durée ; temps.* — En déterminant le lieu où doit s'exercer le passage, les magistrats doivent également statuer sur les conditions diverses dans lesquelles il devra s'exercer ; déterminer la largeur de ce passage, indiquer s'il sera pratiqué à pied, avec bêtes de somme, troupeaux et charrettes, ou de l'une de ces manières seulement. Bordeaux, 18 juin 1840, Dancy ; Demolombe, t. 2, n° 623, p. 101 ; Cappeau, *Lois rurales et for.*, t. 2, p. 110, n° 56 ; Bourguignat, *Droit rural*, p. 94, n° 302.

Le passage peut n'être accordé que temporairement, s'il n'est nécessaire que pour un temps déterminé. Pardessus, *Servit.*, n° 220 ; Solon, n° 329 ; Fournel, *Voisinage*, t. 2, p. 395, § 207 ; V. Fons, *Usages de la Haute-Garonne*, n° 119 ; Sauger, *Louage*, n° 577.

Il peut même, dans certaines localités, faire soumettre celui qui l'obtient à des clôtures, si tel est l'usage du pays. Sibille, *Usages de la Loire-Inférieure*, n° 172.

Le passage concédé pour l'exploitation d'un champ ou d'une prairie, comprend le droit d'y conduire les troupeaux attachés à des terres étrangères à l'enclave. Cass., 24 mai 1824, Poucin Dumont ; Bourges, 8 juin 1831, Robin ; Lyon, 24 mai 1832, Machard ; Dalloz, *Servit.*, n°ˢ 837 et 838. Voyez ce qui a été déjà dit à ce sujet sous l'article 683.

On doit maintenir une barrière formant clôture au travers du terrain servant de passage, si elle ne fait pas obstacle à l'exercice de la servitude, sauf aux tribunaux à prescrire ultérieurement son enlèvement dans le cas contraire. Poitiers, 5 mars 1891, S. 92, 2, 47, D. 91, 2, 319, *Pand.*, 92, 2, 34, *France jud.*, 91, p. 179, *La Loi*, 12 novembre.

750. *Travaux pour son exercice, entretien.* — Aux termes des articles 697 et suivants du Code civil, les ouvrages nécessaires pour assurer l'exercice du passage et leur entretien sont à la charge du propriétaire auquel est due la servitude ; mais il a le droit de faire tous les ouvrages nécessaires pour en user et la conserver. Art. 697, C. civ.

C'est en application de ce principe qu'il a été jugé, que le propriétaire des carrières qui, comme enclavé, avait eu le droit de se frayer un passage sur la propriété voisine, avait eu également le droit d'y déposer des déblais de carrière, alors qu'il justifiait qu'il l'avait fait pour assurer au sol la résistance et la solidité nécessaires pour pouvoir faire passer des charrettes lourdement chargées. C. cass., 7 mai 1879, à mon rapport, *France judiciaire*, 1880, p. 68.

§ 3. — Acquisition par prescription.

751. *Acquisition par prescription*. — S'il est vrai qu'aux termes de l'article 691 du Code civil les servitudes discontinues au nombre desquelles l'article 688 du Code civil place les servitudes de passage, ne peuvent s'acquérir que par des titres, et que la possession, quelque longue qu'elle soit, ne peut leur servir de fondement, ce principe n'est point applicable aux servitudes légales parmi lesquelles l'article 682 a placé le passage en cas d'enclave ; dans ce cas, la nécessité tient lieu de titre par la volonté de la loi. Cela a été controversé dans le temps, mais cela a cessé de l'être depuis longtemps. C. cass., 16 février 1835, S. 35, 1, 806 ; 15 janvier 1868, D. 68, 1, 65.

752. *Fixation de l'emplacement et du mode par la prescription*. Lorsqu'il s'agit de déterminer pour la première fois l'assiette du passage, il appartient aux tribunaux de ne pas s'arrêter au trajet le plus court, et d'indiquer celui qui paraît le moins dommageable et le moins dispendieux ; mais ils doivent maintenir l'assiette du passage, telle qu'elle a été fixée par une possession de trente ans. Pau, 14 mars 1831, com. de Lahitte ; req. rej., 20 décembre 1847, Cayol.

Il est reconnu d'une manière générale que l'exercice trentenaire du passage en cas d'enclave peut avoir pour effet de déterminer, soit celui des fonds voisins sur lequel il doit être exercé, soit l'endroit du fonds assujetti qui doit être l'assiette du passage. Toulouse, 20 mai 1818, Noguès ; 28 janvier 1820, Castelnau, et 29 janvier 1820, Gairard ; Amiens, 19 mars 1824, Pappin ; Pau, 14 mars 1831, com. de Lahitte ; Rouen, 16 février 1844, req. rej., 20 décembre 1847, Cayol ; req., 19 janvier 1848, D. 48, 1, 5 ; 18 juillet 1848, Faure ; Paris, 5 avril 1861, Fournier (cette Cour avait jugé le contraire par arrêt du 30 juin 1859, Matussière) ; Metz, 19 janvier 1865, D. 65, 2, 52 ; Orléans, 18 juin 1868, D. 68, 2, 237 ; C. cass., 24 novembre 1880, S. 81, 1, 222, D. 81, 1, 71 ; Paris, 20 novembre 1885 ; Cass., 17 février 1886, D. 86, 1, 303 ; Riom, 8 mars 1888, D. 90, 2, 58 ; Cass., 13 août 1889, D. 90, 1, 307, S. 89, 1, 481, *Pand.*, 89, 1, 567 ; Orléans, 26 octobre 1889, D. 91, 2, 122. Pardessus, t. 1, n° 223 ; Toullier et Duvergier, t. 2, n° 553 ; Marcadé sur l'article 685 ; Aubry et Rau sur Zachariæ, § 331 ; Massé et Vergé sur Zachariæ, § 331, t. 2, p. 190 ; Demante, t. 2, n° 538 ; Demolombe, t. 2, n° 624, p. 103 ; Garnier, *Législ. nouv. sur les ch.*, p. 264 ; Sauger, *Louage*, n° 586 ; Delvincourt, t. 1, p. 391 ; Dalloz, *Servit.*, n° 826.

Peu importe, du reste, pour déterminer le fonds assujetti, que le passage ait été pratiqué tantôt sur un point, tantôt sur un autre du même fonds. Metz, 19 janvier 1865, Bauer.

Si le passage était contesté et que le tribunal reconnut l'existence de l'enclave et un passage remontant à de longues années, comme dans ce cas l'objet du litige serait la légitimité du droit de passage et non l'emplacement où il s'exerçait, il suffirait pour le juge de constater l'enclave et de condamner le voisin à subir le passage, sans déterminer le lieu où il s'exercerait ; il devrait se trouver emplacé là où il avait lieu. Req., 25 novembre 1845, Lecouteux.

Le propriétaire enclavé qui a exercé pendant plus de trente ans son passage sur un fonds qui n'était pas dans le cas d'être désigné par justice, pour l'exercice de la servitude, au moment où elle a commencé à s'exercer, n'en a pas moins prescrit le droit de passage, parce que ce droit a été exercé par un enclavé, et trente ans s'étant écoulés, il est censé avoir payé pour l'exercice de ce droit, une indemnité dont il a été libéré par la prescription ; alors qu'il exerce ce passage légalement, il ne peut le réclamer d'un autre voisin, qui lui objecterait avec raison, qu'il ne lui doit plus de passage puisque l'enclave en vertu de laquelle il le réclamerait n'existe plus. Amiens, 19 mars 1824, S. 24, 2, 242 ; Pau, 14 mars 1831, S. 31, 2, 244 ; C. cass., 29 décembre 1847, S. 49, 1, 134, D. 48, 1, 204 ; 18 juillet 1848, S. 49, 1, 136 ; Grenoble, 7 juin 1860, S. 60, 2, 448, D. 61, 5, 452 ; Nancy, 30 mars

1860, S. 60, 2, 447, D. 61, 5, 453 ; Paris, 5 avril 1861,
S. 61, 2, 255, D. 61, 5, 454 ; Metz, 19 janvier 1865, S. 65,
2, 124 ; Delvincourt, t. 1, p. 391 ; Dalloz, *Rép.*, v° *Ser-*
vitudes, n° 883 et suiv. ; Pardessus, t. 1, n° 223 ; Toullier, t. 3, p. 533 ; Marcadé sur l'article 682 ; Demante,
t. 2, n° 558 ; Demolombe, t. 2, n° 624 ; Aubry et Rau sur
Zachariæ, t. 3, p. 31, § 243.

Il a été jugé au contraire que l'enclavé ne pourrait acquérir par la prescription le droit de passer sur un terrain qui n'offrait pas le trajet le plus direct sur la voie
publique, parce que, dans ce cas, cette prescription serait fondée sur un simple passage sans titre, l'enclave
ne donnant droit que le passer sur le fonds offrant le
trajet le plus direct du fonds enclavé à la voie publique.
Paris, 30 juin 1859, S. 59, 2, 557, D. 61, 5, 454, et Vazeille, *Des Prescriptions*, t. 1, p. 409.

Je ne saurais accepter ce raisonnement, quelque spé-
cieux qu'il soit. L'enclave donne à celui qui en souffre
le droit de réclamer une issue ; si cette issue est refusée,
la loi dit quel est le fonds où il devra être exercé de
préférence ; mais si le propriétaire enclavé, pour se créer
ainsi une issue à laquelle il a droit, choisit de préférence tel fonds voisin, dans quelque condition que ce
fonds se trouve, c'est toujours en vertu de l'enclave
qu'il agit, et si le propriétaire de ce fonds laisse ce passage, exercé par suite d'enclave, se prolonger pendant
plus de trente ans, il aura acquiescé au choix fait par
l'enclavé, et l'assiette de la servitude sera définitivement fixée.

753. *Disposition de la nouvelle loi à ce sujet.* — Le nouvel article 685 ajoute au texte ancien une disposition aux termes de laquelle, conformément à la jurisprudence, l'assiette et le mode de servitude de passage pour cause d'enclave sont déterminés par trente ans d'usage continu.

Cette servitude existe en vertu de la loi qui, dès lors, sert de titre au propriétaire enclavé. Il est donc conforme aux principes que des faits de possession puissent être ultérieurement invoqués à l'occasion de cette servitude, bien qu'elle soit discontinue, et qu'après trente ans d'usage continu l'endroit où s'exerce le passage et le mode suivant lequel il s'exerce soient définitivement fixés. La possession trentenaire doit, en effet, équivaloir à un titre et en produire tous les effets. Rapport de M. Leroy à la Chambre, et de M. Clément au Sénat.

754. *Passage sur un fonds, alors que le propriétaire enclavé a le droit de passer sur un autre.* — Lorsque à la suite d'un partage ou de toute autre cause, un fonds enclavé a acquis un droit de passage sur un fonds déterminé et que, au lieu de se servir de ce passage, le propriétaire de ce fonds s'en est ouvert un sur le terrain appartenant à un tiers, le fait du passage sur le fonds de ce dernier, quelque prolongé qu'il ait été, n'a pu lui faire acquérir des droits, parce qu'il s'est exercé sans titre. Le titre qu'il pourrait trouver dans l'enclave lui manque, puisque son fonds avait une issue, et si l'exercice du

droit sur le fonds où il pouvait l'exercer pouvait en fixer
l'assiette, cet exercice sur une propriété tierce sans titre.
ne pouvait produire des résultats légaux et utiles. Caen,
10 janvier 1861, D. 61, 2, 166.

755. *Indivisibilité de la servitude ; pluralité des
fonds asservis.* — Si, pour faire cesser son enclave, le
propriétaire du fonds enclavé est obligé de traverser non
seulement les terrains appartenant à un même propriétaire, mais encore ceux appartenant à divers, cette
circonstance n'est pas de nature à faire obstacle à la
prescription de l'indemnité contre ceux-ci, si pendant
plus de trente ans, le passage a été exercé sur les premiers fonds enclavant.

Si le principe de l'indivisibilité des servitudes de passage doit s'appliquer lorsque le fonds asservi appartient
au même propriétaire, et si c'est dans ce sens qu'il faut
dire que la servitude de passage ne peut se prescrire par
fractions ; cette règle cesse de recevoir son application
lorsqu'il s'agit de l'exercice d'un droit qui a reçu son
complément par l'emploi des fonds de divers propriétaires. C. cass., 31 décembre 1860, D. 61, 1, 376.

Quand la prescription pourra-t-elle être acquise sur
un des fonds traversés et non sur l'autre, alors que le
passage a eu lieu dans les mêmes conditions et pendant
le même temps sur les deux fonds ? Cela peut se présenter dans diverses circonstances, par exemple dans le cas
où le propriétaire du fonds enclavé aura été en même
temps fermier de l'un des fonds enclavant, l'exercice du

passage sur ce fonds n'aura pas de portée juridique au point de vue de l'acquisition de droits par prescription.

Mais que servira à l'enclavé qui a 500 mètres à parcourir pour arriver de chez lui à la voie publique, de pouvoir en parcourir à son gré 250 si le passage lui est fermé sur les 250 autres ? Il agira en vertu de sa situation d'enclavé et du droit qu'elle lui donne de réclamer un passage, et s'il ne peut l'obtenir amiablement, il l'obtiendra de justice à charge d'indemnité ; en d'autre termes, il aura le droit de passer sans paiement d'indemnité chez l'un, et à charge d'indemnité chez l'autre.

750. *Passage pendant plus de trente ans par un enclavé sur un chemin de halage.* — Le fonds sur lequel est établi un chemin de halage et qui est ainsi assujetti dans un intérêt d'utilité publique à la servitude du halage, n'est tenu de subir aucune aggravation de cette servitude, ni aucun autre passage ; toutefois si son propriétaire laisse pendant trente années passer le propriétaire du fonds enclavé par ce chemin de halage, pour l'exploitation de son fonds, il perd à la fois le droit de s'opposer à la continuation de ce passage et celui de réclamer l'indemnité à laquelle il aurait pu prétendre ; il ne peut, en effet, pour sauvegarder ses propres droits, se prévaloir de ceux de l'administration, seule juge des intérêts de la navigation, et la tolérance de l'État ne modifie en rien, vis-à-vis du propriétaire riverain, les caractères de la possession de celui qui, à titre d'enclave, a exercé le passage. C. cass. de Belgique, 26 octobre 1882, D. 83, 2, 103.

La législation qui détermine le régime des chemins de halage en Belgique, étant la même qu'en France, cette jurisprudence est applicable chez nous.

757. *Passage au profit des habitants d'une commune.* — Une commune ne peut, pas plus que les simples particuliers, acquérir un droit de servitude de passage par prescription au profit de ses habitants si elle n'a pas de titre, mais si le fonds communal auquel il y a lieu d'aborder par le passage en question, terre, fontaine, abreuvoir, se trouvait enclavé, ce fait constituerait un titre autorisant la commune et les habitants à se prévaloir de la prescription. C. cass., 11 avril 1881, *France judiciaire*, 1881, p. 417 ; 9 janvier 1883, D. 83, 1, 176.

758. *Usage d'un pont appartenant à un tiers pour exercer le passage.* — Lorsqu'un terrain, une île par exemple, se trouve enclavée, que le passage a été toujours exercé par les possédants bien dans l'île au moyen d'un pont qui est la propriété incontestée d'un tiers, ce pont se trouve soumis au profit des propriétaires des terrains de l'île à une servitude de passage. C. cass., 11 avril 1881, cité bien des fois.

§ 4. — Actions possessoires.

759. *Actions possessoires.* — De ce que la prescription est admissible en ces matières, il en résulte que l'action possessoire est recevable si on est troublé dans cette

possession, et si on a intérêt à s'en prévaloir. Req. rej.,
16 mars 1830, Maillot ; C. cass., 19 novembre 1832, Barry ; 7 juin 1836, com. de Chauvoncourt ; 12 décembre
1843, Fléchet ; 8 mars 1852, Lefèvre ; 5 janvier 1857, S.
58, 1, 740 ; 7 janvier 1867, S. 67, 1, 62 ; 1er août 1871,
S. 71, 1, 130 ; 19 février 1872, S. 72, 1, 290 ; 28 février
1872, S. 72, 1, 23 ; 4 janvier 1875, S. 77, 1, 149, D. 75,
1, 500 ; 9 juillet 1877, S. 78, 1, 120 ; 26 août 1879, S. 81,
1, 472 ; 3 janvier 1881, S. 81, 1, 342 ; 4 mars 1881, S. 81,
1, 267, Marigny ; 14 mars 1881, S. 81, 1, 208, Janzès ;
11 avril 1881, *France judiciaire*, 1881, p. 417 ; 24 janvier 1883 ; 26 juin 1883, S. 83, 1, 455 ; 19 mars 1884,
S. 86, 1, 463 ; 27 février 1889, S. 90, 1, 317, D. 90, 1, 79 ;
30 juillet 1889, S. 91, 1, 319. *Pand.*, 89, 1, 568 ; Cappeau,
Législ. rur. et forest., t. 2, p. 119, no 59 ; Bourbeau,
J. de p., no 378 ; Curasson, *Des j. de p.*, t. 2, p. 323 ;
Marcadé sur l'article 685 ; Massé et Vergé sur Zachariæ,
§ 331, t. 2, p. 190 ; Aubry et Rau sur Zachariæ, § 185 ;
Bourguignat, *Droit rural*, p. 97, no 307 et p. 443, no 1390 ;
Bioche, *Actions poss.*, p. 544 ; Wodon, *Possession*, t. 2,
no 564.

759.. *Juge de paix compétent si le passage s'exerce
dans divers cantons.* — Lorsque les demandeurs en
complainte se disant enclavés, prétendent avoir pour
l'exploitation de leurs propriétés, la possession du droit
de passer sur un réseau de six chemins, dont cinq sis
dans un canton, ne pourraient communiquer avec la
voie publique que par le sixième situé dans un autre

canton, le litige n'ayant qu'un objet unique et indivi-sible, le juge de paix de l'un des cantons se trouve va-lablement saisi pour le tout. Cass., 11 décembre 1889, Godec, S. 91, 1, 124, D. 90, 1, 167, *Pand.*, 90, 1, 525.

360. *Recours au possessoire après exercice de l'ac-tion au pétitoire.* — L'article 26 du Code de procédure civile porte que le demandeur au pétitoire ne sera plus recevable à agir au possessoire. Donc, d'après la loi, la demande au pétitoire, sans impliquer nécessairement de la part du demandeur un aveu tacite que la possession appartient à son adversaire, soit une renonciation ab-solue à se prévaloir lui-même de cette possession, im-plique une renonciation formelle à l'exercice de l'action possessoire. D'où il suit que la réclamation faite judi-ciairement par le propriétaire enclavé du droit de pas-sage que lui accorde, moyennant une indemnité, l'ar-ticle 682 du Code civil, ayant le caractère d'une action pétitoire, cette réclamation met obstacle à ce qu'il puisse, pour le même droit, recourir à l'action possessoire. (Ch. civ. rej., 15 novembre 1855, S. 56, 1, 97 ; Curasson, *Comp. des j. de p.*, t. 2, n° 77 ; Bourbeau, *De la just. de p.*, n° 378 ; Jay, *Traité de la comp. des j. de p.*, n° 736 ; Bioche, *Act. possess.*, n° 548).

361. *Constatation de l'enclave par le juge du posses-soire.* — Le juge de paix investi d'une action possessoire à raison d'un passage réclamé à titre d'enclave, doit rechercher si l'enclave existe ou non, pour caractériser la possession, sans qu'on puisse l'accuser de cumuler le pétitoire et le possessoire. C. cass., 14 mars 1881, S. 81, 1, 208; 1er mars 1892, S. 92, 1, 228; 18 juillet 1894, Astorg.

S'il reconnaît l'enclave au point de vue de la possession, il recherchera si la possession existe et il la déclarera compétemment, si elle est constatée. C. cass., 3 janvier 1881, S. 81, 1, 342; 26 juin 1883.

Si au contraire l'enclave n'existe pas, il repoussera l'action. C. cass., 28 février 1872, S. 72, 1, 233; 15 janvier 1877, S. 77, 1, 98; et lorsque l'enclave est alléguée, le juge du possessoire ne peut rejeter la demande sans s'expliquer sur l'état d'enclave, sur lequel s'appuyait le demandeur pour obtenir son maintien en possession. C. cass., 26 août 1879, S. 81, 1, 472.

Le juge du possessoire, si l'enclave est contestée, parce qu'on soutient que la parcelle est longée par un chemin public classé comme vicinal, peut rechercher ce que cette prétention a de fondé, et reconnaître que personne n'ayant passé sur ce chemin depuis son classement, et le sol en étant devenu la propriété des riverains, ce chemin a été supprimé; que l'enclave existe, et que le demandeur au possessoire a pu posséder un droit de passage depuis plus d'un an; et le fait de passage depuis plus d'an et jour étant constant et reconnu, le jugement accueille à bon droit l'action possessoire. C. cass., 24 janvier 1883.

368. *Cumul du possessoire et du pétitoire.* — Le

juge du possessoire, investi d'une action ayant pour objet principal le maintien en possession d'un passage exercé pour cause d'enclave depuis an et jour, s'il ne nie pas les caractères légaux de cette possession, ne peut repousser la demande en la déclarant mal fondée, par le motif que le passage pourrait s'exercer plus commodément sur un autre point. C. cass., 7 janvier 1867.

763. *Actes éloignés de jouissance.* — Lorsqu'il est constaté que, à diverses époques remontant à quatre, cinq, six ans et plus, un propriétaire enclavé a passé sur un fonds voisin avec charrette attelée pour enlever des pierres et des bois. Bien que ces faits de passage, comme les nécessités d'exploitation auxquels ils correspondent, ne se soient renouvelés, sans périodicité fixe, qu'à certains intervalles, ils n'en peuvent pas moins constituer la possession effective de la servitude, et en l'absence de tout acte d'abandon de la part du propriétaire du fonds dominant, ou d'interruption de la part du propriétaire du fonds servant, qui en aurait entraîné la perte, cette possession du droit de passage est réputée s'être perpétuée comme n'ayant pas cessé d'être continue. Lorsque la servitude n'est pas de nature à s'exercer nécessairement tous les ans, le demandeur n'est pas tenu de prouver qu'il en a usé dans l'année qui a précédé le trouble dont il se plaint, il suffit qu'il établisse qu'il en avait depuis une année au moins la possession paisible et à titre non précaire. C. cass., 4 janvier 1875, S. 77, 1, 149, D. 75, 1, 500 ; 19 juillet 1875,

S. 76, 1, 159 ; 9 juillet 1877, S. 78, 1, 120. Mais c'est à lui à fournir cette preuve. Cass., 27 février 1889, S. 90, 1, 318, D. 90, 1, 79.

Les auteurs admettent qu'en ces matières, pour les servitudes qui ne sont susceptibles d'être exercées qu'à des époques éloignées, l'année ne part que du jour où le propriétaire du fonds dominant ayant intérêt à exercer la servitude, s'abstient d'en user. Cass., 19 mars 1884, S. 87, 1, 463. Troplong, *Prescript.*, t. 2, n° 789 ; Demolombe, *Servit.*, t. 2, n° 1013 et 1014 ; Aubry et Rau sur Zachariæ, § 179.

§ 5. — Modifications dans l'exercice du droit.

764. *Extension du droit de passage.* — Le droit de passage peut être modifié et étendu dans son exercice, si tel qu'il avait été reconnu ou concédé il est devenu insuffisant pour l'exploitation. Toulouse, 12 décembre 1811, Baille ; Bruxelles, 22 mars 1817, Vanderstaeten ; Agen, 18 juin 1823, Castan ; C. cass., 8 juin 1836, D. 38, 1, 95 ; Bordeaux, 9 janvier 1838, D. 38, 2, 61 ; 18 juin 1840, D. 40, 2, 228 ; Caen, 10 janvier 1861, D. 61, 2, 166 ; Orléans, 25 novembre 1885 ; Solon, n° 330 ; Favard, v° *Servit.*, sect. 2, § 7, n° 3 ; Demolombe, t. 2, n° 608 et suiv. ; Pardessus, *Servit.*, n° 60 et 222 ; Demante, t. 2, n° 527 ; Dalloz, *Servit.*, n° 835 et 886 ; Massé et Vergé sur Zachariæ, § 331, t. 2, p. 189 ; Jousselin, p. 550 ; Perrin et Rendu, n° 3109. Voyez toutefois Latailhède, *Recueil des arrêts de Sirey*, 1865, 1, 93, note.

Ce nouveau passage ne doit pas nécessairement avoir la même assiette que l'ancien ; il doit être pris par l'endroit où le trajet est le plus court et le moins dommageable pour le fonds servant. Caen, 16 avril 1859, de Bonnemains ; C. cass., 25 février 1874, S. 74, 1, 271.

Pour qu'il y ait lieu à intenter une demande en élargissement d'un passage déjà existant il ne suffit pas de la motiver sur la nécessité et le service des bâtiments qu'on a le projet de construire, il faut que ces bâtiments soient construits, ou au moins en voie de construction. Toulouse, 14 mai 1864, Bernard.

365. *Modification du mode de jouissance déterminé par la prescription.* — Si l'exercice trentenaire du droit de passage peut en déterminer l'emplacement, la manière dont il a été exercé ne saurait priver le propriétaire enclavé du droit d'obtenir une extension nécessaire à son exploitation : ainsi, de ce que le passage aurait été exercé seulement à pied, l'enclavé ne pourrait être déclaré non recevable à demander devant les tribunaux un passage à cheval ou avec charrettes, si ce passage était indispensable à l'exploitation du fonds enclavé. Demolombe, t. 2, n° 625, p. 107. La question serait plus difficile à résoudre si le passage à pied n'avait pas été primitivement établi dans les conditions de tracé imposées par les articles 683 et 684.

366. *L'extension de l'exercice ne peut être autorisée que moyennant indemnité.* — C'est ce qui n'était guère contestable, et ce qui a été reconnu toutes les fois que la question s'est présentée. Caen, 10 janvier 1861, D. 61, 2, 166.

767. *Déplacement du passage.* — La disposition de l'article 701 du Code civil, d'après lequel le propriétaire du fonds débiteur de la servitude peut, dans tous les cas qu'il détermine, offrir au propriétaire de l'autre fonds un endroit commode pour l'exercice de ses droits est entièrement maintenu par le nouvel article. Rapport de M. Clément au Sénat.

768. *Réclamé à la suite d'ouverture de voies nouvelles.* — L'action fondée sur l'enclave ne peut s'exercer lorsqu'on jouit d'une issue dont l'assiette et le mode d'usage sont déterminés par titre légal et possession continue : la création de voies nouvelles plus rapprochées du fonds anciennement enclavé, ne peut autoriser des déplacements correspondants dans l'exercice de la servitude qui, fondée sur la nécessité, est susceptible d'acquérir une assiette fixe, conforme aux véritables intérêts de l'agriculture. C. cass., 12 janvier 1881, *France judiciaire*, 1881, p. 305, D. 81, 1, 323.

Il doit en être surtout ainsi lorsque celui qui demande le nouveau passage, pour arriver à une voie qu'il prétend publique, ne justifie pas que cette voie soit réellement publique, la compagnie du chemin de fer qui l'avait établie comme voie d'accès à une gare déniant ce caractère. C. cass., 12 janvier 1881, *France judiciaire*, 1881, p. 305, et D. 81, 1, 323. où se trouve reproduit le rapport présenté par M. le conseiller Babinet sur cette affaire.

La loi d'Argovie du 24 décembre 1845, sur les territoires ruraux, article 53, donne aux propriétaires ruraux le droit d'exiger un passage sur les propriétés intermédiaires pour aboutir directement à des chemins ruraux nouvellement créés dans un intérêt agricole.

869. *Consentement au déplacement.* — Lorsque le débiteur de la servitude demande son déplacement et que le bénéficiaire y consent, à condition que les frais de ce déplacement seront à la charge du débiteur, la décision qui accueille ces conclusions réciproques ne peut être considérée comme violant les articles 657 et 698 du Code civil. C. cass., 8 mai 1882.

870. *Déplacement à défaut de consentement.* — Le propriétaire du fonds servant sur lequel le voisin enclavé exerce depuis plus d'un an une servitude de passage, ne peut modifier les lieux, gêner l'exercice de ce passage et en déplacer l'assiette à son caprice ; s'il veut opérer ce déplacement il faut, s'il rencontre de l'opposition, qu'il exerce préalablement l'action que lui ouvre l'article 701 du Code civil. C. cass., 1er août 1871, S. 71, 1, 130.

871. *Actes pouvant gêner l'exercice de la servitude.* — En règle générale, on paraît admettre que le fonds asservi peut être clos après l'établissement de la servitude et que le propriétaire peut le fermer avec des portes ou barrières, à condition de remettre une clef au propriétaire du fonds dominant, et en tant que cette disposition des lieux est compatible avec la nature de la servitude attribuée au fonds dominant et n'en gêne pas d'une manière notable l'exercice. C'est ce que la Cour de cassation a jugé à la date des 31 décembre 1830, Hébert, et 28 juin 1853, Audrin; la Cour de Colmar, le 26 mars 1816, Weber; la Cour de Bordeaux, le 4 mai 1832, Peychoud; la Cour de Besançon, 14 novembre 1844, Jacquard; c'est l'opinion de Cappeau, *Législation rurale et forestière*, t. 2, p. 119, n° 58, *Code rural*, vᵇ *Clôture et Passage*; Pardessus, t. 1, n° 134, p. 198; Solon, n° 329; Demolombe, t. 2, n° 638. Elle n'est pas partagée par Duranton, t. 5, n° 434, qui pense que le passage doit être toujours libre, sans portes ni barrières, parce qu'on ne pourrait pas obliger le propriétaire du fonds dominant à se charger d'une clef, et à répondre des inconvénients qui pourraient résulter de ce qu'il aurait oublié de fermer la porte ou la barrière. Voyez *Suprà*, n° 681.

Mais le propriétaire du fonds grevé n'a pas le droit, quels que soient les usages de la localité, d'établir, sur la limite des deux héritages un tertre qui devrait être enlevé et rétabli chaque fois que le passage s'exercerait. Pau, 10 novembre 1862, Bernachi.

Faut-il ajouter que le propriétaire du fonds servant ne pourrait pas gêner l'exercice de la servitude de passage en mettant en culture le terrain où elle aurait été emplacée? Metz, 19 janvier 1858, Raiser.

112. *Compétence.* — Ce sont les tribunaux civils de première instance, sauf appel et recours en cassation, qui sont compétents pour statuer sur les difficultés que peuvent faire naître les questions qui nous occupent. La volonté des parties ne peut, en dérogeant à l'ordre des juridictions, étendre la compétence d'un juge d'exception à une matière qui lui est complètement étrangère ; par suite, bien qu'une partie assignée devant le juge de paix pour la fixation d'un passage à raison d'enclave, ait consenti à ce que ce magistrat statuât au fond, celui-ci ne peut, en donnant acte de ce consentement, ordonner une opération d'expertise sur le résultat de laquelle il serait tenu de prononcer ultérieurement. Req. rej., 14 février 1866, de Chatillon.

Quant au mode d'instruction de ces affaires, nous avons indiqué plus haut comment les tribunaux restaient souverains appréciateurs des mesures auxquelles ils croient utile de recourir.

§ 6. — Indemnité ; prescription.

113. *Principe de l'indemnité.* — Le Code a reconnu dans ses dispositions le principe de l'indemnité due à celui qui est obligé de subir la servitude. Il y a en effet, en pareil cas, une sorte d'expropriation ou tout au moins d'amoindrissement du fonds servant au profit du fonds dominant, prononcé dans un intérêt privé, qui, en se multipliant s'élève à la hauteur d'un intérêt public,

mais qui ne pouvait être imposé, suivant les règles générales de notre droit, sans une juste indemnité.

Cependant l'indemnité, comme nous l'établirons plus
loin, ne devant représenter que la réparation du dommage causé, on en a conclu que s'il n'y avait pas de préjudice causé, il ne serait dû aucune indemnité. Mais
comme il y a toujours un préjudice à soumettre à une
servitude la propriété d'autrui, cette observation n'a pu
recevoir d'application que dans certains pays où, d'après
les usages, pour l'exploitation des prairies par exemple,
les propriétaires, au moment de la fauchaison et de la
fenaison, passent sur celles des terres voisines où les
récoltes ont été enlevées. Poquet de Livonnière, *Cout.
d'Anjou*, art. 449 ; Delaroche Flavin, liv. 3, lettre S,
tit. 4, art. 1 ; Denisart, v° *Laboureur*, n° 12 ; Pardessus,
t. 1, n° 221 ; Demolombe, t. 2, p. 109 ; Dalloz, v° *Servit.*, n° 860.

Voyez encore *infrà*, n° 775.

Toutefois, l'obligation de payer une indemnité est
tellement une condition du droit de passage en cas d'enclave, que la Cour de cassation n'a pas hésité à décider
que le juge saisi d'une question d'enclave est investi,
par cela même, du droit de régler l'indemnité due par
l'enclavé ou de déclarer cette indemnité prescrite, bien
qu'aucunes conclusions n'aient été prises à cet égard.
Req., 18 juillet 1848, Faure.

774. *Fixation de l'indemnité; expertise ; frais.* —
Lorsque les parties ne peuvent s'entendre sur la fixa-

tion de l'indemnité, elle est déterminée par les tribunaux après expertise ou tel moyen d'instruction auquel
ils croiront devoir recourir. Les frais sont à la charge
de celui qui réclame l'exercice de la servitude, à moins
que le propriétaire du fonds servant n'y donne lieu par
sa faute, en refusant par exemple de prendre part aux
opérations d'une expertise amiable, ou en demandant
des contre-expertises, ou en donnant lieu à d'autres incidents sur lesquels il viendrait à succomber. On doit
suivre ici les règles qui sont appliquées lorsqu'il s'agit
d'achat de la mitoyenneté d'un mur.

775. *L'indemnité est-elle due dans tous les cas?* —
D'une manière générale, on doit dire avec le législateur
de 1804, que l'établissement de la servitude de passage
au profit d'un fonds enclavé donne toujours lieu à une
action en indemnité. Voyez *suprà*, nº 773.

Il peut toutefois se présenter des circonstances particulières dans lesquelles la question peut être justement
posée et débattue même en principe, c'est notamment
celui où l'enclave résultant d'un partage. d'une vente,
d'un échange ou de tout autre contrat constatant le fait
volontaire de l'homme, l'une des parties réclame le passage sur le fonds d'un autre des contractants. Dans ces
affaires, les circonstances de chaque espèce et l'interprétation des contrats peuvent amener des solutions
diverses.

Qu'on me permette toutefois de signaler les solutions
suivantes. Il a été soutenu ou décidé :

Qu'une indemnité est due à l'acquéreur si le vendeur, resté propriétaire de diverses parcelles de l'immeuble primitif, réclame à titre d'enclave un passage sur le fonds par lui vendu. Caen, 26 mai 1824, Baudreville ; Duranton, t. 5, n° 421 ;

Qu'il n'était pas dû d'indemnité par le copartageant. qui réclame contre l'autre, un passage pour se rendre du lot qui lui a été attribué, à la voie publique. Marcadé sur l'art. 685 ;

Si le fonds enclavé a été donné ou légué, le donataire ou légataire peut demander un passage sur la partie d'où a été démembré le fonds donné ou légué, sans payer d'indemnité. Toullier, t. 3, p. 614 ; Pardessus, t. 1, p.498 ;

L'indemnité n'est pas due si le droit de passage a été concédé sans stipulation d'indemnité, notamment dans un acte de vente. Dalloz, *Servit.*, n° 861.

336. *Indemnité due pour enclave créée par une expropriation pour cause d'utilité publique.* — En pareil cas, il est incontestablement dû une indemnité par l'expropriant au propriétaire dont les parcelles restent enclavées et qui devra recourir à des démarches quelquefois longues et coûteuses pour se procurer un nouveau passage. C.cass., 21 juillet 1875, S. 75, 1, 428 ; 31 juillet 1876, S. 76, 1, 431.

337. *Fixation de cette indemnité.* — C'est au jury d'expropriation à fixer l'indemnité due pour la suppression des passages dont jouissait une terre, lorsqu'elle résulte d'une expropriation pour cause d'utilité publique, et c'est également au jury à fixer la détermination de la réparation due pour les parcelles privées ainsi d'une issue. C. cass., 31 juillet 1876, S. 76, 1, 431.

Mais comment cette indemnité devra-t-elle être réglée. En principe, elle doit consister en une somme d'argent uniquement. C. cass., 20 août 1873, S. 73, 1, 477 ; 9 février 1874, S. 74, 1, 223. Mais le plus souvent les compagnies concessionnaires offrent de rétablir elles-mêmes à leurs frais les passages supprimés. Si l'exproprié accepte cette proposition, l'indemnité doit être fixée en tenant compte de ces accords. C. cass., 20 août 1873, S. 73, 1, 477 ; 19 décembre 1877, S. 78, 1, 78 ; 5 février 1878, S. 78, 1, 181. D'autres fois, les travaux projetés n'étant pas acceptés ou suffisamment précisés, il y a lieu de prévoir certaines éventualités, suivant que les travaux ne seront pas exécutés, qu'ils seront exécutés tels que les propose l'expropriant, ou qu'ils seront exécutés tels que les demande l'exproprié, et dans ce cas il devra être alloué par le jury des indemnités alternatives. C. cass., 2 février 1858, S. 58, 1, 831 ; 18 juin 1861, S. 61, 1, 887 ; 31 juillet 1876, S. 76, 1, 431.

Mais, lorsque l'une des parties conclut devant le jury à ce que, outre l'indemnité représentant la valeur des terrains expropriés, il soit déterminé une somme pour le cas où le passage serait établi dans ces conditions déterminées, et une autre pour le cas où ces conditions ne seraient pas remplies, le jury ne peut se borner à allouer une somme fixe et unique à raison de l'expropriation. C. cass., 8 avril 1879, S. 80, 1, 470.

Si, dans le cas précédent, la décision est irrégulière, parce qu'elle n'est pas suffisamment claire et précise, il n'en serait pas de même si le demandeur se plaignant de la suppression de droits de passage en dehors de l'expropriation de parcelles de terrain, le jury fixait une seule indemnité, mais en exprimant formellement qu'elle était allouée pour la suppression des droits de passage. C. cass., 10 juin 1879, S. 80, 1, 135.

338. *L'indemnité doit-elle être payée avant l'exercice du droit de passage.* — La loi civile, pour le cas qui nous occupe, ne dit pas que l'indemnité doit être préalable, et MM. Pardessus, n° 221, et Dalloz, v° *Servitude*, n° 862, paraissent être d'avis que l'enclavé peut se servir du passage avant d'avoir acquitté l'indemnité. Nous croyons au contraire que la règle générale posée dans notre droit public de l'indemnité préalable doit être suivie ici, s'il n'est pas possible de dépouiller quelqu'un de sa propriété dans un intérêt public sans qu'il ait reçu une juste et préalable indemnité, alors que l'État expropriant garantit suffisamment ce payement; on ne saurait exiger qu'un particulier souffrit au profit de son voisin un démembrement de son droit de propriété, sans avoir préalablement reçu une indemnité égale à la perte qu'il subit, et on ne saurait, après l'avoir dépouillé, le soumettre à toutes les difficultés que peut présenter ultérieurement le recouvrement d'une créance. Favard, v° *Servit.*, sect. 2, § 7, n° 4 ; Duranton, t. 5, n° 429, note 1 ; Demolombe, t. 2, p. 111.

379. *Bases à suivre dans la détermination de l'indemnité.* — La loi civile n'a point déterminé les bases sur lesquelles doit s'appuyer le juge pour fixer l'indemnité due au propriétaire du fonds asservi, autrement qu'en déclarant que le propriétaire enclavé, qui obtient le passage sur son voisin, doit lui payer une indemnité proportionnée au dommage qu'il peut occasionner.

On en a justement conclu que l'indemnité doit être appréciée par le juge, en ayant égard à tous les éléments qui lui sont soumis et à toutes les circonstances de la cause. Bourguignat, *Droit rural*, p. 94, n° 302.

Autrefois, dans certaines provinces du moins, les bases de cette indemnité étaient déterminées dans des limites plus certaines par les usages et les coutumes. C'est ainsi qu'en Provence, on devait payer le double de la valeur du fonds occupé par le chemin qui devait servir à l'exercice de la servitude ; Bomy, ch. 9, p. 10 ; mais ces règles n'existent plus aujourd'hui ; excepté dans la matière spéciale des exploitations minières.

D'un autre côté, si on doit prendre en considération le préjudice éprouvé par le fonds servant, l'indemnité ne saurait s'élever à raison des avantages que procurerait au fonds dominant l'établissement de la servitude (Bourguignat, *Droit rural*, p. 94, n° 302 ; Sauger, *Louage*, n° 589). Principe de plus-value, admis en matière d'expropriation pour cause d'utilité publique.

380. *L'indemnité doit-elle être fixe ou peut-elle être déterminée sur des bases variables.* — L'indemnité doit

être déterminée d'une manière fixe, et le montant en
être réglé de telle sorte qu'après payement de la somme
fixée, la situation, à ce point de vue, soit complètement
liquidée ; Demolombe, t. 2, p. 111. On a dit cependant
que rien dans la loi n'empêche le juge, suivant les circonstances de la cause, de déterminer une redevance
annuelle et même variable, au lieu d'une somme fixe
une fois payée ; Cass., 25 novembre 1845, Lecouteux.
Sauger, dans son *Traité du louage et des servitudes*,
n° 590, va même jusqu'à soutenir que l'indemnité doit
être fixée annuellement, et qu'elle n'est due qu'autant
que le passage s'exerce, parce que le dommage résultant
du passage peut varier annuellement, et que les tribunaux ne pourraient pas capitaliser l'indemnité et contraindre l'un à payer, et l'autre à recevoir, pour tout le
temps du passage, une somme déterminée. Cette opinion,
si elle paraît logique, ne peut être suivie que dans certains cas ; dans la pratique, elle ne sera pas heureuse,
car elle pourra faire naître un procès toutes les années,
et je ne vois pas comment elle pourrait être légalement
soutenue, dans le cas où, pour exercer le passage, le
propriétaire dominant a été obligé d'établir sur le fonds
servant un chemin fixe et déterminé que doit respecter
le propriétaire du fonds assujetti, puisqu'il est obligé
de ne rien faire qui puisse nuire à l'exercice de la servitude.

Dans tous les cas, conséquent avec ce que j'ai dit
plus haut sur l'indemnité préalable, je crois que si on
adoptait dans certains cas le principe du règlement an-

nuel, ce règlement devrait être fait chaque année par
avance et l'acquittement de la somme fixée devrait avoir
lieu également par avance. Le passage ne peut s'exercer
qu'à charge d'indemnité, si la condition n'est pas rem-
plie, le voisin peut s'opposer à ce passage, qui n'est possible qu'à cette condition, car si le passage est dû, c'est
à charge d'indemnité.

381. *Prescription.* — L'action en indemnité est
prescriptible, et le passage doit être continué, quoique
l'action en indemnité ne soit plus recevable (C. civ.,
art. 685). Paris, 20 novembre 1885.

La prescription de l'indemnité amène ainsi la sanction par le temps de la servitude de passage exercée en
suite d'enclave, ce qui a pu faire dire que sous le Code
civil, le droit de passage nécessaire au cas d'enclave est
prescriptible, à la différence des autres droits de passage; mais ce droit en lui-même résultant de la loi, il
serait plus juste de dire que c'est le droit à l'indemnité
qui est prescrit à l'encontre de celui qui pourrait réclamer cette indemnité. Voyez les arrêts de cassation, des
10 juillet 1821, Pecastaing; rej., 7 mai 1829, de Frezals;
rej., 16 mars 1830, Maillot; cass., 19 novembre 1832,
Barry; cass., 16 février 1835, Cayla; rej., 7 juin 1836;
rej., 12 décembre 1843, com. de Chauvoncourt; rej.,
29 décembre 1847, Cayol; Pardessus, n° 223; Toullier,
t. 3, n°° 552 et 553; Delvincourt, t. 1, p. 548; Favard,
v° *Servit.*, sect. 2, § 7, n° 4; Solon, n° 553.

Sous les coutumes qui n'admettaient pas la prescription des servitudes discontinues, la servitude de passage en cas d'enclave ne pouvait pas s'acquérir par prescription. Rej., 7 février 1811, Vauzelle; Poitiers, 28 juin 1825, Lagarde; rej., 23 août 1827, Schneider; rej., 11 juin 1830, Grellier; rej., 27 juin 1832, Marchand; Orléans, 22 juillet 1835, Borderiaux.

Cette prescription repose sur une présomption de payement de l'indemnité. Agen, 14 août 1834, Rieumajon. Voyez, *Suprà*, 755 et suiv.

782. *Renonciation à la prescription; offre d'indemnité.* — L'offre d'indemnité, si elle n'est pas acceptée, n'emporte pas renonciation à exciper devant les tribunaux de la prescription, que l'on pourrait avoir acquise par suite de l'exercice trentenaire du passage; Bourges, 15 juin 1824, Charleuf.

783. *A partir de quel jour court la prescription.* — La prescription court du jour où a commencé le passage et non du jour où il a été reconnu nécessaire, Lyon, 12 juin 1824, Depin; req. rej., 11 août 1824, Aubin; req. rej., 23 août 1827, Schneider; Bastia, 2 août 1857, Negri; Pardessus, *Servit.*, t. 1, n° 224; Duranton, t. 5, n° 429; Zachariæ, § 546; Marcadé sur l'article 685; Demolombe, t. 2, n° 634; Massé et Vergé sur Zachariæ, § 331, t. 2, p. 190; Toullier et Duvergier, t. 2, n° 553; Demante, t. 1, n° 539; Ducaurroy, Bonnier et Roustain, t. 2, n° 326; Marcadé sur l'art. 685; Dalloz, v° *Servit.*, n° 867 et 868; Delvincourt, t. 1, p. 391; Duranton,

t. 5, nᵒˢ 429 et suiv. ; *contrà*, Mourlon, *Répét. écrit.*, t. 1,
p. 802.

784. *Prescription : divisibilité.* — Au cas d'enclave
résultant de ce qu'un fonds est séparé de la voie publique par deux autres fonds, l'action en indemnité peut
se prescrire vis-à-vis l'un de ces fonds, bien qu'elle ne
le pourrait pas vis-à-vis de l'autre, par le motif, par
exemple, que le propriétaire du fonds dominant serait en
même temps fermier de cet autre fonds servant. Le principe de l'indivisibilité des servitudes de passage doit
s'appliquer, lorsque le fonds asservi appartient au même
propriétaire, et c'est dans ce sens qu'il faut dire que la
servitude de passage ne peut se prescrire par fractions ;
mais cette règle cesse de recevoir son application lorsqu'il s'agit de l'application d'un droit qui s'exerce successivement sur les fonds de divers propriétaires. Req.
rej., 31 décembre 1860, Cauvet.

785. *Fait interceptant accidentellement le passage.*
— L'interruption du passage par suite d'un fait accidentel indépendant de la volonté des parties, tel par
exemple que la rupture d'un pont, n'interrompt pas la
prescription ; elle ne fait que la suspendre. Et dès lors,
pour le calcul de la prescription, on doit réunir le temps
de la possession antérieur à cette interruption, avec
celui qui s'est écoulé depuis que la possession a repris
son cours. Req. rej., 29 décembre 1847, Cayol.

Au surplus, le non-usage pendant quelques-unes des

années composant la période de trente ans, n'empêche pas la prescription de l'action en indemnité. Bourges, 8 février 1840, Pivert.

D'un autre côté, il a été jugé que la demande d'autorisation de passer, adressée au propriétaire du fonds servant par le propriétaire du fonds enclavé à titre de bon voisinage, interrompt la prescription de l'indemnité de passage. Montpellier, 1er avril 1858, Mialhes.

186. *Prescription ; changement de parcours dans l'exercice de la servitude.* — Le propriétaire enclavé qui, pour l'exploitation de son fonds, a passé pendant trente ans sur les héritages de l'un des propriétaires voisins a prescrit l'indemnité due à raison de ce passage, alors même que le passage a été exercé tantôt sur une parcelle tantôt sur une autre ; s'il est établi qu'en agissant ainsi, le propriétaire enclavé n'a agi que par procédé de bon voisinage et pour rendre la charge du fonds asservi moins lourde. Ch. civ., cass., 16 juillet 1821, Pecastaing ; req. rej., 21 mars 1831, Savatier ; et analog. Metz, 19 janvier 1865, Baner ; Pardessus, n° 224 ; Solon, n°° 333 et 334.

Il importerait peu que des deux fonds sur lesquels le passage a été alternativement exercé, le propriétaire voisin n'en possédât qu'un en son nom personnel, l'autre étant propre à sa femme. Req. rej., 11 juillet 1837, Delacou).

187. *Prescription de l'indemnité, si la servitude ne s'exerce pas dans les conditions voulues par la loi.* — La Cour de Paris a jugé, le 30 juin 1859, Matussière, que dans le cas où un héritage se trouve enclavé par plusieurs fonds voisins, le droit de passage ne pouvait s'acquérir par prescription sur celui de ces fonds qui n'offrait pas le trajet le plus court de l'héritage enclavé à la voie publique, ce droit ne constituait pas alors la servitude légale établie par l'article 682 du Code civil, mais une servitude discontinue de passage, insusceptible par sa nature d'être acquise par la prescription, aux termes de l'article 691 du même Code ; Vazeille, *Prescription*, t. 1, n° 409, est du même avis ; mais l'avis contraire a été généralement adopté. Le titre au passage est l'enclave, c'est là un titre légal, la possession trentenaire ne fait que déterminer l'assiette de la servitude sans changer sa nature ; et partant la prescription de l'indemnité doit être acquise à l'expiration du temps voulu. Toulouse, 5 janvier 1820 ; Pau, 14 mars 1831, com. de Lahitte ; Grenoble, 7 juin 1860, Vieux ; Nancy, 30 mars 1860, Richard ; Paris, 5 avril 1861, Fournier ; Delvincourt sur l'article 685 ; Pardessus, *Servit.*, t. 1, n° 223 ; Toullier, t. 3, n° 553 ; Marcadé sur l'article 685 ; Demante, t. 2, n° 558 ; Demolombe, *Servit.*, t. 2, n° 624 ; Massé et Vergé sur Zachariæ, t. 2, § 331, p. 190 ; Aubry et Rau, § 243 ; Perrin et Rendu, n° 3124.

788. *Dotalité de l'immeuble servant.* — L'action en payement de l'indemnité due, à raison du passage nécessaire pour l'exploitation d'un fonds enclavé, est purement mobilière. Par suite la prescription court, même, pendant le mariage, contre la femme mariée sous le régime dotal. Grenoble, 7 janvier 1845, Sirand.

Extinction de la servitude de passage pour enclave.

789. *La servitude cesse-t-elle d'exister si l'enclave vient à cesser ?*—La réunion de plusieurs fonds, l'ouverture de nouvelles voies, l'exécution de travaux publics le long des fleuves et des rivières et d'autres causes, peuvent amener dans l'état des lieux des modifications nombreuses qui entraînent la cessation de l'enclave, la servitude continuera-t-elle à subsister ? Cette question est fort controversée. Les uns soutiennent que la cause de la servitude disparaissant, la servitude elle-même doit disparaître ; qu'il est de l'intérêt de l'agriculture que la multiplication des passages ne se produise pas d'une manière exagérée ; que la liberté des fonds doit prévaloir ; que l'article 701, qui permet de changer dans certains cas l'assiette de la servitude, entraîne forcément sa suppression lorsqu'elle est sans cause. Agen, 14 août 1834, S. 35, 2, 414, D. 35, 2, 55 ; Lyon, 24 décembre 1841, S. 42, 2, 166, D. 42, 2, 163 ; Angers, 20 mai 1842, D. 42, 2, 164 ; Limoges, 20 novembre 1843, S. 44, 2, 158, D. 44, 2, 93 ; Rouen, 16 février 1844, S. 48, 1, 193

note ; Orléans, 23 août 1844, S. 48, 1, 193 note ; Rouen,
13 décembre 1862, S. 63, 2, 176, D. 64, 2, 33 ; Bordeaux,
25 juin 1863, S. 63, 2, 208 ; Lyon, 12 juillet 1865, S. 65,
2, 288 ; Paris, 20 novembre 1865, S. 66, 2, 4 ; Limoges,
15 mars 1869, S. 69, 2, 90, D. 69, 2, 49 ; Paris, 23 janvier 1879, cassé le 24 novembre 1880 ; Caen, 7 novembre
1893, la *Loi*. Toullier, t. 3, n° 554 ; Cappeau, t. 2, p. 119,
n° 57 ; Garnier, *Chemins*, p. 480 ; Delvincourt, t. 1,
p. 390 ; Neveu-Derotrie, *Lois rurales*, p. 83 ; Dalloz,
Servit., n° 817, 877 et 878 ; Aubry et Rau sur Zachariæ,
t. 3, § 243, p. 32 ; Marcadé sur l'article 685 ; Bourguignat, *Droit rural*, p. 95, n° 305 ; Pardessus, t. 1, n° 225 ;
Solon, n° 331 et 332 ; Taulier, t. 2, p. 429 ; Demante,
t. 2, n° 539.

Les autres répondent, que les servitudes sont de leur
nature perpétuelles ; que les décisions de justice et les
reconnaissances de droit le sont également, quels que
soient les causes et motifs de ces décisions ; que l'intérêt de l'agriculture n'a nullement à souffrir de l'existence de ces chemins de servitude qui rendent aux exploitations des services réels et nombreux, sans emprunter pour cet exercice de larges espaces de terrain ;
qu'une exploitation organisée en conséquence de la servitude attribuée à l'enclave, serait bouleversée par les
changements de parcours qu'entraînerait l'extinction de
la servitude ; qu'il est de toute justice, au point de vue
des annexes spécialement, que si la parcelle annexée ne
peut bénéficier de la servitude acquise au fonds principal, elle ne puisse pas priver ce fonds des droits qu'il

peut posséder ; enfin, on pratique, on fait remarquer que lorsque le changement dans l'état des lieux rendrait plus commodes l'exploitation et les accès par une voie nouvelle, la servitude de passage ne sera plus qu'un droit dont n'aura point à souffrir le fonds asservi. Quant à l'article 701 il ne donne aux tribunaux qu'un droit de modification de l'exercice de la servitude dans certains cas déterminés, et non la faculté de suppression ; que si cet article était applicable à ces matières, il faudrait encore reconnaître un droit de maintien ou de suppression suivant les cas, qui laisserait libre l'appréciation des tribunaux au point de vue de l'opportunité de la mesure, et dès lors on ne pourrait pas soutenir que la cessation de l'enclave devrait forcément entraîner la suppression de la servitude. Cette opinion, à laquelle nous nous rangeons, et qui s'appuie encore sur cette circonstance que le législateur n'a point admis ce mode d'extinction de la servitude, alors que son attention avait été attirée sur ce sujet par les observations de la Cour de Lyon, a d'ailleurs de nombreux adhérents. Toulouse, 16 mai 1829, D. 30, 2, 242 ; Montpellier, 2 janvier 1834 ; Grenoble, 15 mai 1839, S. 45, 2, 418, D. 45, 2, 160 ; Rennes, 18 mars 1839, D. 39, 2, 121 ; Aix, 14 juin 1844, D. 45, 4, 479 ; Bordeaux, 18 mars 1845, S. 48, 1, 193 note ; Caen, 1er décembre 1845, S. 46, 2, 128 ; Grenoble, 20 novembre 1847, S. 48, 1, 193 note, D. 50, 2, 88 ; 19 janvier 1848, S. 48, 1, 193, D. 48, 1, 5 ; Douai, 23 novembre 1850, S. 51, 2, 51, D. 51, 2, 244 ; Bordeaux, 25 juin 1863, S. 63, 2, 208, D. 64, 2, 33 ; Lyon, 12 juillet 1865 ; Paris,

20 novembre 1865, S. 66, 2, 4; Rouen, 13 novembre 1862, S. 63, 2, 176; Amiens, 9 décembre 1868, S. 69, 2, 227; C. cass., 19 juin 1872, S. 72, 1, 205, D. 72, 1, 259; Bourges, 13 janvier 1873, S. 73, 2, 183; C. cass., 26 août 1874, S. 74, 1, 660, D. 75, 1, 124; 21 avril 1875, S. 75, 1, 304; 24 novembre 1880, S. 81, 1, 222, D. 81, 1, 71; Duranton, t. 5, n° 435; Demolombe, t. 2, n° 642, p. 126 et suiv.; Massé et Vergé sur Zachariæ, t. 2, p. 189, § 331, note 3; Garnier, *Législation nouvelle sur les chemins*, p. 266.

D'un autre côté, il a été jugé que le propriétaire, qui, par l'aliénation qu'il a faite d'une partie de son fonds, a isolé cette partie de la voie publique, et ayant donné ainsi naissance à l'enclave, s'est trouvé de plein droit soumis à l'obligation de fournir passage à l'acquéreur pour la desserte de la partie aliénée, sur la portion d'héritage dont il a conservé la propriété, est toujours soumis à cette obligation malgré la réunion ultérieure du fonds enclavé à d'autres fonds qui touchent à la voie publique. Toulouse, 16 mai 1829, S. 30, 2, 243, D. 30, 2, 242; Req., rej., 14 novembre 1859, S. 60, 1, 236, et 1er août 1861, S. 61, 1, 945; Aubry et Rau, t. 3, n° 243, p. 33.

C'est sous le bénéfice du même principe qu'il a été également décidé, que lorsque, par le résultat d'un partage ou bien d'une vente, un des lots se trouve enclavé, le cohéritier enclavé a droit à un passage sur le lot de ses copartageants, et que l'achat postérieur fait par le cohéritier personnellement d'un fonds faisant cesser l'en-

clave, ne peut modifier les droits acquis. Req., rej.,
1er août 1861, Blanc.

Au surplus, lorsque dans un acte de partage il est stipulé, que des copartageants passeront sur les portions
des autres pour les parcelles qui n'aboutissent pas à la
voie publique d'après les opérations du partage, la servitude ainsi constituée est une servitude plutôt conventionnelle que légale, définitivement établie par le
titre, et ne pouvant être détruite, par suite des achats
faits postérieurement par le copartageant auquel était
dû le passage. Poitiers, 31 janvier 1832, Chauve.

Dès qu'on admet que la servitude, une fois acquise,
survit à la cessation de l'enclave, il faut bien admettre
que celui qui demande à prouver l'usage qu'il a fait du
passage par lui ou ses auteurs, pendant trente ans avant
la cessation de l'enclave, ne peut être repoussé comme
offrant une preuve inopérante. C. cass., 24 novembre
1880, S. 81, 1, 222, D. 81, 1, 71.

780. *Cessation d'une enclave constituée par un par-*
tage. — Lorsque, comme je viens de l'indiquer, par le
résultat d'un partage un des lots se trouve enclavé, le
copartageant enclavé, sans qu'il soit besoin à cet égard
de stipulation expresse, a droit au passage sur le lot de
ses copartageants, et l'achat postérieur fait par ce cohéritier personnellement d'un fonds faisant cesser l'enclave, ne peut porter aucune atteinte à des droits acquis
par le partage lui-même, et qui en deviennent la condition. C. cass., 1er août 1861, D. 62, 1, 162.

791. *Ou une vente.* — Une parcelle étant démembrée d'un domaine peut n'avoir, à cause des accidents de localité, aucune communication avec la voie publique, soit directement, soit en empruntant les voies de circulation établies sur ce domaine. Dans ces circonstances, pour son exploitation, le propriétaire s'est toujours servi des voies établies par un de ses voisins, n'ayant pas fait usage pendant trente ans des chemins du domaine dont elle est démembrée, ce propriétaire a-t-il perdu le droit qu'il tenait de son vendeur, de réclamer un passage sur la partie restant à ce vendeur et de faire les travaux nécessaires sur ce fonds, pour assurer l'exercice de ce droit? la Cour de Toulouse, par son arrêt du 12 mai 1866, suivi de rejet le 15 janvier 1868, S. 68, 1, 321, D. 68, 1, 165, a répondu affirmativement à cette question et, suivant nous, avec raison. Les conditions dans lesquelles se trouvait le fonds dominant ayant permis à son propriétaire de prescrire le droit de passer chez un voisin, il ne peut, en acquérant ce droit qu'il tenait de l'enclave, se prévaloir d'un droit de passage sur un autre fonds, qui serait par suite exclusif du droit qu'il a exercé et acquis par la prescription.

792. *Restitution de l'indemnité.* — Ayant admis l'opinion de ceux qui soutiennent que la servitude accordée à l'enclave subsiste alors même que l'enclave viendrait à cesser, nous n'avons pas à rechercher ce qu'il en serait en cas de suppression, de l'indemnité payée au moment de son établissement. Des distinctions diverses et très nombreuses sont admises en pareil cas par les partisans de l'extinction. Si on admet l'extinction de la servitude, il faudrait, suivant nous, que le propriétaire du fonds dominant fût complètement indemnisé de toutes les dépenses faites à l'occasion de la servitude dont on lui enlèverait le bénéfice, indemnités payées, frais faits pour rendre possible l'exercice de la servitude, et même pour son déplacement. M. Demolombe, qui défend éventuellement cette opinion, t. 2, n° 643, p. 128, l'appuie sur plusieurs décisions de justice.

Je me borne à faire observer encore, que, tandis que les uns pensent que l'indemnité payée doit être restituée, Agen, 14 août 1834, S. 35, 2, 414, D. 35, 2, 155 ; Lyon, 24 décembre 1841, S. 42, 2, 166 ; Limoges, 20 novembre 1843, S. 44, 2, 158 ; Caen, 1er décembre 1845, S. 46, 2, 128 ; C. cass., 19 janvier 1848, S. 48, 1, 193 ; Paris, 20 novembre 1865, S. 65, 2, 4 ; Cappeau, t. 2, p. 119, n° 57 ; Toullier, t. 3, p. 403 ; Solon, n° 332 ; Taulier, t. 2, p. 429 ; d'autres soutiennent, au contraire, qu'il n'y a pas lieu à restitution, Nevéu-Derotrie, *Lois rurales*, p. 84 ; ou tout au moins, que la restitution ne doit être que partielle, Marcadé sur l'art. 685 ; Neveu-Derotrie, *Lois rurales*, p. 83 ; Aubry et Rau sur Zachariæ, t. 3, § 244, p. 32, note 25.

Les uns estiment que c'est à celui qui réclame la restitution, à prouver que l'indemnité a été payée. Angers, 20 mai 1842, de Villers ; Bourguignat, *Droit rural*, p. 96, n° 306 ; Solon, n° 332. D'autres sont au contraire d'avis que l'indemnité est présumée avoir été payée.

Lyon, 24 décembre 1841, S. 42, 2, 166 ; Limoges, 20 novembre 1843, S. 44, 2, 158 ; Caen, 1er décembre 1845, S. 46, 2, 128.

On paraît admettre qu'il y aurait lieu à restitution intégrale de l'indemnité qui aurait été à la charge du propriétaire du fonds dominant, même dans le cas où il aurait été affranchi du paiement au moyen de la prescription, Agen, 14 août 1834, S. 35, 2, 414 ; Lyon, 24 décembre 1841, S. 42, 2, 166 ; Limoges, 20 novembre 1843, S. 44, 2, 158 ; Caen, 15 décembre 1856, S. 46, 2, 128.

393. *Prescription par le non-usage pendant trente ans.* — L'article 706 du Code civil, porte que la servitude est éteinte par le non-usage pendant trente ans ; cette disposition est trop générale, trop nette et trop formelle, pour que je puisse me ranger de l'avis de ceux qui pensent qu'elle n'est pas applicable à la servitude de passage établie en cas d'enclave, si l'enclave subsiste encore. Mais ce qui me paraît également hors de doute, c'est que le propriétaire qui reste toujours enclavé, pourra également réclamer un nouveau droit de passage à charge de payer une nouvelle indemnité, et que ce droit ne saurait être paralysé par l'effet du non-usage.

Il peut y avoir intérêt à faire remarquer ici que les décisions au possessoire ne forment pas chose jugée au pétitoire ; il s'ensuit, que le juge du pétitoire peut décider qu'il n'y a pas eu interruption de prescription d'une servitude de passage au cas d'enclave, encore qu'il ait été jugé au possessoire que le passage n'avait pas été exercé depuis plus d'un an et un jour. Ch. civ., rej., 11 avril 1865, Mathieu.

794. *Point de départ de la prescription libératoire.* — J'ai dit quelques mots sur cette question à propos de l'extinction des servitudes. Elle reviendra lorsque j'aurai à examiner le point de départ du temps nécessaire pour prescrire une servitude de tour d'échelle.

SECTION III

DROIT DE TOUR D'ÉCHELLE

SOMMAIRE

795. Qu'entend-on par droit de tour d'échelle.
796. Comment il s'exerce.
797. Ce droit a-t-il été maintenu par le Code.
798. Nécessité d'un titre.
799. Action possessoire.
800. Conséquences rigoureuses de ces principes.
801. Tempéraments apportés dans la pratique.
802. Anciennes constructions.
803. Portée de la servitude de tour d'échelle.
804. Extinction par le non-usage.

795. *Qu'entend-on par le droit de tour d'échelle.* — Dans certaines provinces, les propriétaires d'un mur ou bâtiment contigus à l'héritage d'autrui avaient un droit sur un espace de terrain bordant ce mur le long.

du fonds voisin, pour faire les réparations que l'état de ce mur pouvait exiger.

Ici on supposait que le propriétaire du mur au moment de la construction s'était établi en dedans de la ligne séparative des héritages, de manière à se réserver un espace libre et lui appartenant en dehors de son mur, pour y faire des réparations et y poser ses échelles, et dans ce cas on attribuait à ce propriétaire ce terrain, qui prenait alors plus particulièrement le nom *d'échellage, répare, ceinture, investison ou invétison*, terrain qui investit, environne une construction, et quelquefois *pâture*. Clausade, *Usages du Tarn*, p. 136 ; Merlin, *Rép.*, v° *Investison*.

Ailleurs, ce droit n'était attribué que comme une simple servitude, et il prenait plus particulièrement le nom de tour d'échelle, dénomination sous laquelle le plus souvent on a confondu ces deux droits ; mais parmi les coutumes qui ne considéraient ce droit que comme une servitude : les unes lui attribuaient le caractère d'une servitude légale. Coutume de Melun, art. 204 ; d'Etampes, art. 86 ; d'Orléans, art. 240 ; locale de Blois, art. 62 ; Usement de Nantes, art 17 (Cet usement avait force de loi en Bretagne) ; les autres ne lui attribuaient que le caractère de servitude conventionnelle, et ne l'admettaient que si elle résultait du titre. Dans ce dernier cas, telles coutumes exigeaient une convention formelle, alors que d'autres autorisaient d'y suppléer par la prescription. Merlin, *Rép.*, v° *Tour d'échelle* ; Pothier, *App. au contrat de société*, n° 224 ; Fournel, *Du voisi-*

nage, t. 1, p. 504, n° 117; t. 2, p. 518, n° 255 ; V. Fons, *Usages de la Haute-Garonne*, n° 152 ; Sibille, *Usages de la Loire-Inférieure*, n° 188; Tavernier, *Usages des Bouches-du-Rhône*, p. 75 ; A. Pagès, *Usages de l'Isère*, p. 130; Limon, *Usages du Finistère*, p. 121 et 323 ; Garnier, *Des ch.*, p. 489; Dalloz, *Rép.*, v° *Servitude*, n° 805.

Dans certaines provinces, le tour d'échelle n'existait légalement ni à titre de propriété, ni à titre de servitude, ainsi, pour la Provence, Tavernier, *Usages des Bouches-du-Rhône*, p. 76. Elle n'existait pas à titre de servitude dans le ressort du parlement de Toulouse, *Usages de l'Hérault*, p. 28.

Il a été jugé que la servitude de tour d'échelle, en l'état du silence de la coutume du Nivernais, ne saurait résulter d'usages locaux dans cette province. Civ. Nevers, 5 mai 1890, *Pand.*, 91, 2, 203.

796. *Comment il s'exerce.* — Ce droit n'autorise pas celui en faveur de qui il est établi, à s'introduire toutes les fois qu'il le jugera convenable sur le fonds servant, il ne peut le faire que sans abus, pour vérifier l'état de ses constructions et y faire pratiquer les réparations nécessaires. Merlin, *Tour d'échelle.* § 3, n° 2 ; Marcadé sur l'article 681, n° 2; Demolombe, t. 1, n° 423. Le propriétaire au profit duquel il est établi ne peut exiger que le propriétaire du fonds servant lui remette des clefs des lieux par où il doit passer, pour exercer son droit, car il ne peut le faire à toute occurrence, à l'insu de ce dernier. Rennes, 2 janvier 1867, S. 67, 2, 72.

797. *Ce droit a-t-il été maintenu par le Code?* — Les lois nouvelles ne donnent pas la possibilité de réclamer ce droit concédé à divers titres par les anciennes coutumes, puisque le propriétaire autorisé à bâtir sur les limites de son héritage est présumé avoir usé en entier de sa propriété et qu'aucun texte n'établit, d'autre part, une telle servitude légale. Douai, 21 août 1865, S. 66, 1, 229 ; Dijon, 21 novembre 1867, S. 68, 2, 150 ; Grenoble, 17 mai 1870, S. 71, 2, 99 ; Poitiers, 17 février 1875, S. 75, 2, 233 ; Bordeaux, 24 janvier 1882, *France judiciaire*, 1883, p. 93, S. 82, 2, 112 ; Toulouse, 22 novembre 1886, sous Cass., 29 juillet 1889, S. 89, 1, 377, D. 90, 1, 109, *Pand.*, 89, 1, 508, *La Loi*, 27 septembre ; Orléans, 20 décembre 1889, S. 90, 2, 125 ; Locré, *Législ. civ.*, t. 8, p. 406; Merlin, *Rép.* v° *Tour d'échelle*; Ducaurroy, Bonnier et Roustain, t. 2, n° 294; Demolombe, *Servit.*, t. 1, n° 423, p. 488; Toullier, t. 3, n°ˢ 559 à 563; Pardessus, *Servit.*, t. 1, n° 228 ; Aubry et Rau sur Zachariæ, t. 3, p. 3, § 238 ; Garnier, *Act. poss.*, n° 320 ; V. Fons, *Usages de la Haute-Garonne*, n° 152; Clausade, *Usages du Tarn*, p. 135 et suiv. ; Sibille, *Usages de la Loire-Inférieure*, n°ˢ 189 et 190; A. Pagès, *Usages de l'Isère*, p. 131 ; Sauger, *Du louage et des servit.*, n° 345 ; Garnier, *Des ch.*, p. 489 ; Dalloz, *Servitude*, n°ˢ 9, 805 et 807 ; Duranton, t. 5, n°ˢ 75, 315 et 316 ; Solon, *Servit.*, n° 341 ; c'est l'objet des regrets de M. Kersanté, *Législation rurale*, p. 38.

798. *Nécessité d'un titre.* — Ce n'est donc qu'en

vertu d'un titre, que le propriétaire d'un mur pourra avoir un droit quelconque de passage, ou une faculté analogue, le long de son mur sur l'héritage voisin. Douai, 21 août 1865, S. 66, 2, 229 ; Bourges, 23 août 1831, S. 32, 2, 131 ; Dijon, 21 novembre 1867, S. 68, 2, 150 ; Demolombe, *Servit.*, t. 1, p. 489, n° 423 ; A. Aulanier, *Usages des Côtes-du-Nord*, p. 107 ; Sibille, *Usages de la Loire-Inférieure*, n° 190 ; A. Pagès, *Usages de l'Isère*, p. 131 et 132 ; Limon, *Usages du Finistère*, p. 121 ; Toullier, t. 3, n° 559 ; Fremy Ligneville, *Traité de la législ. des bâtiments*, t. 2, p. 692 ; Perrin et Rendu, *Dict. des constr.*, n° 3997 ; Dalloz, *Servit.*, n° 808 ; Lepage, *Lois des bâtiments*, t. 1, p. 244.

En cas d'ambiguïté sur la nature du droit, on doit tenir qu'il établit une simple servitude dont l'exercice est réglé par les usages locaux. Demolombe, *loc. cit.*

La prescription ne peut remplacer le titre pour acquérir une pareille servitude, puisqu'il s'agirait ici d'une servitude discontinue et non apparente. On ne pourrait pas la fonder davantage sur la destination du père de famille, Caen, 8 juillet 1826, Gaillard ; Bordeaux, 20 décembre 1836, S. 38, 2, 132 ; Caen, 27 avril 1844, Gaffet ; Merlin, *Rép.*, v° *Tour d'échelle*, § 2, n° 2 ; Demolombe, *loc. cit.* Mais un propriétaire peut prouver par témoins qu'en construisant un mur de clôture, il a laissé en dehors sur son propre fonds une bande de terre joignant la propriété voisine, pour réparer ce mur, et qu'il a conservé la propriété de ce terrain en en retirant toute l'utilité qu'il comportait. Pau, 24 février 1890, D. 91, 2, 115.

799. *Action possessoire.* — Est recevable en ces matières lorsqu'il est suffisamment constaté par le juge, que la demande repose sur un titre. C. cass., 11 mai 1881. La Cour de cassation a jugé, le 10 août 1886, S. 87, 1, 71, que le juge du possessoire à raison d'une servitude de tour d'échelle ne peut apprécier, si avant le Code civil, dans la province où est situé le bien litigieux, la coutume valait titre.

800. *Conséquences rigoureuses de ces principes.* — Il suffit d'indiquer les règles que nous venons de poser pour être frappé des conséquences fâcheuses qu'elles peuvent avoir, en vouant à une ruine fatale des constructions. Certains auteurs n'ont point reculé devant ces conséquences. Toullier, t. 3, p. 559; Favard de Langlade, *Rép.*, v° *Servit.*, sect. 2, § 7, n° 7; Coulon, *Questions de droit*, t. 3, p. 336; Duranton, t. 5, n° 315, p. 317.

801. *Tempéraments apportés dans la pratique.* — D'autres, dans la pratique, ont apporté des tempéraments de nature à paralyser en partie des résultats aussi fâcheux.

Ainsi, on a soutenu que dans les lieux où la clôture est forcée, le voisin doit être tenu de fournir un passage nécessaire sur son fonds pour les réparations à faire au mur dont il profite pour sa propre clôture; Pardessus, t. 1, n° 227; Demolombe, t. 1, n° 424; Duranton, t. 5, n° 315 et 316; Dalloz, *Servit.*, n° 810; *contrà*, Toullier,

t. 3, n° 559 ; Favard de Langlade, *Rép.*, v° *Servit.*, sect. 2, § 7, n° 7.

Qu'il en était à plus forte raison de même, lorsque le mur était mitoyen ; dans ce cas, chacun fournira le passage nécessaire. C'est une suite du concours à son entretien, auquel l'article 655 du Code oblige les voisins. Pardessus, Duranton, Dalloz, *loc. cit.*

On a essayé aussi de soutenir que si le voisin est assujetti à la servitude d'égout des toits, il ne pouvait refuser le passage pour les réparations, parce que c'était là une suite nécessaire de la servitude d'égout. Pardessus et Duranton, *loc. cit.*; *Cout. de Reims*, art. 578; *Cout. de Meaux*, art. 75. Je dois reconnaître que cette solution a été généralement repoussée, en ce sens qu'on a répondu que la servitude de tour d'échelle n'était pas une suite nécessaire de la servitude d'égout des toits. Caen, 8 juillet 1826, Gaillard ; Bourges, 23 août 1831, S. 32, 2, 131 ; Bordeaux, 20 décembre 1836, S. 38, 2, 132. Merlin ; Toullier ; Favard ; Coulon ; Demolombe, *loc. cit.*; Solon, n° 343 ; A. Aulanier, *Usages des Côtes-du-Nord*, p. 107 ; A. Pagès, *Usages de l'Isère*, p. 132 ; Dalloz, *Servit.*, n° 811 ; et parce que des réparations peuvent se faire au toit d'un bâtiment au moyen d'échelles volantes et sans pénétrer sur le sol de l'héritage voisin. Cependant l'arrêt du 20 décembre 1836, après avoir proclamé ce principe, ajoute que si *dans quelques cas particuliers le passage devient indispensable, il pourra être l'objet d'une autorisation demandée et obtenue en connaissance de cause, sans qu'il puisse en ré-*

sulter une servitude au préjudice du voisin. En matière de voisinage, les règles du droit strict peuvent fléchir par des motifs d'équité, devant la nécessité.

C'est ce que disent en quelque sorte d'une manière générale les anciens auteurs : Godefroy, *Cout. de Normandie*; Dupineau, *Cout. d'Anjou*; Pothier, *De la société*, n° 246; Merlin; l'arrêt de Bruxelles du 28 mars 1823, Vanhagendaren; Dalloz, *Servit.*, n° 809 et 812; Garnier, *Des ch.*, p. 491; Clausade, *Usages du Tarn*, p. 143; Commission centrale des usages locaux des Bouches-du-Rhône, Tavernier, *Usages des Bouches du Rhône*, p. 76; *Usages de l'Hérault*, p. 27; A. Pagès, *Usages de l'Isère*, p. 131; Limon, *Usages du Finistère*, p. 122; et de nos jours : Pardessus, t. 1, n° 227; Solon, n° 342; Aubry et Rau sur Zachariæ, t. 3, p. 3, et Demolombe, t. 1, n° 424. Dans les autres cas où, sans qu'il y ait titre, le propriétaire d'un mur établi sur la limite de l'héritage voisin sera obligé de pénétrer dans le fonds voisin pour faire à ce mur des réparations indispensables, Fournel, *Voisinage*, t. 2, p. 520, n° 258, dit, que si on ne peut plus exiger ce passage à défaut de titre, comme un droit de propriété ou de servitude, on doit l'obtenir à titre de secours et de devoir de bon voisinage. Suivant lui, le droit naturel doit faire en ce cas l'office du droit civil; et peut-être ne va-t-il pas trop loin, lorsqu'il ajoute : « Et cette espèce d'atteinte, portée au droit exclusif du propriétaire voisin, dérive du même principe, qui a établi le passage forcé pour arriver à une pièce de terrain enclavée. »

Au sujet du droit de passage réclamé comme conséquence du droit d'égout des toits, je dois faire observer
que divers auteurs ont soutenu, ce que je n'admets pas,
que le propriétaire d'un édifice, non seulement serait
fondé de réclamer une servitude de passage dans un
pareil cas, mais même qu'il est présumé propriétaire
jusqu'à titre contraire du terrain sur lequel sa toiture
formant saillie déverse les eaux pluviales. Pardessus,
n°° 213 et 214 ; Solon, n° 308 ; V. Fons, *Usages de la Haute-
Garonne,* n° 154. On cite dans ce sens les arrêts de Bordeaux, 20 novembre et 14 décembre 1833 ; Limoges,
26 décembre 1839 ; Bordeaux, 22 février 1844.

Aubry et Rau sur Zachariæ, t. 3, p. 3, note 10, pensent
qu'un propriétaire qui se trouverait dans l'impossibilité
absolue de faire à ses constructions des réparations
devenues indispensables, sans passer sur le fonds voisin, pourrait y être autorisé moyennant une juste et préalable indemnité, ils se fondent sur l'art. 682, C. civ., et
un arrêt de Bruxelles du 28 mars 1823, S. 25, 2, 374. Cela
peut être équitable, mais est-ce légal et comment fixer
d'avance l'indemnité qui ne pourra être déterminée que
eu égard au temps que dureront les travaux et au préjudice qu'ils causeront, toutes choses impossibles à déterminer d'avance.

Des auteurs refusent dans tous les cas le droit de s'introduire sur l'héritage voisin pour y faire des réparations. Favard de Langlade, *Rép.,* v° *Servit.,* sect. 2,
§ 7, n° 7 ; Coulon, *Dialogues,* t. 3, *dial.* 119, p. 336 ;
Toullier, t. 3, n° 559 ; Duranton, t. 5, n° 316. Je n'irai

pas jusqu'à une pareille rigueur dans tous les cas.

802. *Anciennes constructions.* — Mais s'il est nécessaire, en ce qui concerne les nouvelles constructions établies depuis la promulgation du Code civil, de s'en tenir aux règles posées par la loi, en admettant avec la jurisprudence et la doctrine certains tempéraments à leur rigueur ; en ce qui concerne les constructions antérieures, ou celles qui les ont directement remplacées, les règles posées par les coutumes sont encore applicables : Rennes, 8 février 1828, Gasse f° Legros ; motifs de l'arrêt de Poitiers du 17 février 1875, S. 75, 2, 233 ; Cass., 29 juillet 1889, S. 89, 1, 376 ; Caen, 17 décembre 1889, S. 91, 2, 38 ; Orléans, 20 décembre 1889, S. 91,2, 38 ; Demolombe, n° 422 ; A. Aulanier, *Usages des Côtes-du-Nord*, p. 108 ; Sibille, *Usages de la Loire-Inférieure*, n° 191 ; A. Pagès, *Usages de l'Isère*, p. 131 ; Limon, *Usages du Finistère*, p. 121 ; Garnier, *Ch..*, p. 490 ; Dalloz, *Servitude*, n° 805 ; Duranton, t. 5, n° 316.

En résumant ces règles, M. Demolombe, *Servitudes*, t. 1, p. 487, n° 422, dit :

« 1° Si le mur est situé dans le ressort d'une ancienne coutume qui présumait que le constructeur a laissé au delà de son mur un certain espace (ordinairement trois pieds anciens), cet espace doit continuer à lui appartenir.

« 2° Même dans les lieux où le droit de tour d'échelle n'existait que comme servitude légale, le propriétaire du

mur (quoique cette proposition puisse paraître plus contestable), doit continuer à exercer cette servitude, qui
lui était garantie par la loi, sous la foi de laquelle il a
construit.

« 3° Dans les coutumes où le droit de tour d'échelle
pouvait être acquis soit par titre, soit aussi par prescription, il doit être encore maintenu aujourd'hui ; même
dans ce dernier cas, pourvu que la prescription fût acquise au moment de la promulgation du titre des servitudes de notre Code. »

Cet avis en faveur des anciennes constructions n'est
pas partagé par Toullier, t. 3, n° 559, et Aubry et Rau
sur Zachariæ, t. 3, p. 3, § 3, note 10.

Il est tout au moins un cas où il me paraîtrait être de
toute impossibilité de contester ce droit à celui qui le réclamerait, c'est celui où il produirait une sentence de justice rendue avant la promulgation du Code civil qui le
lui attribuerait. Rennes, 8 février 1828 ; Dijon, 21 novembre 1867, S. 68, 2, 150.

D'après la Cour de Pau, 24 février 1890, D. 91, 2, 115,
la preuve testimoniale serait admissible pour établir
l'existence d'un ancien statut local, qui n'aurait jamais
été écrit, d'une coutume donnant au propriétaire d'un
mur établi avant le Code civil, un droit de propriété ou
de servitude sur le terrain voisin pour réparer ce mur.
Art. 1348, C. civ.

803. *Portée de la servitude de tour d'échelle.* —
Nous avons dit que sous les anciennes coutumes, le

passage désigné sous le nom de tour d'échelle s'exerçait tantôt sur des terres restées la propriété de celui qui l'exerçait, tantôt sur des terres simplement asservies. Dans ce dernier cas, soit que la servitude fût légale, soit qu'elle fût conventionnelle, il résultait de la nature même de ce droit, que celui sur le fonds duquel il s'exerçait, restant propriétaire de ce fonds, pouvait en disposer et s'en servir à son gré, pourvu que ses actes n'eussent pas pour effet de gêner le propriétaire dominant dans ses réparations et reconstructions. Paris, 6 août 1810, Leperche ; Pardessus, *Servit.*, t. 1, n° 228 ; Demolombe, *Servit.*, t. 1, n° 423 ; Dalloz, *Servit.*, n° 815.

A défaut de titre, la question de savoir quelle étendue de terrain devait être affectée à l'exercice du tour d'échelle a été assez agitée ; un acte de notoriété du Châtelet de Paris, en date du 23 août 1701, fixe cette étendue à un mètre. Toullier, n° 563 ; Pardessus, n° 237 ; Rolland de Villargues, *Rép.* v° *Tour d'échelle*, n° 11 ; V. Fons, *Usages de la Haute-Garonne*, n° 155 ; Sibille, *Usages de la Loire-Inférieure*, n° 193 ; Sauger, *Du louage*, n° 345 ; Limon, *Usages du Finistère*, p. 122 ; Dalloz, *Servitude*, n° 806, conseillent de suivre cette règle, à moins d'usages contraires ; *sic*, Rouen, 6 février 1841, Lethuillier.

M. V. Fons, *Usages de la Haute-Garonne*, n° 153 et 154, indique que d'après les usages de ce pays, il est de 0,17 à 1,78 centim. suivant la hauteur des constructions. Dans le Tarn, la largeur la plus généralement en usage est quatre pans (0,90 centim. environ). Clausade, *Usages du Tarn*, p. 140. Dans les Bouches-du-Rhône, elle varie de 0, 50 jusqu'à 3 mètres suivant les cantons. Tavernier, *Usages des Bouches-du-Rhône*, p. 77. Dans le Dauphiné, elle est généralement de trois pieds, règle adoptée par la coutume de Paris ; dans certains cantons, elle n'est cependant que d'un pied et demi ou deux pieds. A. Pagès, *Usages de l'Isère*, p. 133. D'après la coutume de Normandie la zone asservie serait de un mètre à défaut de fixation de la largeur dans le titre. Caen, 17 décembre 1889, S. 91, 2, 38.

804. *Extinction par le non-usage.* — Il faut tenir que ce droit, lorsqu'il existe, peut être perdu par le non-usage pendant trente ans. Mais comment faudra-t-il calculer ce délai et quel sera le point de départ, sera-ce à partir du moment où s'est produit le dernier acte de jouissance, ou à partir du moment où, ayant occasion d'exercer la servitude, on a négligé de s'en servir ? La Cour de Dijon, dans son arrêt du 21 novembre 1867, S. 68, 2, 150, juge que les trente ans courent du jour où on a cessé de jouir, soit du dernier acte de jouissance constatée. Cette décision est conforme aux arrêts de la Cour de cassation des 2 mars 1836, S. 36, 1, 242 ; 11 juillet 1838, S. 38, 1, 747 ; 6 février 1839, S. 39, 1, 208, et à la doctrine de Pardessus et Proudhon.

Elle est repoussée par la Cour de Caen, 8 février 1843, S. 43, 2, 242, et par Belime, Troplong, Demolombe et Aubry et Rau. Je suis très tenté de me placer à côté d'eux, on ne saurait être en meilleure compagnie, et cela par les motifs qui les ont déterminés et que développe M. Demolombe, t. 2, n° 1013, p. 565 et suiv. Si je m'écarte des arrêts de la Cour de cassation que je citais tantôt, mon opinion se concilie, bien mieux que la doctrine de ces arrêts, avec les arrêts de la même Cour des 4 janvier 1875, S. 77, 1, 149, D. 75, 1, 500 ; 19 juillet 1875, S. 76, 1, 159 ; 9 juillet 1877, S. 78, 1, 120.

TABLE DES MATIÈRES

Contenues dans le second Volume.

———

_____

DOCUMENTS

DONT LE TEXTE EST REPRODUIT DANS CE TRAITÉ.

Loi du 20 août 1881, relative au Code rural (chemins ruraux), aux nos 5 et suiv.

Loi du 20 août 1881, relative au Code rural (chemins d'exploitation), nos 590 et suiv.

Loi du 20 août 1881, modification des articles 682, 683, 684, 685 du Code civil, nos 605 et suiv.

Circulaire du 3 janvier 1883, accompagnant le modèle du règlement général des chemins ruraux, no 171.

Modèle du règlement général des chemins ruraux, 1883, nos 172 et suiv.

Circulaire du gouverneur général de l'Algérie, du 15 avril 1886, en transmettant aux préfets et commandants militaires le décret du 19 mars 1886, sur les chemins ruraux de l'Algérie, no 575e.

Circulaire de l'intérieur du 15 mars 1893, sur l'exécution de la loi du 20 décembre 1892, sur l'occupation temporaire, no 458.

TABLE ALPHABÉTIQUE ET ANALYTIQUE

DES MATIÈRES

CONTENUES DANS LES DEUX VOLUMES

Les Numéros renvoient aux paragraphes. Du n° 1 à 375 les paragraphes sont insérés dans le premier volume ; du n° 376 à 804 dans le second.

A

H

Haies. Le long des chemins ruraux, propriété, 115 ; Nécessité pour les riverains d'autorisation pour en planter, 193 ; Réglementation, 195.

I

Impositions. Dont les produits sont affectés aux chemins ruraux, 339 et suiv. Voy. *Prestations, Voies et moyens.*

Impôt foncier, les chemins publics n'y sont pas soumis, 490 ; l'enclavé y est soumis, 713.

Impraticabilité des chemins ruraux, droit de passage sur les fonds riverains, 245 ; Qu'ils soient non clos ou clos, 247 ; Quels qu'en soient les propriétaires, 248 ; A qui ce droit appartient-il, 249 ; Comment il s'exerce, 250 ; Qui le reconnaît, 251 ; Donne-t-il lieu à indemnité, 252 ; Qui doit la payer, 253 ; Qui la règle, 254 ; Détermination de la catégorie de la voie impraticable, compétence, 255 ; Passage sur les fonds riverains des chemins non reconnus, 550 ; Des chemins d'exploitation, 623 ; Enclave résultant de l'impraticabilité, 706.

Imprimés pour le service rural, règlement, 375.

Incapables. Vente de terrains nécessaires pour l'établissement des chemins, 440 ; De leur représentation pour la création des syndicats, 518.

Indemnités. Payement, justification, 188, 189 ; Pour passage à la suite d'impraticabilité des chemins, 252 et suiv. ; Pour dommages divers aux riverains des chemins, 256 et suiv. ; Préalables à l'expropriation pour cause d'utilité publique, 448 ; Prescription de l'action en indemnité, 463 à 465 ; Expropriation partielle, 491 ; Passage au cas d'enclave, 773 à 775 ; Pour passage dû à raison de perte d'ancien chemin par suite d'expropriation, 776 ; Qui la fixe, 777 ; Est-elle préalable ? 778 ; Prescription, 781 à 788 ; Restitution au cas d'extinction de servitude, 792.

Inondations des chemins, contravention, 275.

Interprétation d'actes administratifs, déclaration de publicité d'un chemin, 61 ; Fixant leur largeur, 72 ; Compétence, 164 ; De traités pour travaux, compétence, 372.

FIN DU SECOND ET DERNIER VOLUME.

Imp. O. Saint-Aubin et Thevenot. — J. Thevenot, successeur, Saint-Dizier (Haute-Marne).

www.ingramcontent.com/pod-product-compliance
Lightning Source LLC
Chambersburg PA
CBHW050547270326
41926CB00012B/1946